CB130471

GLOSSÁRIO JURÍDICO-TRABALHISTA

LABOR AND EMPLOYMENT LAW GLOSSARY

abdr
ASSOCIAÇÃO BRASILEIRA DE DIREITOS REPROGRÁFICOS
Respeite o direito autoral

AUGUSTUS BONNER COCHRAN, III

JOÃO RENDA LEAL FERNANDES

GLOSSÁRIO JURÍDICO-TRABALHISTA

LABOR AND EMPLOYMENT LAW GLOSSARY

2024

EDITORA JusPODIVM

www.editorajuspodivm.com.br

EDITORA *Jus*PODIVM
www.editorajuspodivm.com.br

Rua Canuto Saraiva, 131 – Mooca – CEP: 03113-010 – São Paulo – São Paulo
Tel: (11) 3582.5757
• Contato: https://www.editorajuspodivm.com.br/central-de-relacionamento

Copyright: Edições *Jus*PODIVM

Diagramação e Capa: Maitê Coelho e Cendi Coelho *(cendicoelho@gmail.com)*

C663g Cochran, III, Augustus Bonner
Glossário Jurídico-Trabalhista Português-Inglês / Inglês-Português - Labor and Employment Law Glossary: Portuguese-English / English-Portuguese / Augustus Bonner Cochran, III e João Renda Leal Fernandes – São Paulo: Editora JusPodivm, 2024.

336 p.

Inclui Bibliografia
ISBN: 978-85-442-5099-0

1. Direito do Trabalho. 2. Direito Comparado. I. Cochran, III, Augustus Bonner. II. Fernandes, João Renda Leal. III. Título.

CDD 341.1

BIBLIOTECÁRIA RESPONSÁVEL

Ana Carolina Ribeiro Mois – CRB7 – RJ 007348/0

Todos os direitos desta edição reservados a Edições *Jus*PODIVM.

É terminantemente proibida a reprodução total ou parcial desta obra, por qualquer meio ou processo, sem a expressa autorização do autor e das Edições *Jus*PODIVM. A violação dos direitos autorais caracteriza crime descrito na legislação em vigor, sem prejuízo das sanções civis cabíveis.

1.ª ed., *2.ª tir.:* abr./2024.

O único lugar onde o Sucesso vem antes do Trabalho é no dicionário.

Ditado popular brasileiro

The only place where Success comes before Work is in the dictionary.

Popular Brazilian saying

A imigração é um dos traços marcantes na história de nossos povos e das Américas.

Dedicamos esta obra aos(às) imigrantes que atravessam as fronteiras de seus países e se desafiam a trabalhar, estudar ou simplesmente viver em locais com diferentes linguagens, culturas e – consequentemente – com sistemas, institutos e realidades jurídicas absolutamente diversas.

Immigration is one of the defining features in the history of our peoples and the Americas.

We dedicate this work to the immigrants who cross the borders of their countries, taking on the challenge of working, studying, or simply living in places with different languages, cultures, and – consequently – with entirely diverse legal systems, institutions, and realities.

PREFÁCIO

O *Glossário Jurídico-Trabalhista Português (Brasil) - Inglês (EUA) / Inglês (EUA) - Português (Brasil)*, de coautoria de Augustus B. Cochran, um advogado estadunidense e Professor Emérito de Ciência Política do Agnes Scott College, em Atlanta, e João Renda Leal Fernandes, Juiz do Trabalho no TRT-1ª Região (Rio de Janeiro), não é apenas uma contribuição inestimável e sem precedentes à análise comparativa e ao exame dos sistemas de Direito do Trabalho dos EUA e do Brasil, mas também à disciplina crítica do Direito Internacional e Comparado do Trabalho, de maneira geral.

Por mais de quarenta anos, tive a honra e o privilégio de observar, estudar, dar palestras e publicar sobre as convergências e profundas divergências entre o Direito do Trabalho e os regimes de relações trabalhistas de ambos os países. Este glossário detalhado, de coautoria do Professor Cochran e do Juiz Fernandes, é um passo gigantesco para ajudar a mim e a outros estudiosos, profissionais do Direito, profissionais das relações de trabalho e sindicalistas a entender os sistemas brasileiro e estadunidense com maior clareza e precisão. Uma vez que muito se torna perdido nas traduções, conforme os autores sugerem na introdução ao seu trabalho, seu "novo breve glossário" é, na verdade, uma obra-prima, contribuindo para uma compreensão mútua mais profunda entre ambos os regimes. É um verdadeiro presente.

Constitui uma feliz coincidência o fato de o glossário estar sendo publicado em 2024. Este ano marca o bicentenário das relações oficiais entre Brasil e Estados Unidos. Depois de o Brasil ter declarado sua independência de Portugal em 1822, os EUA foram o segundo país do mundo a reconhecê-lo como nação soberana, em 1824, tendo a Argentina sido o primeiro a fazê-lo, em 1823.

Houve períodos de "proximidade e distanciamento" entre os dois poderes hemisféricos ao longo dos últimos dois séculos, com a interação oscilando "entre diálogo amigável e indiferença prudente de acordo com o grau de convergência e/ou divergência entre os dois países."[1] No entanto, "a identidade americana compartilhada, somada aos atributos de poder de ambas as nações – território, população e tamanho da economia – sempre constituíram fatores de atração um para o outro."[2]

De fato, as dimensões continentais de ambos os países, juntamente com a história comum do colonialismo europeu, independência, presença das primeiras nações indígenas, seguida por sua trágica subjugação e extermínio em inúmeras ocasiões, a escravidão comercial e o extermínio, em muitos casos, de povos africanos, seguido pela emancipação formal e jurídica com as promessas ainda não cumpridas de justiça racial plena, imigração maciça proveniente de todos os cantos do mundo, e o legado contemporâneo de reconhecimento e legitimação do poder coletivo e sindical do trabalhador com o *New Deal* e o *Wagner Act* de Franklin Delano Roosevelt (FDR) e a *Era Vargas* e a *CLT* (Consolidação das Leis Trabalhistas) de Getúlio Vargas, constituem apenas algumas das muitas similaridades históricas.

Além disso, a importância geopolítica, comercial, econômica, cultural, migratória, ambiental, de saúde pública e de segurança global do Brasil para os Estados Unidos é evidente por si só. A população do Brasil é a sétima maior do mundo, com mais de 215 milhões de habitantes, e a força de trabalho brasileira é bem superior a 100 milhões. O Brasil se recuperou no crescimento econômico, criando o nono maior PIB do mundo. Mesmo que a China tenha substituído os Estados Unidos como principal parceiro comercial do Brasil há mais de duas décadas, os EUA continuam a ter um papel de liderança em relação ao IDE (investimento direto estrangeiro) e a relação comercial entre ambas as nações é extensa e volumosa. As empresas multinacionais brasileiras aumentaram significativamente seus investimentos e operações nos Estados Unidos em anos recentes. Por exemplo, a JBS e a Marfrig estão entre os maiores produtores de proteína animal do mundo e constituem os maiores empregadores de trabalhadores sindicalizados de frigoríficos norte-americanos. Bem mais de um milhão de brasileiros vivem nos Estados Unidos, incluindo milhares que trabalham nos setores formais e informais da economia.

1. Monica Hirst, *Understanding Brazil-United States Relations*, Alexandre de Gusmão Foundation, Brasília, 2013, p. 29.
2. *Ibidem*, p. 28.

Em 20 de setembro de 2023, após a entrega de seus discursos oficiais na abertura da Assembleia Geral da ONU, os presidentes Joe Biden e Luiz Inácio Lula da Silva inauguraram a "Parceria Global Estados Unidos–Brasil para Direitos dos Trabalhadores" em Nova Iorque, com a participação do Diretor-Geral da OIT, Gilbert Houngbo. Líderes sindicais brasileiros e norte-americanos também estiveram presentes à cerimônia. A parceria representa um momento sem precedentes na história das relações Brasil–EUA, pois consiste na primeira vez em que ambos os países lançam uma iniciativa ambiciosa de direitos trabalhistas no mais alto nível presidencial em benefício dos trabalhadores do Brasil, dos Estados Unidos e de todo o mundo.

Em suma, a conjuntura histórica e contemporânea das relações Brasil–EUA, e especialmente no que diz respeito aos direitos trabalhistas, às relações de trabalho, ao Direito do Trabalho e aos interesses sociais e econômicos, tornam o estudo magistral do Professor Cochran e do Juiz Fernandes de grande interesse e importância. O seu glossário recupera definitivamente o que de outra forma poderia ficar *lost in translation* ("perdido na tradução").

STANLEY ARTHUR GACEK

Advogado trabalhista nos EUA e consultor jurídico responsável pelas relações internacionais do *United Food and Commercial Workers International Union (UFCW)* – Sindicato Internacional Unificado dos Comerciários e Trabalhadores da Alimentação na América do Norte.

Ex-Diretor Adjunto do Escritório da OIT no Brasil (2011-2016).

Juris Doutor - JD (Direito) pela Faculdade de Direito da Universidade de Harvard (1978).

Bacharel em Estudos Sociais pela Universidade de Harvard (1974).

Professor Visitante do Departamento de Sociologia, Universidade de Harvard, em 2008.

Coautor do livro *Sistemas de relações de trabalho*: exame dos modelos Brasil – Estados Unidos, 2. ed. São Paulo: LTr, 2015.

Membro Ativo da Ordem de Advogados do Distrito de Columbia (Washington, DC) desde 1979.

Membro Vitalício do *Council on Foreign Relations* desde 2009.

Agraciado com a Ordem do Mérito, Tribunal Superior do Trabalho (TST) do Brasil, em novembro de 2016.

PREFACE

The Labor and Employment Law Glossary: Portuguese (Brazil) to English (USA) and English (USA) to Portuguese (Brazil), co-authored by Augustus Cochran, an American attorney and Professor Emeritus of Political Science at Agnes Scott College in Atlanta, and João Renda Leal Fernandes, Labor Justice for the First Regional Labor Court of Brazil (Rio de Janeiro), is not only an unprecedented and invaluable addition to the comparative analysis and review of labor law systems in the United States and Brazil, but to the critical discipline of international and comparative labor law in general.

For over forty years, I have had the honor and privilege of observing, studying, lecturing, and publishing on the convergences and profound divergences between the labor law and labor relations regimes of both countries. This detailed glossary co-authored by Professor Cochran and Judge Fernandes makes a giant step forward in helping me and other scholars, legal professionals, labor relations practitioners, and trade unionists understand the Brazilian and American systems with greater clarity and precision. Since so much is lost in translation, as the authors suggest in the introduction to their work, their "new brief glossary" is actually a magnum opus, contributing to a more profound mutual understanding of both regimes. It is a veritable gift.

It is only fitting that this glossary is being published in 2024. This year marks the bicentennial of official Brazilian/American relations. After Brazil declared its independence from Portugal in 1822, the United States was the second country to recognize it as a sovereign nation in 1824, with Argentina having been the first to do so in 1823.

There have been periods of "nearness and distance" between the two hemispheric powers over the course of the last two centuries, with the interaction oscillating "between friendly dialogue and prudent indifference according to the degree of convergence/and or divergence between the two countries."[3] However, "the shared American identity, added to the attributes of power of both nations – territory, population and the size of the economy – have always constituted factors of attraction for one and the other."[4]

Indeed, the continental breadth of both countries, along with the shared history of European colonialism, independence, the presence of first indigenous nations, followed by their tragic subjugation and extermination in numerous occasions, the commercial enslavement and extermination, in many cases, of African peoples, followed by formal and legal emancipation with the still unfulfilled promises of full racial justice, massive immigration from all corners of the globe, and the contemporaneous legacy of recognizing and legitimating collective worker and trade union power with the New Deal and Wagner Act of Franklin Delano Roosevelt (FDR) and the Vargas Era and CLT (Consolidation of Labor Laws) of Getúlio Vargas, make for some of the many historical commonalities.

Moreover, the current geo-political, commercial, economic, cultural, migratory, environmental, public health, and global security significance of Brazil to the United States is self-evident. Brazil's population is the seventh largest in the world with over 215 million inhabitants, and the Brazilian labor force is well over 100 million. Brazil has rebounded in economic growth, creating the ninth largest GDP in the world. Even though China replaced the United States as Brazil's number one trading partner over two decades ago, the U.S. continues a leading role in relation to FDI (foreign direct investment) and the commercial relationship between both nations is extensive and voluminous. Brazilian multinational companies have increased their investments and operations in the United States to a remarkable degree in recent years. For example, JBS and Marfrig are among the largest producers of animal protein in the world and constitute the largest employers of unionized American packinghouse workers. Well over a million Brazilians live in the United States, including thousands working in the formal and informal sectors of the American economy.

3. Monica Hirst, *Understanding Brazil-United States Relations*, Alexandre de Gusmão Foundation, Brasilia, 2013, at 29.

4. Hirst, at 28.

On September 20, 2023, following the delivery of their official speeches at the opening of the UN General Assembly, Presidents Joe Biden and Luiz Inácio Lula da Silva inaugurated the "Joint-U.S. Brazil Global Partnership for Workers' Rights" in New York, with the participation of ILO Director-General Gilbert Houngbo. Brazilian and U.S. union leaders also were present at the ceremony. The partnership signifies an unprecedented moment in the history of Brazil/U.S. relations, since it is the first time that both countries have launched an ambitious labor rights initiative at the top presidential level for the benefit of workers in Brazil, the United States, and the entire world.

In sum, the historical and contemporary conjuncture of Brazil/U.S. relations, and especially with respect to labor rights, labor relations, labor law, and social and economic interests, make the master work of Professor Cochran and Judge Fernandes of paramount interest and import. Their glossary definitely will recover what otherwise could be "lost in translation".

STANLEY ARTHUR GACEK

Labor lawyer in the USA and Senior Advisor for Global Strategies at the United Food and Commercial Workers International Union (UFCW)

Former Deputy Director of the International Labour Organization in Brazil (2011-2016)

Juris Doctor (JD) from Harvard Law School (1978)

Bachelor of Arts in Social Studies from Harvard University (1974).

Lecturer at the Department of Sociology, Harvard University, in 2008.

Co-author of the book "Labor Relations Systems: Examination of the Brazil - United States Models," 2nd ed. São Paulo: LTr, 2015.

Active Member of the District of Columbia Bar Association (Washington, DC) since 1979.

Lifetime Member of the Council on Foreign Relations since 2009.

Awarded the Order of Merit, Brazilian Superior Labor Court, in November, 2016.

SUMÁRIO

INTRODUÇÃO

UNIVERSOS TRABALHISTAS *LOST IN TRANSLATION*?

POR QUE ESTE LIVRO?

Este trabalho é fruto de uma parceria, amizade e constante intercâmbio de ideias entre os autores ao longo dos últimos anos. É, ainda, resultado de pesquisa acadêmica realizada no âmbito do Programa de Pós-Graduação em Direito da Universidade do Estado do Rio de Janeiro (PPGD-UERJ), onde o primeiro autor foi professor visitante em 2023 e o segundo autor é aluno do último ano do curso de Doutorado.

Trata-se de uma tentativa conjunta de traduzir, definir e descrever o significado de expressões empregadas no Brasil e nos EUA, cujos sentidos muitas vezes revelam-se de difícil compreensão não apenas por trabalhadores e empresários, mas até mesmo por pesquisadores e juristas.

Durante nosso diálogo colaborativo, descobrimos que cada um mantinha o seu próprio glossário com a descrição de termos do universo trabalhista do país do outro, mas percebemos também que, ao tentar explicar o significado desses termos, muitas vezes nos deparávamos com situações de *lost in translation* ("perdidos na tradução").

Analisar um ordenamento jurídico estrangeiro através das lentes do próprio sistema de origem pode levar a uma compreensão imperfeita devido a traduções inadequadas, imprecisas ou incompletas. Nos estudos de Direito Comparado, as particularidades de contexto, história e mudanças de significado – tanto dentro quanto entre os contextos – exigem uma análise mais aprofundada e, às vezes, levantam ainda mais questionamentos, porém muitas traduções convencionais falham em capturar significados técnicos, precisos ou usuais. O que surgiu, assim, foi um glossário conjunto não apenas com traduções específicas, mas também com explicações contextualizadas para o significado dos termos.

O presente estudo reflete o resultado de nossas experiências colaborativas ao tentar navegar por esses dois universos que, apesar das semelhanças, apresentam diferenças significativas. Embora estejamos cientes de que existem muitas ferramentas, desde dicionários gerais ou jurídicos – tanto digitais quanto físicos – até inteligência artificial (mecanismos que também utilizamos extensivamente, como destacaremos abaixo), buscamos incluir termos, expressões e conceitos que sabemos, por experiência própria, poderiam ser úteis para aqueles que se aventuram a explorar o "território estrangeiro" de outra ordem jurídica.

Esperamos, portanto, que o glossário possa oferecer aos leitores uma ferramenta prática e conveniente em seus esforços para aprimorar a compreensão dos sistemas de Direito do Trabalho do Brasil e dos EUA, superando os desafios inerentes a esse difícil, mas recompensador, empreendimento de estudos comparativos.

UM PONTO DE PARTIDA E NÃO UMA LINHA DE CHEGADA

Deve-se destacar, desde logo, que o presente trabalho não tem qualquer pretensão de exaurir ou esgotar o exame de toda a complexa terminologia utilizada no Direito do Trabalho do Brasil ou dos EUA. Está, aliás, a anos-luz de distância desse propósito, talvez muito mais como um ponto de partida do que uma linha de chegada. Incluímos termos e expressões essenciais cuja tradução parecia potencialmente mais útil ou relevante para compreender o funcionamento básico dos sistemas trabalhistas de cada país. Fizemos uso de linguagem simples e objetiva, com o objetivo de fornecer pontos de referência que possam ser úteis a leitores leigos, trabalhadores e empresários, assim como a estudantes de Direito Comparado, acadêmicos e juristas.

Por questões práticas e didáticas, optamos por não elencar uma lista apartada de siglas no início deste trabalho, como usualmente realizado em obras acadêmicas. Em vez disso, com o único intuito de facilitar a consulta pelos leitores, decidimos incluir todas as siglas no corpo do próprio glossário, com expressa remissão aos termos a que se referem (*e.g.*, AFSCME – v. *American Federation of State, County, and Municipal Employees*; ADCT – see *Ato das Disposições Constitucionais Transitórias*).

UM REFLEXO DOS PADRÕES LINGUÍSTICOS DE NOSSOS TEMPOS

Devemos também ressaltar que esta obra reproduz padrões linguísticos do tempo em que foi produzida, incluindo algumas expressões que, embora ainda usuais, passaram a ser questionadas e criticadas, por refletirem modelos laborais fortemente marcados pelo patriarcalismo e racismo, e até mesmo por uma história de escravização (vejam-se, por exemplo, nossas ressalvas em relação a termos como *actress*, *blacklist*, *blackmail*, *businessman*, *watchman*, *aeromoça*, entre outros). Em vez de censurar palavras, no entanto, é importante localizar e descrever o contexto dos termos, reconhecendo que eles tanto refletem quanto ajudam a reproduzir sistemas de desigualdade e discriminação. Esperamos que, no futuro, algumas expressões aqui listadas como fundamentais para a compreensão do passado e das injustiças ainda presentes em nosso tempo sejam consideradas completamente ultrapassadas e substituídas por outras que incorporem uma sociedade mais justa e igualitária em todos os aspectos.

Outro ponto digno de nota é que este estudo talvez possa revelar muito mais uma análise comparativa entre dois sistemas jurídicos do que uma eventual comparação entre dois idiomas. Apesar de o método comparativo utilizado ter-se focado nas realidades brasileira e estadunidense (pois inexequível compararmos os ordenamentos de todos os países de língua portuguesa e inglesa), espera-se que a obra possa também, de alguma forma, oferecer contribuições a leitores – especialmente no âmbito da lusofonia e da anglofonia – para muito além de nossas próprias fronteiras nacionais.

AS SIGNIFICATIVAS DIFERENÇAS ENTRE DOIS SISTEMAS TRABALHISTAS

Em que pese a relativa aproximação entre as famílias jurídicas da *common law* e da *civil law*, os mútuos esforços de tradução aqui empreendidos inegavelmente acabaram por revelar também algumas das próprias raízes e da tradição que marcam nossos respectivos ordenamentos jurídicos. Nos EUA, a *case law* desempenha um papel proeminente na moldagem de todas as áreas do Direito, e, portanto, decisões judiciais cruciais e destacadas devem ser examinadas para que se compreenda a importância de precedentes judiciais e administrativos. Em termos simples, não há como estudar Direito do Trabalho – ou qualquer outro ramo do Direito – nos EUA sem a análise dos principais casos decididos pelos tribunais do país, e em especial pela Suprema Corte, apesar de as leis escritas (nas esferas estadual e federal) terem se proliferado e adquirido cada vez mais importância, sobretudo a partir do século XX.

No Direito do Trabalho brasileiro, por sua vez, apesar da influência cada vez maior da jurisprudência, leis escritas e codificadas continuam a ocupar um lugar central. Essa ênfase significa que os conceitos jurídicos devem ser compreendidos em associação com as respectivas disposições legais ou constitucionais. Nesse sentido, a Constituição de 1988 (cujo texto contempla um rol de direitos econômicos e sociais), a Consolidação das Leis do Trabalho (CLT) e múltiplas leis trabalhistas esparsas permanecem como as principais fontes do Direito do Trabalho no Brasil. De igual sorte, observa-se o considerável peso exercido pela doutrina, que continua a servir como fonte de criação e desenvolvimento de teorias e de descrição de princípios jurídicos orientadores.

Procuramos realizar, em determinados momentos, traduções e descrições de dispositivos legais, bem como explicações quanto ao teor de decisões relevantes emanadas de tribunais judiciais e administrativos. Em algumas ocasiões, decidimos sugerir a consulta de outros verbetes correlatos também constantes do glossário ("v." ou "see") ou reproduzir determinadas expressões em seu respectivo idioma de origem.

Algumas importantes distinções entre os sistemas dos dois países são úteis de se ter em mente. Nos EUA, embora o Direito do Trabalho possa ser eventualmente referido de maneira genérica como *Labor Law*, em sentido estrito há uma diferenciação técnica relevante entre *Labor Law* (Direito Coletivo do Trabalho) e *Employment Law* (Direito Individual do Trabalho), o que se reflete claramente no conteúdo de disciplinas ofertadas em faculdades e nos títulos de obras da bibliografia nessas temáticas.

A matéria de *Labor Law* se concentra no estudo de precedentes judiciais e administrativos referentes à aplicação do *National Labor Relations Act (NLRA)*, lei federal que rege o processo de sindicalização, negociação coletiva e greves no setor privado dos EUA, com a capitulação de condutas antissindicais de empregadores e condutas abusivas dos sindicatos e seus agentes, consideradas práticas trabalhistas injustas (*unfair labor practices*), cuja ilicitude é capitulada na Seção 8 da referida lei. Para servidores públicos, questões correlatas são regulamentadas por uma lei federal e por leis estaduais.

Nos EUA, não existem alguns institutos encontrados no direito coletivo brasileiro, como a sindicalização através de um sistema de *unicidade* por base territorial. O sistema sindical do setor privado estadunidense baseia-se na sindicalização por unidade adequada de negociação e encontra-se estruturado sob três pilares fundamentais: (i) o princípio majoritário ou *majority rule* (para que se torne representante de uma determinada unidade de negociação, o sindicato precisa contar com apoio da maioria simples dos empregados), de modo que, não havendo o reconhecimento voluntário pelo empregador, pode ser convocada eleição de representação sindical, supervisionada pela *National Labor Relations Board (NLRB)*, uma agência administrativa federal independente; (ii) se constatado o apoio majoritário, o sindicato torna-se representante exclusivo dos trabalhadores da unidade (*exclusive bargaining representation*); (iii) ao conquistar esse *status*, o sindicato fica responsável por representar todos os trabalhadores da unidade, inclusive aqueles que rechaçavam sua presença – trata-se do dever de representação justa de todos os integrantes de uma unidade sindicalizada (*duty of fair representation*). Uma vez reconhecida ao sindicato a condição de representante exclusivo da unidade, o empregador encontra-se obrigado a com ele negociar coletivamente – e de boa-fé – quanto ao salário e demais condições de trabalho, devendo se abster de negociar com cada empregado de forma individual, exceto se o próprio sindicato emitir autorização nesse sentido.

Entender esse modelo sindical requer também a compreensão de que, nos EUA, as referências a *unionized employees* (cuja tradução natural seria *empregados sindicalizados*) ou *unionized workplaces* (*ambientes de trabalho sindicalizados*) muitas vezes dizem respeito àqueles trabalhadores que exercem suas atividades em unidades onde uma entidade sindical foi majoritariamente escolhida para conduzir a negociação sobre salários e condições de trabalho em nome dos empregados, ainda que muitos dos trabalhadores não estejam formalmente inscritos ou filiados ao respectivo sindicato. Essas expressões, portanto, são utilizadas com sentidos muitas vezes diversos daqueles existentes na realidade brasileira, em que a utilização do termo *sindicalizados* (*unionized*) geralmente se refere aos trabalhadores efetivamente filiados ao sindicato, já que o sistema de *unicidade* pressupõe a sindicalização, por ramo de atividade, de todos os ambientes de trabalho do setor privado.

Em *Employment Law*, por sua vez, estudam-se basicamente questões relativas às relações individuais de emprego, com destaque para a aplicação do *Fair Labor Standards Act (FLSA)*, lei federal cujo teor estabelece patamares mínimos sobre salário-hora, adicional de horas extras, gorjetas e proibição de trabalho infantil, permitindo que os estados da federação estabeleçam normas mais favoráveis aos trabalhadores. Nessa seara do direito individual, grande parte do foco tem sido voltada, nas últimas cinco décadas, para o estudo do Direito Antidiscriminação no Emprego, notadamente na temática referente à aplicação do Título VII do *Civil Rights Act* de 1964 (que proíbe a discriminação com base em raça, cor, sexo, religião ou origem nacional) e várias leis federais posteriores que estenderam a proteção contra discriminação no emprego a outros fatores, como idade, gravidez ou deficiência. Embora essas leis federais sirvam como paradigmas, muitas leis estaduais frequentemente ampliam o alcance e a aplicação dos preceitos antidiscriminatórios. Além disso, alguns outros pontos, por vezes, em destaque em matéria de *Employment Law* são seguro-desemprego, licenças, benefícios e planos de aposentadoria.

Em razão dessa diferenciação entre *Labor Law* e *Employment Law*, para se referir ao Direito do Trabalho (gênero) nos EUA, de forma a abranger tanto o seu aspecto individual quanto coletivo, a melhor expressão a se utilizar é *Labor and Employment Law*.

DIFERENTES ESTRUTURAS FEDERATIVAS E COMPETÊNCIA PARA EDITAR LEIS EM MATÉRIA TRABALHISTA

Em que pese a adoção do federalismo como forma de organização do Estado, com a divisão do território nacional em estados federados, constitua ponto de semelhança entre o constitucionalismo brasileiro e o norte-americano, há uma outra importante diferença histórica digna de nota e que se reflete diretamente no Direito do Trabalho: os processos de formação do federalismo brasileiro e estadunidense seguiram caminhos opostos.

É inegável que o federalismo brasileiro (adotado a partir da Constituição de 1891) recebeu significativa influência da experiência constitucional norte-americana. No entanto, em claro contraste com os EUA (onde originalmente treze ex-colônias britânicas recém-proclamadas independentes decidiram aliar-se através de uma confederação e, depois, unificar-se em um Estado federado), o Brasil constituía uma única colônia, com tradição de poder unitário concentrado nas mãos do monarca português, e – após a proclamação da independência – nas mãos dos imperadores. Ou seja, diferentemente dos EUA (e de outras federações, como Alemanha, Suíça e Áustria), no Brasil não foram estados antes independentes que decidiram se reunir em uma União de estados federados. O movimento teve, na verdade, sentido inverso, com o

Estado – antes unitário e centralizador de poder – passando a delegar algumas competências e poderes aos demais entes federados. Por esse motivo, diz-se que os EUA constituíram uma *federação por agregação* (ou *com movimento centrípeto de formação*), enquanto o Brasil, ante o passado unitário e centralizador de poder, constituiu uma *federação por desagregação* (ou *com movimento centrífugo de formação*).

Isso repercute até os dias de hoje nas normas brasileiras de Direito do Trabalho e Processo do Trabalho, cuja competência legislativa continua concentrada na União. Ou seja, em um país de dimensões continentais, com realidades econômicas e sociais bastante distintas, no Brasil, a União é o ente federativo que até hoje detém competência legislativa exclusiva para a edição de normas de direito do trabalho e processo do trabalho, com vigência em todo o território nacional (art. 22, inciso I, da Constituição), razão pela qual os estados federados e os municípios não podem editar leis gerais nessas matérias.

Nos EUA, por sua vez, os estados são entes federados que possuem poder e autonomia amplos, com competência residual para editar leis gerais, entre vários outros assuntos, sobre propriedade, indústria, serviços públicos e comércio dentro de seus limites territoriais, além de direito penal, administrativo e individual do trabalho, desde que a legislação aprovada não entre em rota de colisão com a Constituição ou com as leis editadas na competência por ela reservada ao Congresso Nacional (art. 1º, Seção 8, da Constituição). No cenário estadunidense, por via de consequência, os estados têm também autonomia para criar órgãos e agências administrativas destinados a dar execução às suas leis, inclusive em matéria trabalhista. Por essa razão, inúmeras instituições e normas trabalhistas – em especial, aquelas relacionadas a direitos individuais – costumam variar sensivelmente de um estado para outro. No âmbito no Direito Coletivo, há maior uniformidade entre os estados da federação, em virtude da aplicação da chamada *preemption doctrine* em tal matéria.

Em decorrência das origens e características do federalismo norte-americano, os canais de acesso à justiça em matéria trabalhista apresentam-se de forma completamente fracionada e segmentada. Nos EUA, muitos conflitos são resolvidos através de acordos extrajudiciais ou por meio de procedimentos privados, com destaque para a arbitragem individual ou coletiva e para os sistemas de resolução interna de disputas – *grievance procedures* (comumente previstos em cláusulas de acordos coletivos nos ambientes sindicalizados). Adicionalmente, há uma série de microssistemas de Justiça administrativa espalhados por todo o país, com a existência de múltiplos órgãos e agências que funcionam de forma bastante distinta do que se verifica na realidade brasileira. Muitos desses órgãos estaduais ou federais possuem poderes não apenas para promover o cumprimento das leis (*law enforcement*), mas também para investigar e resolver conflitos em matéria trabalhista. Alguns deles ainda possuem poderes para propor ações judiciais em benefício de trabalhadores ou oferecer-lhes *right-to-sue letters* (cartas autorizando o ajuizamento de ação perante o Poder Judiciário). Em muitas questões, a apresentação de reclamação prévia na via administrativa chega a ser requisito necessário ao ajuizamento posterior de uma ação judicial.

No Brasil, o Direito do Trabalho (Individual ou Coletivo) é basicamente uniforme em todo o território nacional. Além disso, não obstante meios extrajudiciais de resolução de controvérsias tenham se fortalecido e se disseminado relativamente nos últimos anos, a maior parte da litigância trabalhista concentra-se ainda no sistema oficial, unificado e especializado da Justiça do Trabalho (ramo autônomo e especializado do Poder Judiciário da União), em que até mesmo o sistema processual eletrônico de armazenamento de dados (*PJe*) é uniforme em todas as 24 Regiões (equivalentes ao que seriam os Circuitos na Justiça estadunidense). De forma bastante diversa, nos EUA as instituições estatais que lidam com reclamações e conflitos trabalhistas revelam-se absolutamente fragmentadas, com diversos microssistemas de Justiça administrativa, seja no que se refere à aplicação das leis federais, seja no que se refere às leis trabalhistas estaduais e locais.

Quanto à litigância, aliás, há mais um ponto digno de nota: no cenário estadunidense, verifica-se a utilização, em larga escala, de procedimentos coletivos, com a possibilidade de manejo de ações coletivas (*class actions*), em que alguns indivíduos podem propor ação na qualidade de representantes de um grupo ou categoria numerosa. Embora cada vez mais limitadas por exigências processuais restritivas, as *class actions* podem resultar em vitórias significativas para os reclamantes. No Brasil, apesar da grande evolução dos sistemas de tutela coletiva, sobretudo a partir da década de 1980, ainda se constata uma forte cultura de ajuizamento de ações trabalhistas individuais.

Essas significativas diferenças entre os sistemas de resolução de disputas trabalhistas tornam um tanto quanto dificultosa a comparação de dados relativos à litigância nessa seara, muito embora se possa dizer que tanto o Brasil quanto os EUA possuem culturas jurídicas marcadas por um alto índice de litigiosidade.

DIFERENTES INSTITUIÇÕES JUDICIAIS

No Brasil os juízes de 1º grau são escolhidos mediante *concurso público* (art. 37, II, da Constituição) e precisam se aposentar até os 75 anos (idade limite para a *aposentadoria compulsória*). Ao serem empossados, ingressam como *juízes substitutos*, com posteriores promoções – por antiguidade ou merecimento – para os cargos de *juiz titular* e, mais tarde, *desembargador*, quando chegam ao 2º grau.

Na Justiça Federal estadunidense a regra é de que os juízes federais sejam indicados pelo Presidente da República, com sua nomeação sujeita à confirmação pela maioria do Senado Federal. Se confirmada a indicação, o juiz federal servirá de forma vitalícia, uma vez inexistente limitação temporal para que deixe o cargo. A Constituição dos EUA (art. 3º, Seção 1) dispõe que *os juízes, tanto da Suprema Corte como dos tribunais inferiores, conservarão seus cargos enquanto bem servirem* ("during good behavior"). Uma vez que a indicação de cada juiz federal (de qualquer grau de jurisdição) é incumbência do Presidente, não há previsão de promoções ao longo da carreira. Ou seja, o juiz de uma Corte Distrital (primeira instância) somente ocupará assento na Corte Federal de Apelações do respectivo Circuito se algum Presidente da República decidir indicá-lo ao novo posto, estando essa nova nomeação também sujeita ao escrutínio do Senado Federal.

Nos Judiciários dos estados norte-americanos, diante da ampla autonomia legislativa, a verdade é que há pouca ou quase nenhuma uniformidade nos métodos de seleção de juízes, assim como na organização judiciária respectiva. A maioria dos estados adota eleições para o provimento dos cargos existentes em suas respectivas magistraturas, cujos "mandatos" têm duração em geral também variável (por exemplo, 4, 6, 8 ou 10 anos), a depender do lugar, sendo comum a reeleição e consequente recondução de juízes já ocupantes do cargo. Essas eleições normalmente se dão por voto popular, mas em alguns lugares a escolha é realizada pelo Legislativo do estado. De forma excepcional, a escolha dos juízes pode ser atribuição do Governador, mediante confirmação pelo Senado estadual (é o caso de Massachusetts, por exemplo).

Brasil e EUA têm também diferentes sistemas de deliberação e votação em seus respectivos tribunais. Nos órgãos judiciais colegiados brasileiros, adota-se o modelo de decisão *seriatim* (expressão latina que significa *em série* ou *em sequência*), na qual os votos dos juízes são apresentados individualmente, e não em conjunto. Nesse sistema, cada juiz expressa sua posição de maneira independente e sequencial, resultando em uma série de opiniões individuais sobre o caso. Nos EUA, por sua vez, adota-se um modelo híbrido, com mescla entre o *per curiam* (*pelo tribunal*) e o *seriatim*, porquanto – especialmente em deliberações não unânimes – costuma haver um juiz designado para redigir o voto majoritário pela Corte, porém com a possibilidade de apresentação e publicização de votos apartados (concorrentes ou divergentes) dos demais julgadores. Tal forma de votação envolve geralmente a existência de sessões privadas, nas quais se verifica a posição majoritária a ser adotada e se designa um juiz a redigir o voto alcançado pela maioria e que representará o pronunciamento institucional da Corte (característica marcante dos modelos *per curiam*). Essas tradições tão distintas de deliberação dificultam, por vezes, o oferecimento de traduções contextualizadas para termos como *relator*, *revisor* e *vogal* (comuns no direito processual do Brasil), ou para expressões como *concurring opinion*, *dissenting opinion* e *conference (of the Supreme Court)*, de aparição frequente no sistema estadunidense, para citarmos apenas alguns exemplos.

A tradução escolhida para determinados cargos públicos do Brasil ou dos EUA jamais será 100% precisa, especialmente se desacompanhada de uma mínima explicação ou contextualização. Isso ocorre porque múltiplas instituições e determinados cargos de alto escalão não encontram uma correspondência exata no sistema jurídico do outro país. A título meramente exemplificativo, mencionamos o cargo de *Attorney General* dos EUA. Embora a tradução literal possa ser como *Procurador(a)-Geral*, o cargo não tem exata correspondência com o(a) *Procurador(a)-Geral da República (PGR)* do Brasil, uma vez que ocupa posição com hierarquia similar à de um Ministro da Justiça (nomeado pelo Presidente da República e confirmado pelo Senado, para estar à frente do *Department of Justice*, que tem *status* equivalente ao de um Ministério do Poder Executivo), mas possui também relevantes funções que, no Brasil, seriam exercidas pelo PGR e também pelo Advogado Geral da União, algo que dificulta sobremaneira uma tradução objetiva para o termo.

PARTICULARIDADES CULTURAIS E LINGUÍSTICAS

Além desses aspectos culturais, ao longo da elaboração do glossário, nos deparamos também com algumas curiosidades e diferenças linguísticas existentes entre nossos meios jurídicos, algumas das quais passamos a aqui elencar:

- Enquanto decisões judiciais muitas vezes são referidas pelo seu número no Brasil (*e.g.*, ADI 5766, ADO 20, ADC 48), nos EUA, elas geralmente ficam conhecidas pelo nome de uma das partes envolvidas no caso (*e.g.*, *Janus*, *Washington Aluminium*, *Epic Systems*, *Republic Aviation*, *Mackay Radio*, *Gissel Packing*).

- Enquanto nos EUA as principais leis trabalhistas costumam receber um nome desde sua origem (*e.g.*, *National Labor Relations Act - NLRA*, *Fair Labor Standards Act - FLSA*, *Family and Medical Leave Act - FMLA*, *Age Discrimination in Employment Act - ADEA*, *Americans with Disabilities Act - ADA*, *Lilly Ledbetter Fair Pay Act*), no Brasil, elas são originalmente referidas pelo seu número, apesar de muitas vezes passarem a ser depois referidas por um nome ou apelido (*e.g.*, *Decreto-Lei nº 5.452/1943 - CLT*, *Lei nº 7.783/89 - Lei de Greve*, *Lei nº 13.467/2017 - Reforma Trabalhista*).

- Na língua portuguesa do Brasil, ao escrever números, utiliza-se o ponto como separador de milhares e a vírgula como separador decimal. Por exemplo: 1.000 (mil) ou 1.000.000 (um milhão), com o uso do ponto entre os milhares; 3,14 (três inteiros e catorze centésimos), com a vírgula para separar a parte inteira da parte decimal. Por outro lado, nos EUA e em outros países de língua inglesa, observa-se uma convenção exatamente em sentido oposta. Usa-se a vírgula para separar milhares e o ponto como separador decimal. Por exemplo: 1,000 (mil) ou 1,000,000 (um milhão), com a vírgula para separar milhares; 3.14 (três inteiros e catorze centésimos), com o ponto entre a parte inteira e a parte decimal.

- Existem diferenças significativas nas convenções para uso de letras maiúsculas entre o português do Brasil e o inglês estadunidense, que refletem as regras gramaticais e o estilo predominante em cada língua. No Brasil, palavras como Estado, Ministro e Justiça, por exemplo, são frequentemente escritas com iniciais maiúsculas quando se referem a entidades específicas ou cargos oficiais. Nos EUA, entretanto, palavras como *state*, *minister* e *justice* (no sentido de justiça) são frequentemente escritas com letras minúsculas, a menos que se refiram a um nome próprio ou estejam no início de uma frase. Por outro lado, dias da semana, nacionalidades, nomes dos meses e idiomas são geralmente escritos com letras maiúsculas em inglês, a despeito de sua posição em uma frase, diferentemente do que se verifica nas normas gramaticais brasileiras.

- Embora a palavra *salário* possa ser traduzida para o inglês como *wage* ou *salary*, há distinções fáticas e técnicas bastante relevantes no que diz respeito a essa tradução. Enquanto no Brasil o salário é geralmente fixado e pago de forma mensal (com a necessidade de uso de divisores para o cálculo do salário-hora e de eventuais horas extras prestadas), nos EUA, o normal é o pagamento de salário já previamente fixado por hora de trabalho. Nesse sentido, os valores do próprio salário mínimo nacional e dos salários mínimos estaduais ou locais são fixados, na lógica estadunidense, por hora de trabalho, com o uso das expressões *wage* ou *minimum wage*. De acordo com o previsto no FLSA, a hora extra deve ser remunerada em montante não inferior a uma vez e meia o valor do salário-hora regular. Por sua vez, quando um empregado recebe salário com periodicidade semanal, mensal ou anual, independentemente do número de horas efetivamente trabalhadas (prática mais comum entre empregados de nível gerencial ou de alto escalão), diz-se que recebem *salary*, sendo remunerados *on a salary basis*, uma distinção muitas vezes importante para definir se determinado trabalhador é ou não elegível à percepção de horas extras (ou seja, se é um *exempt employee* ou não).

NOTAS SOBRE AS FONTES, CONTRIBUIÇÕES E AGRADECIMENTOS

Na elaboração deste trabalho, a fim de otimizar nossas traduções, fizemos uso de diferentes meios digitais, incluindo alguns que se valem da inteligência artificial (e ficamos impressionados com o grande volume de informações e o nível de detalhamento gerado por tais mecanismos). Utilizamos ferramentas como *ChatGPT (OpenAI)*, *Teacher AI*, *Grammarly*, *Deep L*, *Reverso Context*, entre outras plataformas, além da *Wikipedia* e outros sites da rede mundial de computadores. Algumas das traduções ou descrições aqui encontradas podem, portanto, ter sido originalmente redigidas ou posteriormente editadas ou aperfeiçoadas com o auxílio desses instrumentos. Ressaltamos, contudo, termos sempre procurado realizar um uso estratégico, crítico e cauteloso de tais mecanismos, com a necessária filtragem e checagem de muitas de suas informações.

Ademais, especialmente na pesquisa da *case law* trabalhista estadunidense, devemos reconhecer a consulta não apenas ao repositório oficial de acórdãos disponível no site da Suprema Corte dos EUA, mas também a vasta utilização de bases jurídicas como as do *Legal Information Institute of Cornell*

University, Findlaw, Nexis-Universe (disponível em muitas bibliotecas), além do *Oyez, Justia* e até mesmo *Wikipedia*, bem como de múltiplas outras fontes.

Precisamos exaltar, de igual sorte, o amparo que várias obras fruto da inteligência humana também puderam nos oferecer, desde dicionários cuidadosamente elaborados a artigos e livros de autores(as) brilhantes, que compartilham conosco os desafios de estudar comparativamente diferentes realidades jurídicas. Deixamos de nominá-los(as) aqui, apenas para não nos esquecermos de qualquer nome, porém a vasta maioria das obras que nos serviram de embasamento encontram-se descritas, ao final desta obra, no item *Bibliografia e Referências*.

Não podemos deixar de agradecer ao Dr. Stanley Gacek, um grande elo de comunicação entre os universos trabalhistas de Brasil e EUA. Tê-lo como prefaciador e incentivador desta obra constitui motivo de verdadeira honra e inestimável alegria para nós. Agradecemos também imensamente aos amigos Diogo Ramires, Fernanda Cabral, José Luiz Ottoni, Hermano Domingues e Andréa Detoni, que nos apoiaram na revisão, nos comentários e nas sugestões ao presente trabalho.

Além do apoio incondicional e do incentivo constante, as nossas esposas, Catherine Virginia Scott e Daniela Bellina Nunes Renda Fernandes, fizeram importantes contribuições específicas para este trabalho. Aproveitamos a oportunidade para reconhecer a ajuda de ambas na edição substancial do glossário e na melhoria de estilo e organização da introdução, assim como na ordenação alfabética e nas explicações dos termos listados no livro. Do fundo de nossos corações, obrigado, Cathy e Dani.

Enfim, ao mesmo tempo em que reiteramos nosso agradecimento pelo apoio que recebemos de tanta gente, esperamos que a 1ª edição deste breve glossário possa contribuir para desvendar mutuamente alguns dos enigmas dos sistemas trabalhistas de Brasil e EUA.

Permanecemos à disposição para sugestões, debates e intercâmbio de informações nos e-mails gcochran@agnesscott.edu e jrlfernandes@gmail.com.

Atlanta-GA e Rio de Janeiro-RJ,
janeiro de 2024.

INTRODUCTION

WORLDS OF WORK: LOST IN TRANSLATION?

WHY THIS BOOK?

This book is the result of a partnership, friendship, and constant exchange of ideas between the authors over the past few years. It is also the outcome of academic research carried out within the scope of the Graduate Program in Law at the State University of Rio de Janeiro (PPGD-UERJ), where the first author was a visiting professor in 2023, and the second author is a final-year Ph.D. student.

It is a joint attempt to translate, define, and describe the meaning of expressions used in the legal fields of Brazil and the U.S. These terms may be challenging to understand not only for workers and employers but researchers and jurists as well.

In the course of our collaboration, the authors discovered that each had maintained their own glossary describing terms from the labor universe of the other's country, but they also realized that at times their attempts to explain these terms had been "lost in translation."

Analyzing another country's legal system through the lens of one's home country can lead to imperfect understanding because of inadequate, imprecise, or incomplete translations. In comparative law studies, the particularities of context, history, and shifts in meanings both within and between contexts require further exploration and at times raise even more questions, but many conventional translations fail to capture technical, precise, or usual meanings. What eventually emerged from our efforts at mutual elucidation was a combined glossary with not only specific translations but one with contextualized explanations for the meaning of entries.

The present study reflects the result of our joint collaboration in trying to navigate these two universes, which, despite similarities, present significant differences. Although we are aware that there are many tools, from general or legal dictionaries – both digital and physical – to artificial intelligence (mechanisms which we also extensively utilize, as we note below), we sought to include terms, expressions, and concepts that we know, from our own work in comparative research, could be useful to those who venture into exploring the "foreign territory" of another legal order.

Therefore, we hope that the glossary can provide readers with a practical and convenient tool in their efforts to enhance their understanding of the labor law systems of Brazil and the USA and to overcome the inherent challenges of this difficult but rewarding endeavor.

A POINT OF DEPARTURE, NOT THE FINISH LINE

It should be noted from the outset that this work has no pretension to exhaustively cover all the complex terminology used in labor law in Brazil or the U.S. It is, in fact, light-years away from that, perhaps more of a starting point than finishing line. We include essential terms and expressions whose translation seemed potentially most useful or relevant for grasping the basic operation of Brazilian and U.S. labor systems. We use simple and standard language in order to provide guideposts that lay readers, workers and employers, as well as students of comparative law, academics and jurists, will find helpful.

For practical and didactic reasons, we chose not to list a separate list of acronyms at the beginning of this work, as is usually done in academic works. Instead, to facilitate readers' ease of consulting the glossary, we included all acronyms in the body of the terms list itself, with explicit reference to the terms they refer to (e.g., AFSCME – see American Federation of State, County, and Municipal Employees; ADCT – see Ato das Disposições Constitucionais Transitórias).

A REFLECTION ON LINGUISTIC PATTERNS OF OUR TIMES

We recognize that this work reproduces linguistic patterns of the societies which adopted them, including some expressions that, although still common, have come to be questioned and criticized for reflecting labor models strongly marked by patriarchy and racism, indeed even a history of slavery (see, for example, our reservations regarding terms such as actress, blacklist, blackmail, businessman, watchman, and *aeromoça*, among others). Rather than censoring words, however, it is important to locate and describe the context of terms, even acknowledging that such terms both reflect and help reproduce systems of inequality and discrimination. We hope that in the future, some expressions listed here as integral to understanding the past and injustices still present in our time, will be considered absolutely outdated and will be replaced by others that embody a more just and egalitarian society in every aspect.

Another noteworthy point is that this study may reveal much more a comparative analysis between two legal systems than an eventual comparison between two languages. Although the comparative method used focused on the Brazilian and American realities (as it is not feasible to compare the legal systems of all Portuguese and English-speaking countries), it is hoped that the work can also, in some way, offer contributions to readers – especially in the Lusophone and Anglophone contexts – far beyond our own national borders.

SIGNIFICANT DIFFERENCES BETWEEN LABOR AND EMPLOYMENT LAW MODELS

Despite trends toward convergence between common law and civil law, the mutual translation efforts undertaken here undoubtedly revealed some of the roots and tradition that differentiate our respective legal systems. In the U.S., case law plays a prominent role in shaping all fields of law, and thus pivotal and noteworthy court decisions must be examined to appreciate the significance of judicial and administrative precedents. In simple terms, there is no way to study labor law – or any other branch of law – in the USA without analyzing the major cases decided by the country's courts, especially the Supreme Court, despite the proliferation and increasing importance of written statutes and regulations (at the state and federal levels), particularly from the 20th century onward.

In Brazilian labor law, on the other hand, despite the ever-growing influence of jurisprudence, written and codified laws continue to occupy the central place. This emphasis means that legal concepts must be understood in association with the respective legal or constitutional provisions. In this sense, the 1988 Constitution (whose text includes a list of economic and social rights), the Consolidation of Labor Laws (CLT), and multiple scattered labor laws continue to be the main sources of Labor Law in Brazil. Similarly, Brazilian law places considerable weight on doctrine, which continues to serve as a source for the creation and development of theories and for the description of guiding legal principles.

At times we have provided multiple translations and descriptions of legal provisions, as well as some explanations of relevant decisions issued by judicial and administrative tribunals. On occasions, we have suggested consulting other related entries also included in the glossary ("v." or "see") or reproduced certain expressions in their respective original language.

A number of other distinctions between the two countries are useful to keep in mind. In the U.S., although labor law may be referred to in a generic sense, technically labor law (collective labor rights) and employment law (individual aspects of the employment relationship) are distinct areas of law, a differentiation that is maintained in law school course offerings as well as in the titles of key works in these fields.

Labor law focuses on the study of judicial and administrative precedents related to the application of the National Labor Relations Act (NLRA), a federal law that governs the unionization process, collective bargaining, and strikes in the private sector of the USA, addressing anti-union practices by employers and abusive conduct by unions and their agents, considered unfair labor practices proscribed by Section 8 of this law. For public servants, related matters are regulated by a federal law and by state laws.

In the USA, some provisions found in Brazilian collective law, such as unionization through a unitary territorially-based system, do not exist. The U.S. private sector union system is based on unionization by an appropriate bargaining unit and is structured by three fundamental pillars: (i) the majority rule: for a union to become the representative of a specific bargaining unit, it needs the support of a simple majority of employees. If there is no voluntary recognition by the employer, a union representation election can be called, supervised by the National Labor Relations Board (NLRB), an independent federal administrative agency; (ii) exclusive bargaining representation: once majority support is confirmed, the union becomes the exclusive representative of the workers in the unit ; (iii) fair representation: upon achieving this status, the union is responsible for representing all workers in the unit, including those who opposed its presence – this is the duty of fair representation of all members of a unionized unit. Once the union is recognized as the exclusive representative of the unit, the employer is obligated to negotiate collectively – and in good faith – regarding wages and other working conditions, refraining from bargaining with each employee individually, except if the union authorizes it.

Understanding this union model also requires an understanding that, in the USA, references to unionized employees or unionized workplaces often relate to those workers who perform their activities in units where a union has been predominantly chosen to negotiate wages and working conditions on behalf of the employees, even if many of the workers are not formally enrolled or affiliated with the respective union. These expressions, therefore, are used with meanings often different from those in the Brazilian reality, where the use of the term "unionized" usually refers to workers actually affiliated with the union, as the unitary system presupposes the unionization, by branch of activity, of all workplaces in the private sector.

In U.S. employment law, on the other hand, the focus is primarily on issues related to individual employment relationships, with emphasis on the application of the Fair Labor Standards Act (FLSA), a federal statute that establishes minimum standards for hourly wages, overtime pay, tips, and child labor prohibition, allowing states to establish more favorable rules for workers. Over the last five decades, moreover, anti-discrimination law has constituted a significant portion the realm of individual employment law, led by Title VII of the Civil Rights Act of 1964 (which prohibits discrimination based on race, color, sex, religion, or national origin) and various subsequent federal statutes that extended protection against employment discrimination to other factors, such as age, pregnancy, or disability. Although these national laws serve as paradigms, many state laws expand the scope and application of anti-discrimination principles. Additionally, other significant areas of employment law include unemployment insurance, leaves, benefits, and retirement plans.

Because of this differentiation between labor law and employment law, the most precise expression for generic work law is labor and employment law.

DISTINCT FEDERALISM STRUCTURES AND DISTINCT LAWMAKING AUTHORITY

Although Brazil and the United States are both federal systems, with national territory divided among regional subunits called "states" in both countries, their systems of federalism originate from highly distinct starting points and followed different paths, an evolution that has profoundly affected the operation of their legal systems, including labor and employment law.

It is undeniable that Brazilian federalism (adopted from the Constitution of 1891) received significant influence from the North American constitutional experience. However, in clear contrast to the USA (where originally thirteen newly proclaimed independent British colonies decided to ally through a confederation and later unify into a federated state), Brazil was a single colony with a tradition of unitary power concentrated in the hands of the Portuguese monarch and, after the proclamation of independence, in the hands of the Brazilian emperors. In other words, unlike the USA (and other federations such as Germany, Switzerland, and Austria), in Brazil, formerly independent states did not decide to gather in a union of federated states. The movement had, in fact, the opposite direction, with the state – a previously unitary and centralizing power – delegating some duties and powers to the other federated entities. For this reason, the USA can be said to have formed a federation by aggregation (or with a centripetal movement), while Brazil, given its past unitary and centralizing power, formed a federation by disaggregation (or with a centrifugal movement).

This has an impact on Brazilian labor and labor procedure laws to this day, whose legislative authority remains concentrated in the Union. That is, in a country with continental dimensions and significantly distinct economic and social realities, in Brazil the national government ("the Union") is the entity that still holds exclusive legislative powers for the issuance of substantive and procedural labor laws, applicable throughout the national territory (Article 22, item I, of the Constitution). Therefore, states and municipalities cannot enact general labor laws.

In the USA, on the other hand, states are governments with broad powers and autonomy, with residual authority to enact general laws on various subjects, including property, industry, public services, and commerce within their territorial limits, as well as criminal, administrative, and employment law, as long as the legislation enacted does not collide with the U.S. Constitution or with laws enacted within the sphere delegated to the national Congress (in Article I, Section 8 of the Constitution). In the American scenario, consequently, states also have autonomy to create bodies and administrative agencies aimed at executing their laws, including in employment relations. For this reason, numerous labor institutions and regulations – especially those related to individual rights – often vary significantly from one state to another. In issues concerning unions, there is greater uniformity because national labor law is considered to have "preempted" state regulation of unionization questions.

Because of the origins and characteristics of American federalism, the channels of access to justice in labor matters are fragmented and segmented. In the USA, many conflicts are resolved through extrajudicial agreements or private procedures, with a focus on individual or collective arbitration and internal dispute resolution systems – grievance procedures (commonly provided for in collective agreements in unionized environments) and alternative dispute resolution (arbitration and mediation). Additionally, there are several microsystems of administrative justice scattered throughout the country, with the existence of multiple bodies and agencies that function quite differently from what is observed in Brazil. Many of these state or federal agencies have powers not only to enforce laws but also to investigate and resolve labor disputes. Some of them even have the authority to file lawsuits on behalf of workers or offer them right-to-sue letters (letters authorizing the filing of a lawsuit). In many instances, the presentation of a prior complaint in the administrative sphere is a necessary requirement for the subsequent filing of a judicial action.

In Brazil, with its disaggregating federalism, generic labor law (individual or collective) is basically uniform throughout the national territory. Moreover, despite the strengthening and relatively widespread dissemination of extrajudicial dispute resolution mechanisms in recent years, most labor litigation is still concentrated in the official, unified, and specialized system of labor courts (an autonomous and specialized branch of the Union's judiciary), where even the electronic procedural system for data storage (PJe) is uniform in all 24 regions (equivalent to what would be circuit courts in the American judicial system). Quite differently, in the USA, the vast network of both national and state legislative, judicial, and administrative bodies make labor and employment regulation and litigation decentralized, fragmented, and dispersed.

Another noteworthy difference regards litigation: American law provides for collective procedures though the vehicle of class action suits, where individuals file a lawsuit as representatives of a large group or category. Although increasingly crimped through restrictive procedural requirements, class actions can result in significant victories for employee plaintiffs. In Brazil, despite the significant evolution of collective protection systems, especially since the 1980s, there is still a strong culture of filing individual labor lawsuits.

These significant differences between labor dispute resolution systems make it somewhat difficult to compare data related to litigation in this area, although it can be said that both Brazil and the USA have legal cultures marked by a high level of litigiousness.

DIFFERENT JUDICIAL INSTITUTIONS

In Brazil, first-instance judges are chosen through public competitive examinations (Article 37, II, of the Constitution) and must retire by the age of 75 (the maximum age for compulsory retirement). When sworn in, they start as substitute judges, with subsequent promotions – by seniority or merit – to the positions of titular judge and, later, appellate judge when they reach the second level.

In the U.S., federal judges must be nominated by the President and confirmed by majority vote of the Senate. The U.S. Constitution (Article 3, Section 1) provides that *judges, both of the supreme and inferior courts, "shall hold their Offices during good Behaviour"* – that is, they can serve for life without term limits or mandatory retirement age, barring impeachable conduct. Since the appointment of each federal judge (of any jurisdiction level) is the responsibility of the President, there is no provision for promotions throughout their career. In other words, a judge from a district court (first instance) will only occupy a seat on a federal court of appeals of the respective circuit if a President decides to nominate them for the new position, with this new appointment also subject to ratification by the Senate.

In the judiciaries of U.S. states, given their broad legal autonomy, there is little or almost no uniformity in the methods of selecting judges, as well as in the respective judicial organization. Most states adopt elections for filling positions in their judiciaries, with terms generally variable (for example, 4, 6, 8, or 10 years), and it is common for judges already in office to be re-elected. These elections usually take place by popular vote, but in some places, the choice is made by the state legislature. Exceptionally, the choice of judges may be the responsibility of the governor, with confirmation by the state senate (as is the case in Massachusetts, for example).

Brazil and the USA also have different systems of deliberation and voting in their respective courts. In Brazilian collegial judicial bodies, the *seriatim* decision model is adopted (a Latin expression that means in series or in sequence), in which the judges' votes are expressed individually, not collectively. Each judge presents their position independently and sequentially, resulting in a collection of individual opinions on the case. The U.S., on the other hand, uses a hybrid model, blending collective (*per curiam* or by the court) and individual (*seriatim*) forms of voting and expressing opinions. Especially in non-unanimous deliberations, one judge is usually designated to write the majority opinion for the court, but with the possibility of other judges presenting and publicizing separate votes or opinions (concurring or dissenting) from the majority. Voting usually occurs in private sessions, where the majority position is determined, and a judge is designated to write the opinion reached by the majority, representing the institutional pronouncement of the court (a characteristic feature of *per curiam* models). These distinct deliberation traditions sometimes make it challenging to offer contextualized translations for terms like "relator," "revisor," and "vogal" (common in Brazilian procedural law), or for expressions like "concurring opinion," "dissenting opinion," and "conference" (of the Supreme Court), frequently appearing in the U.S. system, to name just a few examples.

No translation for certain public positions in Brazil or the USA will ever be 100% accurate, especially without a minimum explanation or contextualization because multiple institutions and certain high-ranking positions do not have an exact correspondence in the legal system of the other country. For instance, the position of "Attorney General" in the USA, literally translated as "Procurador(a)-Geral" (Attorney General), does not exactly correspond with the office of "Procurador(a)-Geral da República" (Attorney General of the Republic) in Brazil since the U.S. Attorney General occupies a position similar to that of a Minister of Justice (member of cabinet appointed by the President and confirmed by the Senate, to head the Department of Justice, equivalent to a ministry in the executive branch). The U.S. Attorney General also has functions that overlap but are exercised by different posts in the Brazilian government, the Attorney General of the Republic and also by the Federal Counsel-General (AGU), making it extremely challenging to provide an accurate e translation for the term. Diverse functions are also distributed differently among these distinctly structured offices, making it extremely challenging to provide simple and accurate translations for these positions.

CULTURAL AND LINGUISTIC QUIRKS

In addition to these differences in legal and constitutional models, during the elaboration of the glossary, we also came across some curiosities and linguistic differences existing between our legal systems, some of which we note here:

- While judicial decisions are often referred to by their number in Brazil (e.g., ADI 5766, ADO 20, ADC 48), in the USA, they are generally known by the name of one of the parties involved in the case (e.g., *Janus*, *Washington Aluminum*, *Epic Systems*, *Republic Aviation*, *Mackay Radio*, *Gissel Packing*).
- While in the USA, major labor laws usually receive a name from their original names as bills (legislative proposals) (e.g., National Labor Relations Act - NLRA, Fair Labor Standards Act - FLSA, Family and Medical Leave Act - FMLA, Age Discrimination in Employment Act - ADEA, Americans with Disabilities Act - ADA, Lilly Ledbetter Fair Pay Act), in Brazil, they are originally referred to by their number, although they often come to be referred to by a name or nickname later on (e.g., Decree-Law No. 5,452/1943 - CLT, Law No. 7783/89 - Strike Law, Law No. 13,467/2017 - Labor Reform).

- In Brazilian Portuguese, when writing numbers, a period is used as the thousands separator, and a comma is used as the decimal separator. For example: 1.000 (one thousand) or 1.000.000 (one million), with the use of a period between thousands; 3,14 (three whole and fourteen hundredths), with a comma separating the whole part from the decimal part. On the other hand, in the USA and other English-speaking countries, there is an exactly opposite convention. A comma is used to separate thousands, and a period is used as the decimal separator. For example: 1,000 (one thousand) or 1,000,000 (one million), with the comma separating thousands; 3.14 (three whole and fourteen hundredths), with the period between the whole and decimal parts.
- There are significant differences in the conventions for using uppercase letters between Brazilian Portuguese and American English, reflecting the grammatical rules and predominant style in each language. In Brazil, words like *Estado* (State), *Ministro* (Minister), and *Justiça* (Justice System), for example, are often written with initial capital letters when referring to specific entities or official positions. In the USA, however, words like state, minister, and justice (in the sense of judicial system) are often written in lowercase, unless they refer to a proper name or are at the beginning of a sentence. On the other hand, days of the week, nationalities, names of months, and languages are generally written in uppercase in English, regardless of their position in a sentence, unlike the grammatical rules in Brazilian Portuguese (compare Portuguese to *português*; English to *inglês*).
- Although the word "salário" can be translated into English as "wage" or "salary," there are quite relevant factual and technical distinctions regarding this translation. While in Brazil, the salary is generally fixed and paid monthly (with the need for divisors to calculate the hourly wage and any overtime worked), in the USA, remuneration fixed per hour of work is generally labeled a wage. For example, the values of the national and state or local minimum wages are set, in the American logic, per hour of work overtime, according to the FLSA, must be compensated at no less than one and a half times the regular hourly wage. On the other hand, when an employee is compensated on a weekly, monthly, or annual basis, regardless of the number of hours actually worked (a common practice among managerial or high-ranking employees), they are said to receive a "salary," a distinction often important in determining whether a particular worker is eligible for overtime pay (i.e., whether they are an exempt employee or not).

NOTES ON SOURCES, CONTRIBUTIONS, AND ACKNOWLEDGMENTS

We relied on a number of different digital sources, including some relying on artificial intelligence, in order to optimize our translations (and were impressed with the sheer volume of information and level of detail generated by such mechanisms). We used tools such as ChatGPT (OpenAI), Teacher AI, Grammarly, DeepL, and Reverso Context, among other platforms, as well as Wikipedia and other websites on the WorldWideWeb. Some of the translations or descriptions found here may have been originally written or later edited or improved with the help of these tools. We emphasize, however, that we always sought to make strategic, critical, and cautious use of such sources, with the necessary filtering and checking of much of their information.

Furthermore, especially in researching U.S. labor case law, we must acknowledge consulting not only the official repository of rulings available on the U.S. Supreme Court website but also the extensive use of legal databases such as those found at the Legal Information Institute of Cornell University School of Law, Findlaw, and Nexis-Uni (available through many libraries) as well as on Oyez, Justia, and even Wikipedia, in addition to numerous other sources.

We also need to praise the support that more traditional works were able to offer us, from carefully crafted dictionaries to articles and books by brilliant authors who share with us the challenges of comparatively studying different legal realities. We relied on the outstanding scholarship of Too many authors to name here aided our endeavors, but they are listed in the bibliography.

We cannot fail to express our gratitude to Stanley Gacek, a key link in communication between the labor universes of Brazil and the United States. Having him as preface writer and supporter of this work is a source of true honor and priceless joy for us. We also immensely thank our friends Diogo Ramires, Fernanda Cabral, José Luiz Ottoni, Hermano Domingues and Andréa Detoni, who supported us in the review, comments, and suggestions for this work.

In addition to general support and unfailing encouragement, our spouses, Catherine Virginia Scott and Daniela Bellina Nunes Renda Fernandes, made important specific contributions to this work. We take this opportunity to acknowledge their help in substantially editing the glossary and improving the style and organization of the introduction, as well as the alphabetization and explanations of the terms listed in the book. From the bottoms of our hearts, thank you Cathy and Dani.

Finally, while reiterating our gratitude for the support we received from so many people, we hope that this new brief glossary can contribute to mutually unraveling some of the mysteries of the labor systems of Brazil and the USA.

We remain available for suggestions, debates, and information exchange at the emails gcochran@agnesscott.edu and jrlfernandes@gmail.com.

Atlanta-GA and Rio de Janeiro-RJ,
January 2024.

PORTUGUÊS (BRASIL)
→ INGLÊS (EUA)

PORTUGUESE (BRAZIL)
→ ENGLISH (USA)

A

ABC Paulista – the ABC Region is an industrial region in Greater São Paulo, Brazil. The name refers to three smaller cities south of São Paulo, capital of the Brazilian state of the same name. Originally, these three cities were Santo André, São Bernardo do Campo, and São Caetano do Sul. Later, the region became known as the ABCD, with the addition of the city of Diadema. The region is famous because of the great number of international companies, particularly car manufacturers, in its area, which became an industrial pole and birthplace of the labor union movement. In this region was formed the Unified Workers' Central (*CUT*), fruit of the "new unionism" of the late 1970s that militantly advocated for workers' rights and challenged the military dictatorship (1964–1985). This movement also spawned the Workers' Party (*PT*) whose activities and popularity launched Luiz Inácio Lula da Silva ("Lula") as a political leader and eventual President of the Republic (2003–2011 and 2023–present).

Abono – bonus; benefit; premium; allowance.

Abono de férias – vacation cash bonus. Employees are entitled to cash in 1/3 (one third) of their annual vacation period, thereby converting a portion into a monetary bonus.

Abranger – to cover; to reach; to include.

Absenteísmo (ausências ou atrasos ao trabalho) – absenteeism; absences or tardiness.

Absentismo – same as *Absenteísmo*.

Ação – claim (*reclamação de um direito em juízo*); action (*direito subjetivo de invocar a prestação jurisdicional*); share of stock (*cota-parte indivisível do capital social de uma sociedade por ações*).

Ação afirmativa – affirmative action.

Ação anulatória – action of annulment.

Ação cautelar – provisional remedy.

Ação civil pública – civil action in the public interest.

Ação coletiva – class action.

Ação Declaratória de Constitucionalidade (ADC) – action for declaration of constitutionality; declaratory action of constitutionality. It is a legal mechanism that allows some individuals or entities, including Brazilian government authorities, to request the Brazilian Supreme Federal Court *(Supremo Tribunal Federal – STF)* to issue a declaration affirming the constitutionality of a law or normative act. The purpose of this legal procedure is to establish legal certainty and resolve doubts about the constitutionality of a legal provision.

Ação de consignação em pagamento – payment into court (proceeding).

Ação Direta de Inconstitucionalidade (ADI or ADIN) – direct action for declaration of unconstitutionality. It is a legal mechanism that allows some individuals or entities, including Brazilian government authorities, to challenge the constitutionality of laws, normative acts, or regulations. This legal procedure is typically filed before the Brazilian Supreme Federal Court (*Supremo Tribunal Federal – STF*).

Ação Direta de Inconstitucionalidade por Omissão (ADO, ADI por Omissão or ADIN por Omissão) – direct action of unconstitutionality by omission. It is a legal mechanism used to address situations where there is an omission or lack of regulation by the legislative branch in a matter related to some constitutional principles. As the 1988 Constitution covers a wide range of topics, some constitutional norms require additional laws to regulate them. For example, Article 10, §2, of the *ADCT* (Act of Transitional Constitutional Provisions) establishes a five-day paternity leave until a statute is enacted to regulate Article 7, XIX of the Constitution. In ruling on the Direct Action of Unconstitutionality by Omission No. 20 (*ADO* 20) in 2023, the Supreme Federal Court (STF) recognized the existence of an unconstitutional omission by the National Congress in regulating paternity leave as provided in Article 7, XIX, of the 1988 Constitution, establishing a deadline of eighteen months for the National Congress to legislate on the matter. The Court also held that if Congress does not pass a statute to regulate the matter within the specified period, the *STF* itself will determine the duration of paternity leave. See also *Ato das Disposições Constitucionais Transitórias (ADCT).*

Ação plúrima – joinder of parties.

Ação rescisória – motion for annulling judgment.

Acatar – to comply with; to heed; to accept; to obey; to adhere to.

Acessibilidade – accessibility.

Acesso à justiça – access to justice; access to the court system.

Acidente de trabalho – work accident; work injury.

Acionista – shareholder; stockholder.

Acórdão – court of appeals judgment or superior court judgment, made by a panel of judges or Justices; the opinion rendered by appeals or superior courts; decision of court.

Acordo – settlement; agreement.

Acordo Coletivo de Trabalho (ACT) – collective bargaining agreement entered into between a union and one or more employers (compare *Convenção Coletiva de Trabalho*).

Acordo extrajudicial – out-of-court settlement.

ACT – see *Acordo Coletivo de Trabalho (ACT).*

ADC – see *Ação Declaratória de Constitucionalidade (ADC).*

ADCT – see *Ato das Disposições Constitucionais Transitórias (ADCT).*

ADI – see *Ação Direta de Inconstitucionalidade (ADI or ADIN).*

Adiantamento salarial – wage advance; salary advance.

Adicional de hora extra – overtime premium. Employment law requires a salary increment of at least 50% for overtime working hours. The percentage may be higher if stipulated in a collective bargaining agreement (*acordo coletivo de trabalho* or *convenção coletiva de trabalho*).

Adicional de insalubridade – unhealthy work environment premium; hazard pay; health hazard bonus. It is a salary increment owed to employees working in unhealthy conditions, equivalent to 10%, 20% or 40% of the national minimum monthly wage. The criteria for determining eligibility and the amount of the additional payment are typically defined by labor regulations and guidelines in Brazil. (*CLT*, Articles 189 to 192 and Norma Regulamentadora No. 14 – NR-14). Compare *Adicional de periculosidade.*

Adicional de periculosidade – risk premium; hazard pay. It is a salary increment owed to employees working in dangerous conditions, equivalent to 30% of the worker's monthly wage (*CLT*, Article 193 and Norma Regulamentadora No. 16 – NR-16). Compare *Adicional de insalubridade.*

Adicional de transferência – premium paid to employees to compensate them for temporary transfers (*CLT*, Article 469, § 3º).

Adicional noturno – night-shift premium; night time bonus; salary increment owed to night-shift employees, whose night hours must be paid in an amount 20% higher than the daytime hours.

Adicional por tempo de serviço (ATS) – length of service bonus; salary increment sometimes provided for in a collective bargaining agreement (*acordo coletivo de trabalho* or *convenção coletiva de trabalho*).

ADIN – see *Ação Direta de Inconstitucionalidade (ADI or ADIN).*

ADI por Omissão or ADIN por Omissão – see *Ação Direta de Inconstitucionalidade por Omissão (ADO, ADI por Omissão* or *ADIN por Omissão).*

Aditar – to amend; to add; to insert.

Admissão (de um empregado) – the process of hiring an employee.

Admitir (um empregado) – to hire (an employee). Secondarily, *admitir* can mean to admit something.

ADO – see *Ação Direta de Inconstitucionalidade por Omissão (ADO, ADI por Omissão or ADIN por Omissão).*

Adoção – adoption.

Adotar (uma criança) – to adopt a child.

ADPF – see *Arguição de Descumprimento de Preceito Fundamental (ADPF).*

Advertência – warning; admonition.

Advertência escrita – written warning; written admonition. The term refers to a written warning issued to an employee. It is a more formal and documented form of communication compared to a verbal warning. This written notice usually outlines the specific issues and potential consequences if the concerns are not addressed.

Advertência verbal – verbal warning; verbal admonition. The term refers to a verbal warning given to an employee, typically as an initial step in addressing performance or behavioral issues. It is an informal communication that highlights concerns and seeks improvement.

Advocacia Geral da União (AGU) – Federal Counsel-General Office. Under the 1988 Constitution, Article 131, the *AGU* is an institution which, either directly or through a subordinate body, represents the Union and the federal agencies, judicially or extrajudicially, and is responsible, under the terms of the complementary statute which provides for its organization and operation, for the activities of judicial consultation and assistance to the Executive Branch. In courts, the *AGU* represents the three branches of the Brazilian federal government (executive, legislative and judiciary) as an institution essential to justice, according to the Brazilian Constitution.

Advogado(a) – lawyer; attorney.

Advogado(a) da União – federal attorney; member of *Advocacia Geral da União (AGU).*

Advogado(a) Geral da União (AGU) – Federal Counsel-General, the person who heads the *Advocacia Geral da União (AGU).*

Advogado(a) trabalhista – labor lawyer; labor attorney; employment lawyer; employment attorney.

Aeromoça – female flight attendant; stewardess. The term is considered to be outdated and potentially sexist because it usually uses the feminine form *aeromoça*. The use of gender-specific terms like this for female flight attendants may be seen as reinforcing traditional gender stereotypes and roles. In modern and inclusive language, it is recommended to use the term *comissário(a) de bordo* or *comissário(a) de voo*, to refer to individuals performing the role.

Afrodescendente – afro-descendant; person descended from ancestors from Africa.

Agricultura – agriculture.

Agronegócio – agribusiness.

AGU – see *Advocacia Geral da União (AGU)* and *Advogado(a) Geral da União.*

Alegar – to allege; to pledge; to claim.

Algoritmo – algorithm.

Alínea – subparagraph. After the *caput* (caption) of an article in a statute, there may be "parágrafos" (paragraphs, designated by the symbol §), "incisos" (items I, II, III...) and "alíneas" (subparagraphs a, b, c...).

Alíquota – tax rate; aliquot.

Alvará de funcionamento – business license issued by an administrative authority.

Alvará judicial – judicial order; writ.

Amamentação – breast-feeding; lactation.

Ambiente de trabalho – work environment.

Ambiente hostil – hostile environment. Often used to refer to a type of work environment created by sexual or other types of harassment.

Amatra – see *Associação dos Magistrados de Justiça do Trabalho (Amatra).*

Anamatra – see *Associação Nacional dos Magistrados da Justiça do Trabalho (Anamatra).*

Ânimo antissindical – anti-union motivation; anti-union animus.

Antecipação de provas – anticipation of evidence; early production of evidence.

Antecipação de tutela – preliminary injunction; preliminary injunction relief.

Antiguidade (no cargo ou na função) – seniority.

Antissindical – anti-union. See also *Ato antissindical.*

Aplicativo (de celular) – app.

Aposentado(a) – retired.

Aposentadoria – retirement; retirement benefits; pension.

Aposentadoria compulsória – compulsory retirement; mandatory retirement; involuntary retirement. In the Brazilian federal public service, compulsory retirement occurs at 75 years of age (Constitution, Article 40, §1º, II, and Complementary Statute nº 152/2015).

Aposentadoria especial – special retirement; a type of retirement benefit provided to workers who have been exposed to hazardous conditions or have worked in professions with special risks that can negatively impact their health. This type of retirement is granted as a way to acknowledge the increased health risks associated with certain occupations. The *Perfil Profissiográfico Previdenciário (PPP)* is a comprehensive occupational profile form that provides detailed information about the individual's work history and the specific conditions of their workplace, used when determining eligibility for special retirement. See *Profissiográfico Previdenciário (PPP).*

Aposentadoria por invalidez – disability retirement.

Aposentar-se – to retire.

Aprendiz – apprentice, whose employment is regulated according to specific rules (*e.g.*, can be as young as 14).

Aprendizagem – apprenticeship.

Arbitragem – arbitration. According to *CLT*, Article 507-A, "[i]n individual employment contracts whose remuneration is higher than twice the maximum limit established for the benefits of the General Regime of Social Security, an arbitration clause may be agreed to, provided that it is on the initiative of the employee or through his or her express agreement, as per the terms foreseen in Statute 9,307, of September 23rd 1996."

Arbítrio – discretion; decision; will.

Árbitro(a) – arbitrator.

Arguição de Descumprimento de Preceito Fundamental (ADPF) – direct action of unconstitutionality for noncompliance with a fundamental precept. It is a legal mechanism in Brazil that allows some individuals or entities to challenge actions or omissions that violate fundamental constitutional principles, even in the absence of specific laws. The *ADPF* is filed in the Brazilian Supreme Federal Court (*STF*) and serves to protect and uphold fundamental rights and principles enshrined in the Brazilian Constitution. It provides a means to address situations not covered by other legal actions, ensuring the constitutional order is maintained.

Arguição de suspeição do(a) juiz(a) – motion to recuse judge; recusation of judge; recusal.

Arguir – (in a trial) to argue; to allege; to claim; to challenge; to object; to question; to ask for; to plead; to accuse.

Armazém; depósito – warehouse.

Arquivamento de uma ação, em virtude de a parte autora não promover seu andamento – *non prosequitur* judgment; *non pros*. Dismissal of a lawsuit because the plaintiff has failed to move it forward. Dismissal of a lawsuit when the plaintiff fails to advance it.

Arquivamento (de uma ação), mediante extinção sem resolução de mérito – dismissal of a lawsuit.

Arquivamento (de um documento) – filing; shelving.

Arquivamento dos autos – filing of records.

Arquivar – to file; to shelve. Often denotes the termination of the matter.

Arquivar (uma ação); extinguir a ação sem resolução de mérito – to dismiss a lawsuit.

Arquivo – file.

Arquivo (local de guarda de documentos históricos) – archives.

Arquivo judicial (local de guarda de documentos judiciais) – court file; court record files; court archives.

Arrendamento – leasing; rental.

Arrendar – to lease; to rent.

Assediada(o) – harassed.

Assediador(a) – harasser.

Assédio – harassment; bullying. Sometimes referred to as mobbing in some countries.

Assédio moral no trabalho (intimidação sistemática, perseguição reiterada no trabalho) – psychological harassment at work; moral harassment at work, workplace bullying, mobbing.

Assédio sexual – sexual harassment. Sexual harassment is a crime under Brazilian penal laws, but also a violation of labor and employment law as elaborated by the labor courts. Sexual harassment is a subset of illegal harassment that offends the dignity of the person.

Assédio sexual no ambiente de trabalho – workplace sexual harassment.

Assédio sexual por chantagem ou *quid pro quo* – *quid pro quo* sexual harassment, a type of sexual harassment in which obtaining or maintaining employment advantages is conditioned on the provision of sexual favors. Compare *Assédio sexual por ambiente hostil.*

Assédio sexual por intimidação ou por ambiente hostil – Hostile work environment sexual harassment, a type of sexual harassment in which a hostile, offensive or intimidating work environment is created for the employee, but without the requirement that sexual favors be provided in return for obtaining employment benefits or economic advantages. Compare *Assédio sexual quid pro quo ou por chantagem.*

Assembleia geral – general meeting; general assembly (in a union, it is a meeting of all local union members, required to make certain decisions, *e.g.*, endorse a collective bargaining agreement or a strike).

Assembleia geral extraordinária – special general meeting; special general assembly.

Assembleia geral ordinária – regular meeting; ordinary meeting; annual meeting.

Assessor(a) – clerk; legal assistant.

Asseverar – to assert.

Assinar a carteira; assinar a CTPS – to sign someone's Work and Social Security Card, which means that a worker is being hired as an employee by an employer; employers must note the terms and conditions of employment in employees' Work and Social Security Card. See *Carteira de Trabalho e Previdência Social (CTPS).*

Associação – association.

Associação dos Magistrados de Justiça do Trabalho (Amatra) – Association of Labor Court Judges. The *Amatras* are private regional associations, each representing judges from a specific region within the Brazilian labor court system. There are 24 *Amatras* in total, corresponding to the 24 circuits of the labor courts in Brazil. Each circuit encompasses a distinct geographical area within the country (see *Tribunal Regional do Trabalho da 1ª Região*, *Tribunal Regional do Trabalho da 2ª Região*, etc.). By organizing judges into regional associations, the *Amatras* facilitate communication, exchange of experiences, and collective action among judges who work in similar contexts and face similar challenges. Each *Amatra* serves as a collective voice for labor court judges within its respective region, advocating for their professional prerogatives, promoting judicial excellence, and contributing to the development of the justice system. Additionally, these private associations often engage in activities such as organizing seminars, conferences, and training programs to enhance the knowledge and skills of their members. See also *Associação Nacional dos Magistrados da Justiça do Trabalho (Anamatra).*

Associação Nacional dos Magistrados da Justiça do Trabalho (Anamatra) – National Association of Labor Court Judges. The term refers to the national association representing labor court judges in Brazil. Founded in 1976 and headquartered in the federal capital, Brasília (DF), this private association brings together the 24 *Amatras* (regional associations of labor judges). Its main body is the *Conselho de Representantes* (Council of Representatives), composed of members from each of the 24 *Amatras* who meet periodically to deliberate on issues of interest to the labor judiciary. The entity plays a role in promoting professional development, ensuring judicial independence, and contributing to the improvement of the Brazilian justice system. See also *Associação dos Magistrados de Justiça do Trabalho (Amatra).*

Astreinte – daily fine; monetary fine; a specific type of fine, applied by a judge, for disobeying a legal order; a fine imposed if a legal order is not followed.

Atacadista; vendedor atacadista – wholesaler.

Atacado; venda por atacado – wholesale.

Ata de audiência – minutes (of hearing); official minutes; judge's minutes.

Atestado – certificate.

Atestado de óbito – death certificate; certificate of death.

Atestado médico – medical certificate.

Ativismo judicial – judicial activism; judge-made legislation. The expression is used to refer to the conduct of judges who take a more activist stance, rigorously dedicated to protecting their understandings of the Constitution and citizens' rights, making them skeptical of laws or government actions that burden rights or seem to infringe constitutional requirements. Critics of judicial activism assert that activist judges substitute their political views for those of elected officials, in effect legislating from the bench. Compare *Judicial restraint*.

Ato antissindical – unfair labor practice committed by an employer.

Ato das Disposições Constitucionais Transitórias (ADCT) – Act of Transitional Constitutional Provisions; Temporary Constitutional Provisions Act. The *ADCT* refers to the final part of the 1988 Brazilian Constitution which contains provisions of a temporary or transitional nature. These provisions are meant to address specific issues during the transition from the old constitutional scenario to the new one, containing transitional rules, temporary measures, and provisions related to the implementation of the new constitution. Some important labor rules were outlined in the *ADCT*, such as the temporary job stability for an employee elected to the board of the Internal Accident Prevention Commission – *CIPA* (Article 10, II, a), job stability for a pregnant employee from the confirmation of pregnancy until five months after childbirth (Article 10, II, b), and a five-day paternity leave until a statute is enacted to regulate Constitution Article 7, XIX (Article 10, §2, of the *ADCT*). See *Estabilidade da gestante* and *Estabilidade do cipeiro.*

Ato de improbidade – improbity; dishonesty; misconduct; one reason, among others, that justifies the dismissal of an employee for just cause (*CLT*, Article 482, a).

Atrasar – to delay.

Atraso – delay.

ATS – see *Adicional por Tempo de Serviço (ATS).*

Atualização monetária – inflation adjustment; readjustment linked to inflation; recalculation to compensate for the currency loss of value over time. Synonym of *Correção monetária.*

Audiência – hearing (during a trial).

Audiência presencial – in-person hearing.

Audiência telepresencial – remote hearing; virtual hearing.

Auditor Fiscal do Trabalho (AFT); Fiscal do Trabalho – labor inspector.

Auditoria; fiscalização – auditing.

Aumento de salário – pay raise; wage raise.

Autarquia – independent governmental agency.

Autogestão – self-management; *gerência pelos trabalhadores.*

Automação – automation.

Autônomo – independent contractor.

Autor(a) – plaintiff; claimant.

Autos (de um processo) – suit records; judicial record; record.

Auxílio-doença – disability benefit; disability compensation; sick pay.

Avaliação de desempenho de empregado – employee performance evaluation; employee performance appraisal. This process involves assessing an employee's work performance, strengths, areas for improvement, and overall contribution to the organization.

Avaliar – to evaluate; to assess.

Avental de segurança – safety apron.

Averbar – to register.

Averiguar – to verify; to investigate.

Aviso-prévio – advance notice of termination; notice of discharge; prior notice. Brazilian employees are required by law to give notification of their intent to quit, just as employers are required to give notice of discharge. The minimum notice period of advance notification of intent to discharge (required of the employer) or to resign (required of the employee) corresponds to 30 days (see *Aviso-prévio proporcional*).

Aviso-prévio indenizado – paid notice of termination; situation in which the employer chooses to compensate the proportional notice period, exempting the employee from working during that period (compare *Aviso-prévio trabalhado*).

Aviso-prévio proporcional – proportional notice of termination; proportional prior notice. For each year of employment, three days are added to the minimum notice of discharge period (30 days), reaching a maximum total period of 90 days of notice, as provided by Statute No. 12,506, of October 11, 2011 (*e.g.*, an employee who has worked at the same company for 20 years or more has the right to prior notice of 90 days if dismissed without cause).

Aviso-prévio trabalhado – a situation in which the employer chooses to ask the employee to work during the first 30 days of the proportional notice period. In this case, the employee is able to choose between reducing daily working hours by two hours or taking the last 7 days off. Compare *Aviso-prévio indenizado*.

Avulso – casual; detached; separate; unconnected; isolated. See *Trabalhador avulso*.

B

Bacharel em Direito – Bachelor of Laws, the basic law degree in Brazil. The entire course usually takes five years on average and corresponds to an undergraduate BA degree in law, which serves as the educational qualification to practice law (except that, to become a lawyer, it is necessary to pass the OAB exam). See *Exame de Ordem*; *Exame da OAB*.

Bancário – bank employee; bank teller.

Banco – bank.

Banco de horas – compensatory time off; compensatory time; "comp time." Overtime is compensated with time off on the following days, weeks or months, in order to avoid paying overtime.

Bater o ponto de entrada – to clock in; to check in; action of recording the time when an employee arrives at work, typically done by using a time clock or another attendance tracking system.

Bater o ponto de saída – to clock out; to check out; action of recording the time when an employee leaves work, often done through a time clock or another system for tracking attendance.

Bem-estar – welfare.

Beneficiar – to benefit.

Benefício – benefit.

Biênio – period of two years. See *Prescrição bienal.*

Bilateralmente – bilaterally.

Bloquear (obstruir) – to blockade; to block; to obstruct; to bar.

Bloqueio (obstrução) – blockade.

Boicotar – to boycott.

Boicote – boycott.

Boletim de ocorrência – police report.

Boleto bancário – bank slip.

Bolsa de estudos – scholarship.

Bolsa de Valores de São Paulo (BOVESPA) – São Paulo Stock Exchange.

Bônus – bonus; premium.

BOVESPA – see *Bolsa de Valores de São Paulo (BOVESPA).*

Bullying – bullying; harassment.

Burguesia – bourgeoisie.

Busca de emprego – job hunting; job search.

Busca de trabalho – work search; job hunting.

C

Cadastro – registry; cadastre; register; enrollment; roster; reference file.

Cadastro de Pessoas Físicas (CPF) – Individual Taxpayer Identification Number; Individual Taxpayer Register; Individual Taxpayer Card.

Cadastro Geral de Empregados e Desempregados (CAGED) – General Register of Employed and Unemployed, a mandatory registration system maintained by the Brazilian government, which provides information on employment and unemployment to various entities and government agencies.

Cadastro Nacional de Pessoas Jurídicas (CNPJ) – Legal Entities National Register; Legal Entities Taxpayer Identification Number; Corporate Taxpayer Identification Number.

CAGED – see *Cadastro Geral de Empregados e Desempregados (CAGED).*

Caixa Econômica Federal (CEF) – Federal Savings Bank, also referred to as Caixa or CEF, is a state-owned Brazilian bank, responsible for maintaining FGTS accounts.

Calçado de segurança – safety footwear.

Candidato(a) a emprego – job applicant; job seeker.

Capacete de segurança – safety helmet.

Capataz – foreman (foreperson).

***Caput* (Latin)** – "head;" first part of an article (in a statute), when it is elaborated in paragraphs; caption. After the *caput* of an article, there may be *parágrafos* (paragraphs, designated by the symbol §), *incisos* (items I, II, III...) and *alíneas* (subparagraphs a, b, c...).

Cargo – position; slot; job; responsibility; office.

Cargo de confiança – position of trust; employment in a capacity that includes enough management responsibility that the holder of the post may not be considered able to receive overtime pay under labor and employment law.

Cargo em comissão – commission position; commission office declared by law as being of free appointment and discharge.

Cargo público – public office.

Cartão de ponto – punch card; timecard; clock card.

Cartão de visita – business card.

Carteira de Trabalho e Previdência Social (CTPS) – Work and Social Security Card. Name of a personal document carried by workers, used to record employment contracts, functions performed, vacation periods, salary history, among other information. Employers must note the terms and conditions of employment in employees' Work and Social Security Cards. Since 2019, physical cards are being replaced by electronic Work and Social Security Cards (*CTPS Eletrônica*), fed by information from *eSocial*, which are available for consultation through an app on the worker's cell phone.

Castigar – to punish.

CAT – see *Comunicação de Acidente de Trabalho (CAT).*

Categoria econômica – economic category. All companies that do business in the same economic sector form an economic category (*CLT*, Article 511, §1º).

Categoria profissional – professional category. All workers working in the same economic category (*CLT*, Article 511, §2º).

Categoria profissional diferenciada – differentiated professional category, formed by employees who perform distinct professions or functions due to special professional statutes or as a result of unique living conditions.

Capital social (de uma sociedade empresária) – share capital; authorized capital. It refers to the total amount of capital contributed by shareholders or partners to a company in exchange for ownership or equity shares. This capital represents the financial foundation of the company and is often used for investment, expansion, and operational needs.

CBO – see *Código Brasileiro de Ocupações (CBO).*

CC – see *Código Civil (CC).*

CCT – see *Convenção Coletiva de Trabalho (CCT).*

CDC – see *Código de Defesa do Consumidor (CDC).*

CEF – see *Caixa Econômica Federal (CEF).*

Celebrar um contrato – to sign a contract; to enter into a contract; to conclude a contract.

Celetista – employee whose employment contract is regulated by the *CLT* (*Consolidação das Leis do Trabalho*); anything related to *CLT* or following the *CLT* rules.

Central dos Sindicatos Brasileiros (CSB) – Brazilian Trade Union Center, a relatively newer trade union center (*central sindical*), established in 2011. It has rapidly emerged as a significant player in the labor movement, representing workers across various sectors and promoting collective bargaining, social dialogue, and solidarity among workers. *CSB* is known for its emphasis on developing a strong organizational structure and fostering unity among member unions. See also *Central sindical.*

Central dos Trabalhadores e Trabalhadoras do Brasil (CTB) – Workers' Central of Brazil, a leading trade union center that represents workers from diverse backgrounds, including formal and informal sectors. It was founded in 2007 and has been actively involved in advocating for labor rights, social equality, and economic justice. *CTB* has a strong presence in organizing workers in different industries and has played a key role in shaping national labor policies. See also *Central sindical.*

Central sindical – national union association; national union central; trade union center; labor union center. A *Central sindical* is composed of federations and unions from various professional categories. It is a peak labor organization that potentially plays roles in negotiations as well as leadership as exercising union political influence. Each *Central sindical* may have affiliations with multiple labor unions and federations, creating a unified voice for collective bargaining, advocacy, and other activities related to workers' rights. Some of the most important *Centrais sindicais* are *CUT (Central Única dos Trabalhadores), FS (Força Sindical), Central dos Trabalhadores e Trabalhadoras do Brasil (CTB), UGT (União Geral dos Trabalhadores)* and *NCST (Nova Central Sindical de Trabalhadores).* See also *Sindicato.*

Central Única dos Trabalhadores (CUT) – Unified Workers' Central. Founded in 1983, it is the largest national trade union center in Brazil, gathering many important union federations. Ideologically, it is generally associated with left-wing and Workers' Party (*PT*) affiliations. See also *Central sindical.*

Certidão de nascimento – birth certificate.

Chave PIX – *PIX* identifier; *PIX* key; *PIX* code used to receive bank transfers. It is usually the person's cell phone number, *CPF* or email address. More recently, *PIX* transfers can be made with only the destination account and bank details, without the need for a specific key. See *PIX.*

CID – see *Código Internacional de Doenças.*

CIPA – see *Comissão Interna de Prevenção de Acidentes (CIPA).*

Cipeiro – a member elected or appointed to *CIPA*. See *Comissão Interna de Prevenção de Acidentes (CIPA).*

Citação – service of process; service; process; summons. In the labor courts, service is, as a rule, carried out by letter through an automatic system maintained jointly by the labor courts and the Brazilian Post Office (*Empresa Brasileira de Correios e Telégrafos – ECT*). In case of failure, courts may use other means to effect service, notify or summon the defendant.

Citação nula – void summons; void service of process.

Citar – to serve (process); to summon.

Classe trabalhadora – working class.

Cláusula – clause.

Cláusula compromissória – arbitration clause.

Cláusulas econômicas – economic clauses; in a collective bargaining agreement (*acordo coletivo* or *convenção coletiva de trabalho*), these are the clauses that have monetary content, that is, they represent remuneration. Compare *Cláusulas sociais.*

Cláusulas sociais – social clauses; in a collective bargaining agreement (*acordo coletivo* or *convenção coletiva de trabalho*), these are the clauses that concern working conditions, assistance to workers and their families or other clauses with non-economic content. Compare *Cláusulas econômicas.*

CLT – see *Consolidação das Leis do Trabalho (CLT).*

CNA – see *Confederação Nacional da Agricultura e Pecuária do Brasil (CNA).*

CNC – see *Confederação Nacional do Comércio de Bens, Serviços e Turismo (CNC).*

CNI – see *Confederação Nacional da Indústria (CNI).*

CNJ – see *Conselho Nacional de Justiça (CNJ).*

CNPJ – see *Cadastro Nacional de Pessoas Jurídicas (CNPJ).*

Coação – coercion; duress; intimidation; compulsion; violence (one of the causes that vitiate consent to contracts).

Coagir – to coerce; to compel.

Código – code (*e.g.*, Civil Code, Code of Civil Procedure).

Código Brasileiro de Ocupações (CBO) – Brazilian Classification of Occupations, a system designed to organize and categorize different job positions and occupations in Brazil. Each occupation is assigned a unique code within this classification, facilitating the standardization and classification of employment across various industries and sectors. The *CBO* is often used in human resources, government statistics, and employment-related research to provide a systematic way of referring to and categorizing occupations in the Brazilian job market.

Código Civil (CC) – Civil Code.

Código de Defesa do Consumidor (CDC) – Consumer Protection Code.

Código de Processo Civil (CPC) – Code of Civil Procedure.

Código de Processo Penal (CPP) – Code of Criminal Procedure.

Código de Trânsito Brasileiro (CTB) – Brazilian Traffic Code.

Código Internacional de Doenças – ICD (International Classification of Diseases). Maintained by the World Health Organization (WHO); it is a tool for standardizing the classification and coding of diseases and health conditions worldwide, facilitating the collection and analysis of health data on a global scale. In Brazil, doctors sometimes write the *CID* number on workers' medical certificates.

Código Penal (CP) – Penal Code.

Cogestão – codetermination. A system of worker participation, widely used in certain European countries such as Germany and Sweden, in which joint boards of managers and workers share in making suggestions for company practices and policies.

Coisa julgada – *res judicata*. A legal doctrine that bars legal issues, when finally settled by a competent legal authority, from being raised by the same claimant against the same defendant based on the same claim. It means that the legal judgment is final and may not be relitigated within the same process (*coisa julgada formal*) or in any future proceedings (*coisa julgada material*).

Coisa julgada formal – formal *res judicata*. The expression refers to the procedural or formal aspect of *res judicata*, which means that a legal decision, once final and unappealable, is considered *res judicata* in a procedural sense. *Coisa julgada formal* relates to the finality of a decision within a specific legal proceeding, preventing further litigation of the same dispute within that proceeding. Compare *Coisa julgada material*.

Coisa julgada material – material *res judicata*; substantial *res judicata*; substantive *res judicata*. The expression refers to the substantive or material aspect of *res judicata*, which means that the final decision on the merits of a case is considered *res judicata*, preventing the same parties from relitigating the same cause of action based on the same facts and legal grounds. The material *res judicata* emphasizes the finality of the judgment on the underlying issues. The difference with formal *res judicata* is based on the fact that it prevents the parties from bringing the same cause of action based on the same facts and legal arguments not only within the same process, but also in any future proceedings. Compare *Coisa julgada formal*.

Colega – fellow worker; co-worker; colleague; associate.

Colete de segurança – safety vest.

Comércio mundial – world trade.

Comissão Interna de Prevenção de Acidentes (CIPA) – Internal Commission for Accident Prevention; health and safety committees inside the workplace composed of members elected by the employees and appointed by management. Representatives elected by the employees enjoy job security (see *Garantia provisória no emprego* and *Estabilidade do cipeiro*) lasting from the registration of their candidacy until one year after their term.

Comissário(a) de bordo; comissário(a) de voo – flight attendant; steward.

Compensação – setoff; offset; compensation.

Competência – jurisdiction power; jurisdiction; competent jurisdiction; authority.

Competência em razão da matéria – jurisdiction by matter; jurisdiction based on the subject matter involved in the case. This refers to the court's authority or competence based on the type or nature of the legal issue or subject matter involved in a case. Different courts may have jurisdiction over specific types of cases, such as labor courts handling private sector employment-related matters (jurisdictional authority of the labor courts is established by article 114 of the Constitution).

Competência em razão da pessoa – jurisdiction by person; jurisdiction by the reason of the person; personal jurisdiction. It focuses on the identity or characteristics of the parties involved, dictating which court has jurisdiction based on the individuals or entities participating in the legal dispute.

Competência legislativa – legislative jurisdiction; power or authority to legislate. In Brazil, legislative jurisdiction for the creation of statutes on Labor and Employment Law and Procedural Law – to be effective throughout the whole country – is exclusively federal, which is to say, it is basically concentrated in the hands of the Union (the Federal Government and National Congress). According to the 1988 Constitution, Article 22, "[t]he Union has the exclusive power to legislate on: I – civil, commercial, criminal, procedural, electoral, agrarian, maritime, aeronautical, space and labor law (...)."

Competência originária (de um tribunal) – original jurisdiction (of a higher court or tribunal). This means that the court has the authority to hear and decide on certain types of cases directly, without them having to go through lower courts first. For example, if a specific legal matter falls within the original jurisdiction of the *Tribunal Regional do Trabalho (TRT)*, parties can bring their case directly to that court without initiating proceedings in a *Vara do Trabalho* (trial court).

Competência territorial – territorial jurisdiction; venue. Authority to judge a case is usually based on the place where the work was performed (*CLT*, Article 651, outlines the jurisdictions where labor lawsuits can be filed).

Competir – to compete.

Comprovar – to prove; to substantiate; to confirm. It denotes the act of providing evidence or demonstrating the veracity of a claim, statement, or fact in a legal setting.

Comunicação de Acidente de Trabalho (CAT) – workplace injury report; a notification that employers need to issue when a work accident or occupational disease is detected. If the employer refuses to do so, the doctor, union, expert or any other public authority will be able to issue it. *CAT* is an important document for Social Security purposes.

Comunidade empresarial – business community.

Conciliação – settlement; conciliation.

Conciliar – to settle; to conciliate.

Conclusão – conclusion; the result of argumentation.

Conclusos (or "autos conclusos") – held under advisement; it means that the case is with the judge to make a decision.

Concorrência – competition.

Concurso público – public selection process; public competitive examination; public entrance examination process. According to the Constitution, Article 37, II, "investiture in a public office or position depends on previously passing an entrance examination consisting of tests or tests and presentation of academic and professional credentials, according to the nature and the complexity of the office or position, as provided by law, except for appointment to a commission office declared by law as being of free appointment and discharge."

Condições de trabalho – work conditions.

Condições do local de trabalho – workplace conditions.

Confederação Nacional da Agricultura e Pecuária do Brasil (CNA) – Confederation of Agriculture and Livestock of Brazil, a major organization representing the interests of farmers and agribusinesses in Brazil. It plays a key role in advocating for policies that benefit the agricultural sector and rural employers.

Confederação Nacional da Indústria (CNI) – National Confederation of Industry, a prominent Brazilian industry association that represents the interests of the industrial businesses in the country. It works to promote policies and initiatives that support industrial development, economic growth, and competitiveness.

Confederação Nacional do Comércio de Bens, Serviços e Turismo (CNC) – National Confederation of Commerce of Goods, Services, and Tourism, a major Brazilian confederation that represents the interests of businesses in the commerce, services, and tourism sectors. It serves as a central organization for various federations and associations within these industries. CNC plays a crucial role in advocating for policies that support the development and growth of commerce-related activities in Brazil. It engages in activities such as promoting favorable business environments, providing support for businesses, and participating in social and economic discussions that impact the sectors it represents

Confederação sindical – the national level of union association. According to the *CTL*, Article 535, confederations are composed of a minimal number of three federations of either employers within the same economic category or employees in the same professional category (see also *Sindicato*).

Conselho Nacional de Justiça (CNJ) – National Council of Justice. The *CNJ* serves as a supervisory and control body for the judiciary, overseeing the activities of judges and courts to ensure compliance with established standards and procedures. It plays a role in formulating and implementing policies to improve the functioning of the judicial system. This includes strategic planning and initiatives to enhance access to justice. The *CNJ* exercises administrative and budgetary control over the entire judiciary, aiming to maintain financial discipline and efficiency in the allocation of resources. It is also involved in establishing and enforcing ethical standards for judges and court personnel, promoting integrity and accountability within the judicial branch. The Counsel works to promote transparency in the judiciary by providing information to the public, ensuring accountability, and fostering public trust in the legal system. Furthermore, it receives and investigates complaints against judges and court officers, addressing issues related to judicial conduct and ethics. Among other roles, it also compiles judicial statistics and research to assess the performance of the judiciary, identify challenges, and propose improvements.

Conselho Superior da Justiça do Trabalho (CSJT) – Superior Council of the Labor Court System, a body that oversees and coordinates the activities of all Regional Labor Courts (*Tribunais Regionais do Trabalho*) across Brazil. Among other roles, it establishes national policies and guidelines for the improvement and efficiency of the labor court system, and handles administrative functions related to the labor judiciary, such as budgeting, personnel management, and technological development. Headquartered in Brasília/*DF*, the *CSJT* acts as a coordinating and administrative body to enhance the effectiveness and fairness of labor-related legal processes.

Consignação em pagamento – see *Ação de consignação em pagamento.*

Consolidação das Leis do Trabalho (CLT) – Consolidation of Labor Laws (Decree-Law No. 5,452 of 1943). The *CLT* functions as Brazil's labor code. Enacted in 1943 by President Getúlio Vargas, the *CLT* sought to unite and structure, in a single codified document, all the existing labor and employment statutes, in addition to regulating new issues concerning labor relations and the procedural rules to be applied in the resolution of labor and employment conflicts. The *CLT* rules have undergone hundreds of changes over the decades, and despite occasional additional legislation (separate statutes approved over the years), the *CLT* remains the most important legal document for regulating labor and employment relations and establishing procedural rules for the resolution of labor and employment disputes in the Brazilian private sector.

Constituição de 1988 – the Constitution currently in force in Brazil, enacted on October 5, 1988, during the transition to democracy following more than two decades of military dictatorship (1964-1985). The text of the 1988

Constitution is extensive and guarantees a long list of social rights, including numerous labor and employment rights.

Constranger – to coerce; to constrain; to harass.

Constrangimento – duress; coercion; compulsion.

Construção civil – civil construction; building; construction.

Consumidor – consumer.

Conta vinculada do FGTS – FGTS account associated with the employment contract of a specific worker. See *Fundo de Garantia por Tempo de Serviço* and *40% do FGTS.*

Contestação – answer; reply; plea; defense; defendant's defense petition.

Contracheque – paycheck.

Contradita (de testemunha) – contesting a witness; contestation of a witness.

Contraditar (a testemunha) – to contradict the witness.

Contrato – contract; agreement.

Contrato a termo – contract for a fixed period of time.

Contrato celebrado – signed contract; contract entered into; contract concluded; contract signed.

Contrato de experiência – probationary contract; an employment contract with a definite term (90 days maximum) for the specific purpose of allowing employers to ascertain the suitability of potential employees and employees to test the adequacy of the employment. If 90 days are surpassed, the employment automatically becomes one of indeterminate term.

Contrato de honorários de advogado – retainer agreement; fee agreement; legal services retainer agreement.

Contrato de honorários de advogado com remuneração *ad exitum* – contingency fee arrangement for hiring legal services; lawyer fees paid on a contingency basis.

Contrato de prestação de serviços - contract of service.

Contrato de trabalho - employment contract; employment agreement.

Contrato de trabalho a tempo parcial - part-time employment contract.

Contrato de trabalho (com vínculo de emprego) - employment contract.

Contrato por prazo determinado - contract for fixed period of time.

Contribuição - payment.

Contribuição assistencial - assistential fee; agency fee; a type of "contribuição sindical" established in collective bargaining agreements in order to finance the bargaining process for negotiating a collective bargaining agreement (*acordos coletivos* and *convenções coletivas*).

Contribuição confederativa - confederative union fee, applicable only to employees affiliated with (who are members of) the union. Its amount varies, being defined voluntarily in (by vote of) union assembly. The main objectives include maintaining the services provided by the union to members and funding the confederative union system - unions, federations and confederations, in both professional and economic categories (of both employees and employers).

Contribução sindical - union dues; fees due to labor unions; agency fee. It can consist of various types: *e.g.*, *contribuição assistencial* or *contribuição confederativa*.

Contribuição sindical obrigatória - union tax; compulsory union fee established by statute (extinguished by the 2017 Labor Reform - Statute No. 13,467). For employees, it was a yearly tax equivalent to one day's work per year, collected by the employer through a deduction from the paycheck for March. As for employers, the annual mandatory union tax was proportional to the company's share capital. The rates applied varied according to the amount of the company's share capital.

Contribuição sindical patronal - employers' union fee.

Contribuição social - Social Security contributions; federal taxes to finance the social security system administered by the *INSS* in the private sector.

Controlador de tráfego aéreo – air traffic controller.

Controlar – to control.

Controle de frequência – attendance control; frequency control that encompasses systems and processes used to monitor and manage employee attendance and presence in the workplace.

Controle de jornada – timekeeping; time tracking; the process of recording and tracking working days and hours, including clocking in and out and any breaks taken.

Controles de ponto – time keeping records.

Contribuições ao Sistema "S" – Contributions to the "S" System; mandatory contributions made by employers in Brazil to finance the entities within the *Sistema S* framework. Employers are required to contribute a percentage of their total payroll costs to specific *Sistema S* entities, depending on the sector of activity. These contributions are meant to fund programs and services provided by entities like *SENAI*, *SENAC*, SENAR, *SESI*, and *SESC*. The contributions are established by law, and the rates may vary depending on the economic sector. The funds collected through these contributions are used to support vocational training, education, and social services that benefit the workforce in each respective sector. The government oversees and regulates these contributions to ensure compliance and proper utilization of funds for the intended purposes. See also *Sistema "S"*.

Convenção Coletiva de Trabalho (CCT) – collective bargaining agreement entered into between an employers' union or federation and a labor union or federation (*compare* Acordo Coletivo de Trabalho).

Corpo discente – student body.

Corpo docente – faculty.

Correção monetária – inflation adjustment; readjustment linked to inflation; recalculation to compensate for the currency loss of value over time. Synonym of *Atualização monetária*.

Corregedor(a) – Chair of the Judicial Council; Chief Judicial Inspector; Chief Court Inspector. The *Corregedor* oversees the conduct and performance of judges and other judicial officers within the jurisdiction of the court, ensures their adherence to ethical standards and professional conduct, addresses and investigates complaints filed against judges or court staff, including allegations of misconduct or impropriety. If misconduct is identified, the *Corregedor* may recommend disciplinary actions, which can range from warnings to more severe measures. He/she also monitors the efficiency and effectiveness of court operations, identifying areas for improvement, and implementing reforms to enhance the judicial system's performance.

Corregedoria – Judicial Council; Council on Judicial Complaints; Judicial Inspection Office; Judicial Oversight Office. This term refers to the administrative body within a court that is responsible for overseeing the conduct of judges and court personnel, handling complaints, and ensuring the proper functioning of the judicial system. The head of the *Corregedoria* is often referred to as the *Corregedor*.

Correição parcial – complaint against judge misconduct.

Corretor(a) – agent; broker.

Corretor(a) de imóveis – realtor; real estate broker; real estate agent.

Cota – quota.

Cota-parte – share.

CP – see *Código Penal (CP).*

CPC – see *Código de Processo Civil (CPC).*

CPF – see *Cadastro de Pessoas Físicas (CPF).*

CPP – see *Código de Processo Penal (CPP).*

Crachá – badge; name tag; an employee's identification badge or name tag.

Creche (infantil) – children's daycare; childcare; childcare facilities; daycare.

CSB – see *Central dos Sindicatos Brasileiros (CSB).*

CSJT – see *Conselho Superior da Justiça do Trabalho (CSJT).*

CTB[1] – see *Código de Trânsito Brasileiro (CTB).*

CTB[2] – see *Central dos Trabalhadores e Trabalhadoras do Brasil (CTB).*

CTPS – see *Carteira de Trabalho e Previdência Social (CTPS).*

CTPS Eletrônica – Electronic Work and Social Security Card, fed by information from *eSocial*, which are available for consultation through an app on the worker's cell phone. See *Carteira de Trabalho e Previdência Social (CTPS).*

Culpa – fault; guilt; neglect; negligence.

Culpa concorrente – concurrent fault; contributory negligence. It refers to a situation where more than one party contributes to a fault or negligence. In legal contexts, it implies that multiple parties share responsibility for a particular wrongdoing or adverse outcome.

Culpa grave – grievous fault.

Culpa *in eligendo* – negligent hiring.

Culpa *in vigilando* – negligent supervision; negligent monitoring.

Culpa recíproca – reciprocal faults (just causes) by the employee and the employer, which reduces by half indemnification in the event of dismissal (*CLT*, Article 484).

Cumprimento – performance; compliance.

Cumprimento das exigências – compliance with the requirements.

Cumprimento de sentença – judgment execution.

Cumprimento do contrato – performance of a contract.

CUT – see *Central Única dos Trabalhadores (CUT).*

D

Dados – data; information.

Dados pessoais – personal data.

Dano – damage. The same term can refer to the injury or the compensation awarded because of the injury.

Dano emergente – actual damage; pecuniary damage; direct damages. It refers to the immediate or direct financial loss or harm suffered by a party due to a wrongful act or breach of contract. These damages are quantifiable and typically represent the actual monetary loss incurred. Compare *Lucros cessantes*.

Dano estético – esthetic (or aesthetic) damage; cosmetic damage. It refers to harm or injury that affects the appearance, aesthetics, or physical attractiveness of a person or property. In legal contexts, it often involves compensation for damages related to disfigurement, scarring, or other factors that impact the visual aspects of a person or object.

Dano extrapatrimonial – non-pecuniary damage.

Dano material – pecuniary damage; pecuniary injury.

Dano moral – wounded feelings; emotional distress; pain and suffering (damages); mental distress; offense to a person's dignity or moral sphere.

Dano patrimonial – pecuniary damage; pecuniary injury.

Data-base – collective bargaining month; effective date when a wage raise provided by a collective bargaining agreement (*ACT* or *CCT*) is expected; base date when a new collective bargaining agreement is supposed to be signed.

Décimo terceiro salário – 13th salary, a legally required annual bonus, sometimes referred to as a Christmas Bonus (*Gratificação Natalina*). By law, employees are guaranteed an annual bonus equivalent to one month's wage, to be paid by December 20 of each year (half of the amount must be paid in advance by November). This right is provided for in Article 7, VIII, of the Constitution and is regulated by Statutes 4,090 of 1962 and 4,749 of 1965.

Declaração de imposto de renda – income tax return.

Deferimento – grant; granting; awarding.

Deferir – to grant; to authorize; to award; to approve.

Defesa (do réu) – defense (of the defendant).

DEJT – see *Diário Eletrônico da Justiça do Trabalho (DEJT).*

Delegacia Regional do Trabalho (DRT) – old name of the *Superintendência Regional do Trabalho e Emprego (SRTE).* See *Superintendência Regional do Trabalho e Emprego (SRTE).*

Demitir – to fire someone; to dismiss; to discharge.

Denunciação da lide – impleader. A mechanism in civil procedures by which a defendant can bring a third party defender into the case.

Denúncia imotivada (do contrato de trabalho) – termination without cause.

Denunciante; informante; dedo-duro – whistle-blower. See also *X-9.*

Denunciar – to denounce; to accuse; to inform about something that happened.

Denúncia vazia (do contrato de trabalho) – termination without cause.

Depoimento da testemunha – testimony (of witness); statement.

Depoimento pessoal – a person's own statement; formal statement or testimony of the party.

Depor – to testify; to depose.

Depósito; armazém – warehouse.

Descansar – to rest.

Descanso – rest.

Descanso Semanal Remunerado (DSR) – paid weekly rest required by law. The rest period must be at least 24 hours in duration and preferably should be granted on Sunday. (Article 7, XV, of the 1988 Federal Constitution). Same as *Respouso Semanal Remunerado (RSR).*

Desembargador(a) - court of appeals judge. *Desembargadores* are judges at the appellate level, specifically in the courts of appeals. This position is a higher rank compared to the trial-level judges (juiz substituto and juiz titular). Most of their work consists of hearing appeals and reviewing decisions made by lower courts, as well as considering cases whose judgments commence directly in an appellate court.

Desembargador(a) do trabalho – labor court of appeal judge. The term refers to a court of appeals judge in the labor court system. See *Desembargador(a).*

Desempregado – unemployed.

Desemprego – unemployment.

Desídia – recklessness; negligence in the performance of a duty; one of the reasons that can justify the dismissal of an employee for just cause (*CLT*, Article 482, e).

Desistência – discontinuance; cessation; the plaintiff decides to withdraw the action.

Desistência voluntária – voluntary discontinuance; voluntary desistance; voluntary cessation.

Despedida – firing; discharge; dismissal.

Despedida arbitrária – arbitrary dismissal; arbitrary discharge.

Despedida indireta – constructive discharge. See *Rescisão indireta do contrato de trabalho.*

Despedida sem justa causa – dismissal without just cause.

Despedir – to fire someone; to dismiss; to discharge.

Desviar – to shift; to divert; to deviate.

Desvio de função – job function misalignment; assignment of duties outside the job description. It refers to a situation where an employee is required to perform tasks or duties that are significantly different from those specified in their job description or employment contract.

Diário Eletrônico da Justiça do Trabalho (DEJT) – Labor Court Electronic Official Gazette, used as a means of official publication of decisions and acts issued by labor courts.

Dias úteis – business days.

Diferença salarial; disparidade salarial; diferença de remuneração – wage gap; pay gap.

Diploma (de um curso) – diploma; certificate of conclusion of any course.

Diploma legal – law; legal text; statute; act; legislation (only a legal enactment by official authorities, not a private contract).

Direito – right; law.

Direito à intimidade – right of privacy.

Direito à privacidade – right of privacy.

Direito à saúde e segurança – right to health and security.

Direito Coletivo do Trabalho – collective labor law, corresponding to what is simply labeled labor law in the U.S.

Direito do Trabalho – includes both individual and collective laws concerning work, that is, includes what is labeled labor law and employment law in the U.S.

Direitos dos trabalhadores – workers' rights.

Direito Individual do Trabalho – regulations governing individual employment relations, or what is labeled employment law in the U.S.

Direito renunciável – waivable right.

Diretoria de sindicato – union leadership; union board. Union leaders typically enjoy job security from the time of their candidacy until one year after the end of their term. Leadership posts enjoying job security are limited to seven union leaders and an equal number of substitutes in local unions.

Dirigente sindical – union leader.

Dirimir (um conflito) - to end a conflict; to settle or to decide a conflict.

Discriminação - discrimination.

Discriminação algorítmica - algorithmic discrimination.

Discriminação no emprego - employment discrimination.

Discriminação pelo sexo de uma pessoa - sex discrimination.

Discriminação por idade - age discrimination.

Discriminação por nacionalidade - discrimination based on national origin.

Discriminação racial - race discrimination.

Discriminação religiosa - discrimination on the basis religion.

Dispensa - firing; dismissal; discharge.

Dispensa arbitrária - arbitrary dismissal; arbitrary discharge.

Dispensa em massa; dispensa coletiva ou plúrima - mass dismissal; massive layoff; layoff; downsizing.

Dispensa indireta - same as *Rescisão indireta do contrato de trabalho.*

Dispensa sem justa causa - dismissal without just cause.

Dispensar - to fire someone; to dismiss; to discharge.

Dispositivo legal - legal provision; part of the statute; an article of a law.

Dissídio - generic name for a legal conflict, dispute, disagreement or conflict resulting in claims under individual or collective employment or labor law.

Dissídio coletivo - technical name of a collective legal action. The initiation of a collective dispute process is the prerogative of a trade union entity – unions, federations and confederations of workers or employers.

Dissídio individual - individual legal dispute, resulting from controversy relating to the individual employment contract that results in a lawsuit filed by an employee (or individual employee). It is generally filed in a labor court by the employee or employer (rare case). Synonym for *Reclamação Trabalhista.*

Distribuição (de uma ação ou de um recurso) – judge assignment, which is the initial act after filing a lawsuit or an appeal. Assignment of the case to a labor court when there is more than one court in the same location (in the first level of district courts) or assignment of the case to a judge who will report it (in an appellate court). Distribution is usually immediate and random, by lottery, following the order in which cases arrive.

Distribuição por dependência – related-case designation. See also *Distribuição (de uma ação ou de um recurso).*

Distribuição por sorteio – random assignment. See also *Distribuição (de uma ação ou de um recurso).*

Dívida – debt; amount owed.

Divisor (de hora extra) – extra hours divisor; overtime divisor. In Brazil, salaries are commonly paid on a monthly basis. To calculate overtime pay, the monthly salary is divided by a factor known as the *divisor de hora extra.* This divisor is used to determine the hourly wage, allowing employers to accurately calculate compensation for any additional hours worked beyond the regular work hours. It serves as a conversion factor to establish the rate at which overtime hours are compensated, ensuring fair remuneration for extra work performed by employees. For full time employees who work according to the constitutional limits (8 hours per day or 44 hours per week), the commonly used divisor for calculating regular working hours is 220. Thus, if an employee receives R$2,200 per month, the hourly rate for their regular working hours would be R$10. Any overtime hours (beyond 8 hours per day or 44 hours per week) should be compensated at a minimum rate of R$15.

Dobra – additional equal amount; double pay.

Doença ocupacional – occupational disease.

Doença profissional – occupational disease.

Dolo (civil) – malicious fraud; fraud; deceitfulness; dolus.

Doméstico(a) – see *Empregado(a) doméstico.*

Doutrina (ensinamentos de mestres do Direito) – jurists' opinions; doctrine. Doctrine is broader than jurisprudence, including the dominant consensus of leading law academics and professionals. Doctrine is not binding but is more persuasively influential than in the American system.

DRT – see *Delegacia Regional do Trabalho (DRT).*

DSR – see *Descanso Semanal Remunerado (DSR).*

Duplo grau de jurisdição – double degree of jurisdiction; double judicial review; double-tiered jurisdiction. It is a concept related to the structure of the judiciary and the idea that legal decisions can be reviewed by a higher court. The principle of *duplo grau de jurisdição* means that a party to a legal dispute has the right to have their case reviewed by a higher court if they are dissatisfied with the decision made by a lower court. This second level of review provides an additional layer of scrutiny to ensure fairness, correct interpretation of the law, and the protection of individual rights.

Dúvida – doubt.

E

ECT – see *Empresa Brasileira de Correios e Telégrafos (ECT).*

EJud – see *Escola Judicial.*

Elementos do vínculo de emprego; elementos fático-jurídicos do vínculo de emprego – elements that define work as employment. In Brazil, case law and doctrine usually extract from the joint interpretation of *CLT* Articles 2 and 3 five elements capable of characterizing a work relationship as an employment bond: subordination (*subordinação*), non-eventuality (*não eventualidade*), remuneration (*onerosidade*), personal performance, that means the employee is required to perform the work themselves (*pessoalidade*) and individual, which means that the work is provided by a natural person (*pessoa física/pessoa natural*).

Em causa própria – attorney representing himself; pro se attorney.

Embargos à execução – motion to stay of execution; objections to execution; objections to enforcement. It refers to a legal procedure in which the party against whom a judgment is being executed (the debtor or judgment debtor) raises objections or challenges to the enforcement of the judgment. The goal of *embargos à execução* is to provide the judgment debtor with an opportunity to protect their rights and interests before any coercive measures, such as asset seizures, are taken to satisfy the judgment. It is a legal mechanism designed to ensure due process and fairness in the execution of court decisions.

Embargos de declaração – request for amendment of judgment; motion for more definite statement.

Embriaguez – drunkenness; intoxication.

Embriaguez habitual ou em serviço – habitual or on-duty drunkenness (*CLT*, Article 482, f).

Emenda – amendment.

Emenda Constitucional – constitutional amendment. See also *Proposta de Emenda à Constituição (PEC).*

Emenda Constitucional nº 72/2013 ("PEC da Doméstica") - Constitutional Amendment No. 72, of April 2, 2013, which extended to domestic employees numerous rights, such as the limitation on the number of hours worked per day and per week, the compulsory payment of FGTS by domestic employers, and compensation for night work at higher rates than day work, among other rights (see also *Lei Complementar nº 150/2015*).

Ementa (de uma decisão) - syllabus; summary; condensed text.

Empregado(a) - employee, defined as a worker who personally renders services, for consideration (the work requires some sacrifice for which compensation is provided), on a non-sporadic (or regular) basis, under the subordination or direction of an employer. See *Elementos do vínculo de emprego; elementos fático-jurídicos do vínculo de emprego.*

Empregado(a) doméstico - domestic employee. They work for households (of related or non-related members), but not necessarily in the home (*e.g.*, drivers or gardeners). They are considered employees but are governed under a specific statute (*Lei Complementar nº 150/2015*).

Empregado(a) em regime de tempo parcial - part-time worker; employee on a part-time basis, limited to a maximum of 25 hours per week and entitled to proportionate rights and benefits compared to full-time employees (*trabalhadores em tempo integral*).

Empregador(a) - employer, defined as the juridical or real person who assumes the risks of economic enterprise and who employs and directs labor.

Empregador(a) doméstico(a) - domestic employer; employer of one or more domestic employees; someone who hires domestic workers to perform services within their household. This category of employer is subject to specific regulations and laws that govern the employment relationship between the employer and domestic employees. See *Lei Complementar nº 150/2015.*

Emprego - employment; job.

Empreitada (construção civil) - building contract.

Empresa - company; corporation; enterprise; a business enterprise or company; an economic unit, *e.g.*, a company in the grocery business.

Empresa Brasileira de Correios e Telégrafos (ECT) – Brazilian Post and Telegraph Company.

Empresa de Trabalho Temporário – temporary employment company; employment agency. A company that necessarily mediates the hiring of a temporary worker (Statute 6,019 of 1974).

Empresa estatal – see *Estatal.*

Empresariado – business community.

Empréstimo consignado – payroll-deductible loan; salary-deductible loan. This type of loan involves the automatic deduction of loan repayments directly from the borrower's salary or paycheck.

ENAMAT – see *Escola Nacional de Formação e Aperfeiçoamento de Magistrados do Trabalho (ENAMAT).*

Encargos sociais – social costs; social charges; social contributions. It refers to social charges or social contributions that employers are required to pay in addition to the salaries of their employees. These charges are meant to fund various social programs and benefits, contributing to the broader welfare system in the country. The most common examples of *encargos sociais* include social security contributions, the Severance Pay Fund (*Fundo de Garantia do Tempo de Serviço – FGTS*) and contributions to the *"S" System*. See also *Contribuição social, Contribuições ao Sistema "S", Fundo de Garantia do Tempo de Serviço (FGTS), Instituto Nacional do Seguro Social (INSS)* and *Sistema "S".*

Ensino técnico – blue-collar education; education for technical professions.

EPI – see *Equipamento de proteção individual (EPI).*

Equidade – equity.

Equipamento de proteção individual (EPI) – personal protective equipment; individual safety equipment; individual safety gear.

Equiparação salarial – wage equalization. See also *Paradigma.*

Equiparar – to equalize; to level; to balance.

Erga omnes – (Latin) universal; binding on all.

Escalas de trabalho, horários de trabalho – work schedules.

Escola Judicial – Judicial School (for training and improvement of labor judges). Each of the 24 circuit labor courts (*TRTs*) has its own judicial school, for the initial and continuing training of its judges, who are required to take courses with a minimum workload each semester.

Escola Nacional de Formação e Aperfeiçoamento de Magistrados do Trabalho (ENAMAT) – National School for Training and Improvement of Labor Judges, located at the Superior Labor Court (*TST*), in Brasília/*Distrito Federal*.

eSocial – Brazilian government's platform which consolidates the sending of employer and employee data. It is a digital bookkeeping tax, social security and labor obligations tool. This single system replaced the need to send separate reporting to Social Security, the Internal Revenue Service and Brazil's Ministry of Labor and Employment. The eSocial is a joint initiative by government agencies and entities such as the *Caixa Econômica Federal* bank (responsible for *FGTS* maintenance), the National Institute of Social Security (*INSS*), the Ministry of Planning, Ministry of Labor and Employment (*MTE*) and the Internal Revenue Service of Brazil (*RFB*).

Espólio – estate or succession. The term refers to the estate or succession of a deceased person. It encompasses all the assets, rights, and obligations left behind by an individual after their death. The legal process of handling and distributing the deceased person's estate is known as *inventário*, which involves determining the assets and liabilities, settling debts, and distributing the remaining assets among the heirs.

Estabelecimento – a unit of production; the basic entity of the technical organization of economic activity, *e.g.*, a local supermarket or grocery store.

Estabilidade – stability; condition, quality, or state of being fixed, firm, permanent.

Estabilidade da gestante; estabilidade gestacional – temporary job security for pregnant employees, from the date the pregnancy is confirmed to five months after delivery. It is a legal protection ensuring that pregnant women cannot be terminated without just cause during pregnancy and for a period after childbirth. According to Article 10, item II, b, of the *ADCT* (Act of

Transitional Constitutional Provisions), the stability period begins from the confirmation of pregnancy and extends until five months after childbirth.

Estabilidade do(a) cipeiro(a) – temporary job security for employees elected to the *CIPA* (Internal Commission for Accident Prevention) board, from the date of the registration of their candidacies to one year after the end of their terms of office, as provided for in Article 10, item II, a, of the *ADCT* (Act of Transitional Constitutional Provisions). See *Comissão Interna de Prevenção de Acidentes (CIPA).*

Estabilidade no emprego – Job security; a type of provisional tenure. In its private sector, Brazil no longer has general job security based on seniority (before 1967, employees with over 10 years of continuous employment with the same employer enjoyed protection against discharge without just cause), but certain categories of employees (*e.g.*, pregnant workers, union leaders, *CIPA* representatives elected by employees, etc.) cannot be fired during specified periods while these conditions apply without just cause (or *falta grave*). *See also Garantia provisória no emprego.*

Estabilidade por acidente de trabalho; estabilidade acidentária – accident-related job security. Employees who suffer an accident at work are guaranteed, for a minimum period of twelve months, the maintenance of their employment contract with the company, after ceasing to receive social security benefits (Statute No. 8,213 of 1991, Article 118). Occupational diseases are equated to work accidents for this purpose. During the period of this stability, the employer is prohibited from terminating the employment of the affected worker without just cause. This protection aims to safeguard employees who are recovering from a work-related injury or illness, ensuring that they are not unfairly dismissed during this vulnerable period.

Estabilidade sindical – temporary job security enjoyed by union leaders from the time of their candidacy until one year after the end of their term. Leadership posts enjoying job security are limited to seven union leaders and an equal number of substitutes in local unions.

Estação de trabalho – work station.

Estado[1] – state (regional political entity). *Estado* can refer to the regional subdivisions of a country. For example, Brazil has 26 states (and one federal district within which is located the capital, Brasília).

Estado² – state (governmental entity of a country). The term *Estado* (in this sense generally capitalized) is also used to refer to the government or the administrative apparatus responsible for the organization and regulation of public life. It encompasses the executive, legislative, and judicial branches of government.

Estado³ – state (condition or status). In a broader sense, *estado* can denote a condition or status. For example, the term *estado civil* refers to one's civil status, such as being single or married.

Estado civil – marital status; status; civil status.

Estado de direito; estado democrático de direito – rule of law; state under rule of law; democratic state under rule of law; rule of law state.

Estado de pobreza – poverty; pauperism.

Estado falimentar – contemplation of bankruptcy; economic distress.

Estado totalitário – totalitarian state.

Estagiário – intern.

Estágio – internship.

Estágio de vitaliciamento (de juízes) – probationary stage of judgeship; probationary period for judges. Explanation in *Vitaliciedade*.

Estágio probatório – probationary period; probationary period of employment. The existence of a probationary period is common in the Brazilian public service. It typically involves a period of two or three years during which the performance and suitability of a new public servant are assessed before their tenure is confirmed. For Brazilian federal public servants, the probationary period typically lasts for 24 months, as stipulated by Article 20 of Statute No. 8112 of 1990.

Estatal – state-owned company; public corporation; government company.

Estatuto social – articles of incorporation; articles of organization.

Estrangeiro(a) – foreigner; alien.

Estrangeiro(a) ilegal – illegal alien.

Evidência – evidence; proof.

***Ex adverso* (Latin)** – opposing counsel; adverse party's counsel.

Exame de Ordem; exame da OAB – OAB examination; Bar examination.

Exceção de pré-executividade – exception of pre-execution (literal translation); claim of exception; confession and avoidance; formal objection; general exception; special exception; motion to dismiss the execution. It is a procedural mechanism used by the debtor to contest the execution of a court judgment or an enforcement order. The exception is raised during the execution phase of legal proceedings when the creditor seeks to enforce a judgment or order. Typically, it can be raised on very limited grounds, especially when there is a relevant procedural question involved, such as challenging the validity of the summons or the judgment, pointing out serious defects in the execution process, or raising objections that do not require a separate lawsuit. The exception is intended to provide a more efficient and streamlined process for addressing certain issues related to the enforcement of judgments.

Exceção de suspeição (do juiz) – motion for bias; motion to recuse judge; recusation of judge, recusal. It is a legal mechanism that seeks to remove a judge from the consideration of a case due to their alleged bias.

Excelência – Your Honor; treatment generally used by lawyers when they address judges orally in hearings.

Excelentíssimo(a) – Honorable; treatment generally used by lawyers when they address judges in written petitions or requests.

Execução de sentença – judgment execution; execution of judgment; enforcement of judgement.

Execução fiscal – tax execution; tax collection enforcement. It refers to the legal process for collecting taxes or other financial obligations from an individual or entity.

Executado – judgment debtor; debtor.

Exequente – execution creditor; judgment creditor.

Exigir – to require.

Exmo(a). – abbreviation for *Excelentíssimo(a).*

Exordial – declaration; complaint; first paper filed in a legal proceeding. Same as *Petição inicial.*

Expediente – working day; normal hours of work.

Extinção – extinguishment; dissolution; termination; lapse.

Extinguir – to terminate; to extinguish; to dissolve; to discharge; to dismiss.

Extrato do FGTS – *FGTS* account statement. See *Fundo de Garantia por Tempo de Serviço (FGTS).*

F

Fábrica – factory; plant.

Fábrica de montagem; montadora – assembly plant.

Facultativo – optional.

Falência – bankruptcy. Workers' claims are not extinguished by bankruptcy of an employer.

Falhar – to fail.

Falso testemunho – false testimony; perjury.

Falta grave – grave fault; serious failing, which may be a just cause for terminating an employment contract, even in case of job stability or tenure. See also *Justa causa* and *Rescisão indireta do contrato de trabalho.*

FAT – see *Fundo de Amparo ao Trabalhador (FAT).*

Fato constitutivo do direito – constitutive fact of the right, which refers to the essential facts or events that form the basis of a legal claim. It is the set of circumstances that, if proven, establish the legal right or entitlement of a party. See *Ônus da prova* and *Inversão do ônus da prova.*

Fato do príncipe – sovereign act.

Fato extintivo do direito – extinctive fact; fact extinctive of the right. A fact or circumstance that extinguishes or terminates a legal right. In employment law, the full payment can be a *fato extintivo do direito*, as it ends the party's right to demand further payment of a benefit provided by law or contract. See *Ônus da prova* and *Inversão do ônus da prova.*

Fato impeditivo do direito – impeditive fact; fact impeditive of the right. This refers to a fact or circumstance that prevents the exercise or assertion of a legal right. See *Ônus da prova* and *Inversão do ônus da prova.*

Fato modificativo do direito – modificative fact; fact modificative of the right. It involves a fact or event that modifies or alters an existing legal right without necessarily extinguishing it. See *Ônus da prova* and *Inversão do ônus da prova.*

Fato notório – notorious fact; judicial notice; judicial knowledge; common knowledge (what is known by everyone and does not depend on evidence).

Fato novo – new matter.

Fato presumido – assumed fact.

Fato superveniente – supervening event; supervening fact. An event or circumstance that occurs after the initiation of legal proceedings or after a contract has been formed, and that has a significant impact on the situation.

Fatura – invoice; bill of sale; bill.

Federação das Indústrias do Estado de São Paulo (FIESP) – Federation of Industries of the State of São Paulo, an industrial federation based in the state of São Paulo, which represents the interests of industrial employers in São Paulo and is known for its influential role in advocating for economic and industrial policies.

Federação das Indústrias do Estado do Rio de Janeiro (FIRJAN) – Federation of Industries of the State of Rio de Janeiro, a union federation headquartered in the state of Rio de Janeiro. It represents the interests of industrial employers in the state and engages in activities aimed at fostering the economic and social development of the region and the country. See *Federação sindical*.

Federação Nacional dos Bancos (FENABAN) – National Federation of Banks, a federation that represents the interests of banks in Brazil. It plays a role in coordinating discussions and negotiations related to the banking sector, including collective bargaining agreements (*convenções coletivas*) and regulatory matters.

Federação sindical – union federation, an institution that brings together unions from the same professional category (employees) or economic sector (employers). Federations must aggregate at least five *sindicatos* from the same category (*CLT*, Article 534). See also *Sindicato*, *Confederação sindical* and *Central sindical*.

FENABAN – see *Federação Nacional dos Bancos (FENABAN)*.

Feriados – holidays. Certain days are designated national, state or municipal civic or religious holidays. Employees are entitled to be paid for days off on these holidays.

Férias anuais remuneradas – annual paid vacation.

Férias remuneradas – paid vacation. By law, employees are entitled to 30 days of paid vacation plus an increment equivalent to one-third of their monthly wage during this period (Constitution, Article 7, XVII). Provided that some conditions are met, the 30-day vacation period can be split. There is a proportional loss of vacation days in case of unjustified absences from work. See also *Terço de férias.*

Ferir – to wound; to injure.

FGTS – see *Fundo de Garantia por Tempo de Serviço.*

Ficha – record sheet; token; card; slip.

Ficha de registro de empregado – employee registration file.

FIESP – see *Federação das Indústrias do Estado de São Paulo (FIESP).*

Fiscal do Trabalho – see *Auditor Fiscal do Trabalho (AFT).*

FIRJAN – see *Federação das Indústrias do Estado do Rio de Janeiro (FIRJAN).*

Fiscalização do Trabalho – Labor Inspection Office; body of the Ministry of Labor and Employment, composed by the *Auditores Fiscais do Trabalho (AFTs*).

Folha de pagamento – payroll.

Folha de ponto – time sheet; time keeping record; document containing employees' working hours, including clock-in and clock-out times, which may also include information on breaks and overtime.

Força de trabalho – workforce.

Força maior – *force majeure*; act of God or from nature; vis major; superior force; conditions beyond the control of employers that affect enterprises.

Força Sindical – Union Force, a prominent trade union center (*central sindical*) in Brazil, established in 1991. It has a significant membership base and represents workers across various sectors, including manufacturing, construction, transportation, and services. See also *Central sindical.*

Formação técnica – blue-collar education.

Fracionamento de férias – splitting vacation periods.

Fundamentos – foundation; basis of decision; analysis in a court opinion.

Fundo de Amparo ao Trabalhador (FAT) – Workers Support Fund; a federal fund intended to cover unemployment insurance, among other purposes.

Fundo de Garantia por Tempo de Serviço (FGTS) – Service Time Guarantee Fund; Length of Time Guarantee Fund; Severance Indemnity Fund for Employees. This is a kind of severance pay fund administered by the Brazilian federal government, made up of monthly deposits made by the employer in amounts equivalent to 8% of the employee's pay. The amounts deposited in the *FGTS* can generally be withdrawn when the employee is dismissed without just cause or in other cases provided for by article 20 of Statute 8,036 of 1990, such as retirement, termination by mutual agreement, termination due to *force majeure*, permanent disability of the employee, fatal disease, purchase of a home, reaching 70 years of age or death of the employee (in this case, *FGTS* funds can be claimed by their social security beneficiaries or legal heirs). See also *40% do FGTS*.

Fundo de pensão – pension fund.

G

Garantia provisória do emprego – temporary job security; guarantee against being fired from employment without just cause for a specified period of time (for example, because of pregnancy, participation in union elections or service on a union board, after a work accident or for being a member of CIPA elected by the employees). Same as *Estabilidade no emprego*.

Gênero – gender; kind.

Gerência – management; administration.

Gerente – manager.

Gerir – to manage; to administer; to administrate; to direct.

Gestante – pregnant woman.

Gestão – management.

Gestão de pessoas – people management; human resources management.

Gestão de projetos – project management.

Golpe militar – military coup.

Gorjetas – tips. Tips, whether included as a service charge or given spontaneously by customers, are included in salary calculations for some legal purposes.

Gratificação natalina – same as *Décimo terceiro salário*.

Gratuidade de justiça – (to sue) *in forma pauperis*, literally, in the form of a pauper, that is, having usual fees waived because of the insolvency of the plaintiff, including waiver of fees.

Grau – degree.

Greve – strike. In Brazil, strikes are legally protected though strictly regulated.

Greve branca – slowdown.

Greve solidária – secondary strike; solidarity strike. A type of work stoppage where workers from one sector or industry express support for the grievances or demands of workers in another sector or industry. It is a form of collective action in which employees, who may not directly share the same employment conditions or have the same employer, join forces in solidarity to amplify the impact of their protests. The goal is to show unity among workers and to create collective pressure to address broader issues affecting the labor force.

Grupo econômico – economic group; companies linked under common control or coordination to form a group, where joint liability may apply.

H

Hipersuficiência econômica – in a wealthy financial condition.

Hipersuficiente econômico – person with good financial condition.

Hipossuficiência econômica – in a condition of poverty.

Hiposuficiente econômico – needy; poor; pauper; in want; person who does not have the financial means to bear the costs of the lawsuit without compromising their livelihood.

Hipótese – supposition; hypothetical; hypothesis; situation.

Homologação – confirmation by court; homologation.

Homologação de Acordo Extrajudicial; Homologação de Transação Extrajudicial (HTE) – confirmation by the labor court of an out-of-court settlement.

Homologar – to confirm; to ratify; to allow; to sanction.

Honorários advocatícios; honorários de advogado – attorney's fees.

Honorários de êxito, honorários contratuais de advogado pactuados sobre o êxito (percentual calculado sobre o êxito) – contingency fees.

Honorários periciais – expert's fees.

Honorários sucumbenciais de advogado – legal fees from the loser of a court case; attorney fees paid by the loser of a law suit.

Horário comercial – business hours.

Horário de expediente – office hours; business hours.

Horário de trabalho – working hours; hours of labor.

Horário integral – full time.

Horário parcial – part time.

Horas de trabalho – working hours; hours of labor.

Horas extraordinárias – same as *Horas extras.*

Horas extras – overtime.

Horas suplementares – same as *Horas extras.*

Horista – hourly employee; employee who is paid per hour of work.

HTE – see *Homologação de Acordo Extrajudicial (HTE).*

I

IA – see *Inteligência Artificial (IA).*

Igualdade de pagamento; isonomia salarial – pay equity; equal pay.

Ilegitimidade de parte – lack of standing; without standing.

Imigrante – immigrant.

Imparcial – impartial.

Imposto – tax.

Imposto sindical – union tax established by law that was extinguished by the 2017 Brazilian Labor Reform (Statute No. 13,467 of 2017). See *Contribuição sindical obrigatória.*

Improbidade – see *Ato de improbidade.*

Improcedência da ação – dismissal of action; denial of action.

Improcedente – dismissed; denied.

Impugnação – objection.

Incapacidade (física ou mental para o trabalho) – disability; physical or mental disability for work.

Incapacidade definitiva (para o trabalho) – absolute disability.

Incapacidade provisória (para o trabalho) – temporary disability.

Inciso – item, subsection; line or insertion; provision in text of statute or law. After the *caput* of an article in a statute, there may be "*parágrafos*" (paragraphs, designated by the symbol §), "*incisos*" (items I, II, III...) and "*alíneas*" (subparagraphs a, b, c...).

Inconstitucional – unconstitutional.

Inconstitucionalidade – unconstitutionality.

Incontroverso – uncontested.

Indenização – indemnity; indemnification; damage awards; compensation.

Indenizações por acidente de trabalho ou doença ocupacional, infortunística – workers' compensation; legal field related to work accidents and occupational diseases.

Indenizar – to compensate; to award; to indemnify.

Índice BOVESPA – index of the São Paulo Stock Exchange.

Indisciplina – lack of discipline; indiscipline (violation of general rules of company). Compare *Insubordinação.*

Inquérito – inquiry. Some employer actions (*e.g.*, discharge of employees with job security) require official inquiries.

Insalubre – unhealthy; injurious to health.

Insalubridade – unhealthy condition(s) injurious to health; exposure to unhealthy elements; unhealthy; work conditions with risk to good health.

Inspeção – inspection.

Inspeção do trabalho – labor inspection.

Inspeção judicial – judicial inspection or examination; a procedural mechanism by which a judge or a designated officer may visit a physical location, examine documents, or inspect objects related to the case. This process aims to supplement the evidence presented by the parties involved and ensure a more comprehensive understanding of the situation.

INSS – see *Instituto Nacional do Seguro Social (INSS).*

Instância – level of court in the judicial hierarchy. *Varas do Trabalho* are usually trial courts of the first level. See *Vara do Trabalho, Tribunal Regional do Trabalho* and *Tribunal Superior do Trabalho*. See also *Primeira instância* and *Segunda instância.*

Instituto Nacional do Seguro Social (INSS) – National Social Security Institute; Brazil's Social Security Administration (SSA).

Insubordinação – insubordination (violation of a specific order).

Inteligência Artificial (IA) – artificial intelligence (AI).

Intempestivo(a) – untimely; outside of the required time period; out of time. It often refers to something that is not done within the prescribed or appropriate time limits, making it late or overdue. It could apply to the filing of legal documents, the submission of appeals, or any action that has a specific deadline.

Intermediário – intermediary; broker; jobber; middleman.

Interpretação – interpretation; construction.

Interpretação literal – close interpretation.

Intérprete – interpreter.

Interrupção do contrato de trabalho – periods in which the employee may be absent, with interruption of work, but with the right to receive a salary. Certain conditions (*e.g.*, marriage or family deaths) require that employers continue to pay employees' salaries for some days despite their work having been interrupted by these legally legitimated absences. *Compare* suspensão do contrato de trabalho.

Intervalo – break; work break. Work breaks are legally required and regulated in Brazil.

Intervalo de amamentação – breast-feeding break; lactation break.

Intervalo de recuperação térmica – thermal recovery break. These breaks are intended to allow workers' bodies to recover from the effects of exposure to extreme cold, preventing health issues such as frostbite or hypothermia.

Intervalo interjornada – minimum time between shifts; a period of rest between the end of one workday and the beginning of another. According to CLT, Article 66, "[b]etween 2 (two) working days there will be a minimum period of 11 (eleven) consecutive hours for rest."

Intervalo intrajornada – work break; intra-day break; meal break (intervalo de refeição).

Intimação – legal notice; summons; judicial summons; judicial notice; subpoena.

Intimação (para comparecimento em audiência) - subpoena; judge's order for compulsory appearance at hearing; notice of hearing; summons *ad respondendum.*

Intimidação sistemática; perseguição reiterada no trabalho - workplace bullying.

Intuito - intention; intent; motive.

Invalidar - invalidate; void; annul; strike, as in strike down or overturn a law or precedent.

Invalidez - disability.

Invalidez permanente - total disability.

Invalidez provisória - temporary disability.

Inválido(a) (pessoa inválida) - disabled person.

Inválido (ato jurídico inválido) - void; invalid.

Inventário - estate settlement; probate; inventory. The term refers to the legal process of inventory or estate settlement that occurs after a person's death. It involves the identification, valuation, and distribution of the deceased person's assets, as well as the settlement of debts and obligations.

Inversão do ônus da prova - shifting the burden of proof. As provided for in *CLT,* Article 818, paragraphs 1, 2 and 3, **§1:** "In cases provided by law or in the face of peculiarities of the cause related to the impossibility or excessive difficulty of fulfilling the burden under the terms of this article, or the greater ease of obtaining evidence of the contrary fact, the court may assign the burden of proof differently, provided that it does so by reasoned decision, in which case it must give the party the opportunity to discharge the burden assigned to it. **§2.** The decision referred to in **§1** of this article must be issued before the opening of the evidence, and, at the request of the party, it will imply the postponement of the hearing and allow proving the facts by any means admitted by law. **§3.** The decision referred to in §1 of this article cannot create a situation in which the discharge of the burden by the party is impossible or excessively difficult." See *Fato constitutivo do direito, Fato extintivo do direito, Fato impeditivo do direito e Fato modificativo do direito.* See also *Ônus da prova.*

Inverter o ônus da prova – to shift the burden of proof.

Investigação da vida pregressa (por exemplo, de um candidato a vaga de trabalho) – background check (for example, of a job candidate).

Irmandade – brotherhood.

Irredutibilidade salarial – irreducibility of the wages; wage cut ban (legal principle established by Article 7, VI, of the 1988 Federal Constitution).

Isonomia – equality; equal opportunity; isonomy; treating unequals unequally, and equals equally.

Isonomia salarial – pay equity; equal pay.

J

Jardineiro – gardener.

Jornada de trabalho – the workday; working time per day; working hours per day; hours of work that are regulated in detail by employment and labor law.

Judicialização (de um conflito ou de uma causa) – court adjudication; adjudication.

Judicializar (um conflito) – to adjudicate.

Juiz(a) – judge.

Juiz(a) classista – classist judges (literal translation); worker and employer representatives; worker and employer representative judges; lay judges (in a labor court). Prior to 1999, labor courts had lay judges, one representing employers and another one representing employees, in addition to the neutral professional judge – *juiz(a) togado(a)*. These lay judge positions were abolished by Constitutional Amendment No. 24 of 1999.

Juiz(a) do trabalho – labor judge. A career judicial official holding a judgeship at one of the levels in the labor court system.

Juiz(a) do trabalho substituto(a) – substitute labor judge; deputy labor judge. The term refers to a substitute judge in the labor court system. See *Juiz(a) substituto(a)*.

Juiz(a) em vitaliciamento – judge in probation; judge in the probationary period. See *Vitaliciedade*.

Juiz(a) leigo(a) – lay judge.

Juiz(a) substituto(a) – substitute judge; acting court; acting judge; deputy judge. The *juiz substituto* is the one designated to act in support or in substitution for the *juiz titular* of a specific trial court. The absence or temporary leave of the *juiz titular* may occur due to vacations, family leaves, study leaves, or any other reasons. Although the position of a substitute judge is the initial and entry level in the career, right after passing the corresponding public competitive process (*concurso público*), there is no hierarchy between the titular judge and the substitute judge, as they are both endowed with autonomy and functional independence in the exercise of their duties. Compare *Juiz(a) titular*. See also *Concurso público, Estágio de vitaliciamento* and *Vitaliciedade*.

Juiz(a) titular – titular judge; regular judge; head judge. After serving as *juízes substitutos* and gaining experience and seniority, judges are promoted and become *juízes titulares*, which means they will hold a permanent position in a specific court or jurisdiction. *Juízes titulares* have regular duties and responsibilities within their assigned trial court (*vara*) and cannot be transferred from their respective courts without their own consent. Compare *Juiz(a) substituto(a)*.

Juiz(a) titular de vara do trabalho – titular judge of the labor court; regular judge of the labor court; head judge of the labor court. The term refers to a titular judge in the labor court system. See *Juiz(a) titular*.

Juiz(a) togado(a) – robed judge (literal translation); judge; court. Professional judges, who are selected through a competitive public process (*concurso público*) and serve for life (*vitaliciedade*). In the regional labor courts (labor courts of appeals. *TRT*s), as well as in the Superior Labor Court (*TST*) and other higher courts, one fifth of these judges are selected from the ranks of public prosecutors or private attorneys (*Quinto constitucional*).

Juiz(a) federal – federal judge.

Juiz(a) vitalício(a) – tenured judge; life-tenured judge. See *Vitaliciedade*.

Julgado – judgment; decision; judicial precedent.

Julgador(a) – judge.

Julgamento – judgment; trial.

Jurisprudência – case law; set of court decisions on a given subject.

Juros – interest.

***Jus postulandi* (Latin)** – "right to postulate," "right to sue." This is the ability to file a lawsuit in court, which is normally attributed to lawyers qualified by the *OAB*. In the labor courts, however, this right is also granted to the parties, except for motions for annulling judgment, provisional remedy, writ of mandamus and appeals under the jurisdiction of the Superior Labor Court (*TST*).

Justa causa – just cause. Some statutes enumerate specific causes justifying employee discharge (*e.g.*, *CLT*, Article 482).

Justiça do Trabalho – the labor court system that resolves labor and employment-related disputes in the Brazilian private sector. It is a part of the broader judicial system in Brazil and operates independently, which is an essential aspect to ensure the impartial and fair resolution of labor and employment conflicts. Its existence is defined and regulated by Article 92 and Articles 111 to 116 of the 1988 Constitution. The labor court system currently comprises the Superior Labor Court (*TST*), headquartered in the Federal District (Brasília) and 24 regional labor courts (*TRT*s), as well as trial labor courts (*varas*) and labor judges. It has jurisdiction to hear and decide a wide range of matters, for example, disputes relating to strikes, unionization, collective bargaining, wage and hour, workers compensation, employment discrimination, workplace safety, among other subjects (its broad jurisdiction is defined by Article 114 of the Constitution).

Justiça Gratuita – see *Gratuidade de Justiça*.

L

Lactante (mãe que amamenta) – nursing mother.

Laudo arbitral – arbitral award; appraisal; report. It refers to the final decision or judgment made by an arbitrator or arbitration panel in the resolution of a dispute submitted to arbitration.

Laudo pericial – expert report; expert opinion.

Legitimidade *ad causam* – standing to sue (*legitimidade ativa*) or to be sued (*legitimidade passiva*).

Legitimidade extraordinária – extraordinary party with standing to sue. This term refers to an individual or entity that has been granted extraordinary or exceptional legal standing to bring a lawsuit, typically due to specific circumstances or criteria that deviate from the usual requirements for legal standing.

Legitimidade passiva *ad causam* – standing to be sued.

Lei – statute; act; statutory law; legislative act.

Lei Áurea (Lei Imperial nº 3.353/1888) – Imperial Statute No. 3,353 of May 13, 1888, which emancipated enslaved persons in Brazil, the last independent country to abolish slavery in the Americas (signed by Princess Isabel, daughter of the Emperor Pedro II).

Lei Complementar – complementary statute; complementary act; supplementary statute; declaratory statute. A statute that aims to complement and articulate something established by the Constitution. Complementary statutes differ from ordinary statutes because they require a higher quorum for approval. Ordinary statutes require only a simple majority vote to be approved (Constitution, Article 47), while supplementary statutes require an absolute majority (Constitution, Article 69). Compare *Lei ordinária*. See also *Maioria absoluta*.

Lei Complementar nº 150/2015 – Complementary Statute No. 150 of 2015, issued after Constitutional Amendment No. 72 of 2012 was passed. This statute regulates domestic employment.

Lei de Arbitragem (Lei 9.307/1996) - Arbitration Act (Statute 9,307 of 1996).

Lei de Benefícios da Previdência Social (Lei 8.213/1991) - Social Security Benefits Act (Statute 8,213 of 1991).

Lei de Custeio da Previdência Social (Lei 8.212/1991) - Social Security Funding Act (Statute 8,213 of 1991).

Lei de Greve (Lei 7.783/1989) - Strike Act (Statute 7,783 of 1989).

Lei do Estágio (Lei 11.788/2008) - Internship Act (Statute No. 11,788 of September 25, 2008), which broadly regulates the relations of paid and unpaid student internships.

Lei do FGTS (Lei 8.036/1990) - Fundo de Garantia do Tempo do Serviço Act (Statute 8,036 of 1990), which regulates the FGTS system (see *Fundo de Garantia por Tempo de Serviço and 40% do FGTS*).

Lei do Trabalho Temporário (Lei 6.019/1974) - Temporary Work Act (Statute 6,019 of 1974), which provides for temporary/provisional work in urban companies.

Lei do Vale-Transporte (Lei 7.418/1985) - Transportation Allowance Act (Statute 7,418 of 1985).

Lei Geral de Proteção de Dados (LGPD) (Lei nº 13.709/2018) - General Data Protection Act (Statute 13,709 of 2018).

Lei Ordinária - ordinary statute; ordinary act, which does not require high or qualified quorums to open hearings or pass bills. In this regard, Article 47 of the Constitution, states that "[e]xcept where there is a constitutional provision to the contrary, the decisions of each House and of their committees shall be taken by a majority vote, when the absolute majority of its members are present." Compare *Lei Complementar*.

Lei Pelé (Lei 9.605/1998) - The Pelé Statute (Statute 9,605 of 1998) regulates sports and the work of professional athletes in Brazil.

Lesão - injury; lesion; harm; damage.

LGPD - see *Lei Geral de Proteção de Dados (LGPD)*.

Licença – permission; leave. Employees must be granted leave for maternity or paternity and for certain other reasons such as injury or illness on the job.

Licença-maternidade – maternity leave.

Licença-paternidade – paternity leave. Article 10, §2, of the *ADCT* (Act of Transitional Constitutional Provisions) establishes a five-day paternity leave until a statute is enacted to regulate Constitution Article 7, XIX. In ruling on the Direct Action of Unconstitutionality by Omission No. 20 (ADO 20) in 2023, the Supreme Federal Court *(STF)* recognized the existence of an unconstitutional omission by the National Congress in regulating paternity leave as provided in Article 7, XIX, of the 1988 Constitution, establishing a deadline of eighteen months for the National Congress to legislate on the matter. The Court also held that if Congress does not pass a statute to regulate the matter within the specified period, the *STF* itself will determine the duration of paternity leave. See also *Ação Direta de Inconstitucionalidade por Omissão (ADO, ADI por Omissão* and *ADIN por Omissão)*.

Liminar – preliminary order; preliminary injunction; injunction.

Linha de produção – assembly line; production line.

Liquidação de sentença – liquidation of judgment, phase of litigation in which the amounts due are calculated and detailed.

Litigância – litigation.

Litigância de má-fé – malicious litigation; contempt of court; barretry; barratry (*CLT*, Articles 793-B and 793-C).

Litigante de má-fé – malicious litigant; barretor; barrator. Expression used to designate someone who acts against the law, lies or uses the lawsuit to achieve an illegal objective, unjustifiably refuses to comply with or delays the progress of the lawsuit, among other illicit conduct defined by law (*CLT*, Articles 793-B and 793-C).

Litigar – to litigate.

Litisconsórcio – joinder of parties. Term used to indicate that there is more than one party at one of the poles of the lawsuit. If there is more than one plaintiff, it is called a *litisconsórcio ativo*, and if there is more than one defendant, it is a *litisconsórcio passivo*.

Litisconsórcio ativo – joinder of plaintiffs.

Litisconsórcio passivo – joinder of defendants.

Locação – lease; leasing; rental; tenancy; letting; hiring; lodging.

Locação de cômodos – lodging.

Locação de imóvel – property lease; tenancy of property.

Locador(a) – lessor.

Locador(a) de imóvel – landlord, lessor of property.

Local de trabalho – worksite; workplace.

Locar – lo lease; to let; to hire.

Locatário(a) – lessee.

Locatário(a) de imóvel – tenant; lessee of property.

Locaute – lockout; work stoppage initiated by the employer. A lockout occurs when an employer shuts down the enterprise to put pressure on employees to accept a proposed collective bargaining agreement or to make it difficult to meet workers' demands. Unlike the U.S., lockouts are illegal under Brazilian law (Lei de Greve – Strike Act – Statute 7,783 of 1989, Article 17).

Lucro – profit; income; revenue; earnings.

Lucro cessante – loss of profit; consequential damages. This term refers to damages that result indirectly from a wrongful act or breach of contract. It includes the loss of expected profits or earnings that the injured party would have gained if the wrongful act had not occurred. Consequential damages are often more challenging to quantify compared to direct damages. Compare *Dano emergente*.

Luvas de segurança – safety gloves.

M

Maioria absoluta – absolute majority. It refers to the minimum number of votes required for the approval of certain subjects. It corresponds to the first whole number greater than half of the total membership of each house in Congress (specifically, the Chamber of Deputies and the Federal Senate). In other words, for a measure to pass with an absolute majority, it needs more than half of the total members' votes, ensuring a significant level of support.. Compare *Maioria simples*. See also *Lei Complementar*.

Maioria simples – simple majority. It refers to the minimum number of votes required for the approval of certain subjects, where the number of votes in favor exceeds the number of votes against. Unlike *maioria absoluta* (absolute majority), which requires more than half of the total membership, a *maioria simples* (simple majority) only needs more affirmative votes than negative ones to pass a measure. It is a common threshold used in decision-making processes where a straightforward majority opinion is sufficient for a resolution to be adopted. However, sometimes there are requirements for minimum quorums of attendees for a session to begin in parliament, so that there can be deliberation and voting on a matter. Compare *Maioria absoluta*.

Maioridade – age of majority.

Mandado de segurança – writ of mandamus; court injunction of mandamus. It is a type of legal remedy or court order that aims to protect the rights of individuals or entities from abuses of power by public authorities.

Mandato – term of office.

Manual – handbook.

Manual de pessoal – employee handbook. A manual issued by an employer providing information to orient employees and specifying certain rules and practices by which the company operates and with which the employer expects the employees to comply.

Mão de obra – labor.

Marca – brand.

Margem de lucro – profit margin.

Máscara facial – face mask.

Má conduta intencional, dolosa – willful misconduct.

Mediação – mediation.

Medida cautelar – precautionary measure; preliminary injunction; provisional remedy. It refers to a legal action taken to prevent or address potential harm or damage while a legal case is ongoing and also to ensure the effectiveness of the final decision on the substance. The measure is temporary and aims to preserve the rights of the parties involved until a final decision is reached in the main legal proceedings. It is often used to ensure that no irreparable harm occurs during the course of a lawsuit.

Medida Provisória – provisional executive act; executive order from the President with the force of law. The President issues a *Medida Provisória* in urgent and relevant situations, bypassing the normal legislative process. It serves as a way to address pressing issues that require immediate action. Article 62 of the 1988 Constitution states that "[i]n important and urgent cases, the President of the Republic may adopt provisional executive acts and shall submit them to the National Congress immediately." A provisional executive act becomes effective immediately upon publication but needs approval from the national Congress within a certain period to become a permanent law. If not voted on or approved by the Congress, the provisional measure loses its effect.

Meios de produção – means of production.

Memoriais – written petition with the parties' final allegations; briefs (trial briefs).

Menor – minor. For purposes of employment and labor law, employees under 18 are considered minors and lack capacity to independently sign employment contracts. Between 16 and 18, however, workers are deemed to have partial capacity and may agree to employment with the assistance of a guardian (or they may be considered adults if they are economically independent). No one under 16 may sign an employment contract, although they may be employed as an apprentice if they are at least 14 years old..

Mercado de trabalho – labor market.

Merecimento – deserving; merit; worthiness.

Ministério da Fazenda – Treasury Department; Ministry of Finance. The executive department of the national government that deals with finances.

Ministério da Previdência Social – Department of Social Security (Federal Level); Ministry of Social Security (Executive branch).

Ministério do Trabalho e Emprego (MTE) – Department of Labor and Employment (national level); Ministry of Labor and Employment. It is the Brazilian Labor Department, a body of the federal executive branch, responsible for administering the employment and labor law, specifically protecting health and safety, making inspections, registering unions, issuing the Work and Social Security Card (*CTPS*), granting unemployment insurance, among other activities.

Ministério Público – Public Prosecutors' Office; Public Prosecution Department; Public Attorney's Office; Agency for Law Enforcement and Prosecution of Crimes. There are various branches of the Public Prosecutors' Office. Each branch has its specific jurisdiction and responsibilities.

Ministério Público da União (MPU) – National Prosecutors' Office; Brazilian Government Agency for Law Enforcement and Prosecution of Crimes (includes *Ministério Público Federal - MPF*, *Ministério Público do Trabalho - MPT*, *Ministério Público Militar - MPM* and the *Ministério Público do Distrito Federal e Territórios - MPDFT*).

Ministério Público do Trabalho (MPT) – Labor Prosecutors' Office; independent institution dedicated to the social interest in upholding employment and labor law. No comparable agency exists in the U.S., though *MPT* amounts to an autonomous agency with the combined mission of the National Labor Relations Board and the Equal Employment Opportunities Commission. See *Procurador do Trabalho.*

Ministério Público Estadual (MPE) – State Public Prosecutors' Office. Each of the 26 states and the Federal District has its own State Public Prosecutor's Office. The *MPE* is responsible for representing the public interest at the state level and prosecuting state-level crimes.

Ministério Público Federal (MPF) – Federal Prosecutors' Office, an independent institution that serves as the guardian of the Brazilian legal system. It acts as a federal public prosecutor's office and safeguards the principles of legality, transparency, and accountability. The *MPF* is responsible for representing and protecting the public interest, as well as defending constitutional and legal rights. It plays a crucial role in investigating and prosecuting federal crimes, overseeing the proper use of federal funds, and advocating for social justice and environmental protection.

Ministro da Previdência Social – Secretary of Social Security (Federal Level), Ministry of Social Security, whose leader, the Minister, is a member of cabinet (Executive branch).

Ministro do Supremo Tribunal Federal (STF) – Supreme Court Justice (Judiciary branch); judge on the highest court in Brazil.

Ministro do Trabalho – Secretary of Labor (Federal Level); Minister of Labor, a member of cabinet (Executive branch).

Ministro do Tribunal Superior do Trabalho (TST) – Superior Labor Court Justice (Judiciary branch); judge on the highest court of labor and employment in Brazil, although some issues, especially those involving constitutional subjects, may be reviewed by the *STF*.

Monocrática – decision or order by a single judge rather than by the whole tribunal or panel of a court.

Montadora (fábrica de montagem) – assembly plant.

Motorista – driver.

MP – see *Ministério Público.*

MPE – see *Ministério Público Estadual (MPE).*

MPF – see *Ministério Público Federal (MPF).*

MPT – see *Ministério Público do Trabalho (MPT).*

MPU – see *Ministério Público da União (MPU).*

MTE – see *Ministério do Trabalho e Emprego (MTE).*

Multa do artigo 467 da CLT – fine of *CLT,* Article 467. According to this legal provision, in the event of termination of an employment contract, if there is a dispute regarding the amount of termination benefits, the employer is obligated to pay the worker, at the time of appearance in the labor court (usually the first hearing, when the defendant's answer is presented), the uncontested portion of these benefits, under penalty of having to pay them plus fifty percent.

Multa do artigo 477, §8º, da CLT – fine of *CLT,* Article 477, paragraph 8. Article 477 outlines the procedures for the termination of an employment contract. Its paragraph 6 states that "[t]he delivery to the employee of documents proving the communication of the contractual termination to the competent authorities, as well as the payment of the amounts specified in the termination document or payment receipt, must be made within ten days counted from the end of the contract." If the employer fails to comply with the deadlines and methods established in paragraph 6, paragraph 8 provides that they may be subject to a fine equivalent to one monthly salary of the employee, in addition to potentially facing an administrative fine, unless the worker is proven to be the cause of the delay.

Multa pecuniária – monetary fine.

N

Não eventualidade – non-eventuality; sporadic; irregular. It is usually referred to as one of the five elements that define work as employment, together with subordination (*subordinação*), remuneration (*onerosidade*), personal services (*pessoalidade*) and individuality (*pessoa física/pessoa natural*). *Não eventualidade* means that employment implies a continuity or regularity in the provision of services. It is not occasional or sporadic work but involves a consistent and ongoing relationship between the employer and the employee.

Não taxativo(a) – not exhaustive. The term implies that one list or provision is not exhaustive or complete, providing examples but not limiting the scope to only those examples. Other items or situations not explicitly listed may also fall under its purview. A particular list allows for additional items or circumstances beyond what is explicitly stated. Compare *Taxativo(a).*

NCST – see *Nova Central Sindical de Trabalhadores.*

Negligente – negligent.

Negociação coletiva – collective bargaining.

Nepotismo – nepotism.

Nexo causal – causal relation; causal nexus; cause.

Nexo de causalidade – same as *Nexo causal.*

Norma Regulamentadora (NR) – occupational safety and health regulation; health and safety regulations; OSH regulation; OSH standards. These standards regulate and provide guidance on mandatory procedures related to occupational safety and medicine. The *NR*s are published by the Ministry of Labor and Employment (*Ministério do Trabalho e Emprego – MTE*). They are also known by the abbreviation *NR.*

Nota fiscal – bill of sale; invoice.

Notificação inicial – service of process in a labor lawsuit; service; process; summons. Act by which the parties are informed about the labor lawsuit. In the labor courts, service is, as a rule, carried out by letter, through an automatic system maintained jointly by the labor courts and the Brazilian Post Office (Empresa Brasileira de Correios e Telégrafos – ECT). In case of failure, other ways may be determined to attempt to summon the defendant.

Notório – notorious; common knowledge. What is known by everyone and does not depend on evidence.

Nova Central Sindical de Trabalhadores (NCST) – New Central of Workers, a relatively recent addition to the trade union centers (*centrais sindicais*) landscape in Brazil, established in 2004. It has quickly expanded its membership base and represents workers from various sectors, focusing on issues such as job security, decent work, and social inclusion. *NCST* is known for its efforts to strengthen worker solidarity and promote greater participation in decision-making processes. See *Central sindical.*

NR – see *Norma regulamentadora.*

Nulidade – nullity. A null contract has no effect, even retrospectively.

Nulidade de citação – void summons; void service of process.

Número da OAB; número de Ordem – *OAB* number, which refers to the registration number that lawyers receive upon being admitted to the Bar in Brazil. The *Ordem dos Advogados do Brasil (OAB)*, or the Brazilian Bar Association, assigns a unique identification number to each lawyer upon their registration. This registration number, often simply referred to as the "*Número da OAB*" or "*Número de Ordem*," serves as a means of identifying and tracking individual lawyers. It is an essential element of a lawyer's professional identity in Brazil. The *OAB* number is typically displayed on legal documents, business cards, and other professional materials. Lawyers in Brazil must be registered with the *OAB* to practice law, and they receive their *OAB* number upon successfully completing the necessary requirements, including passing the Bar examination and meeting other criteria set by the *OAB*. It helps ensure accountability, traceability, and standardization within the legal profession. The number is established according to the seniority of the lawyer's registration in their respective *OAB* state section.

Número do PIS – *PIS* number; individual identification number assigned to each registered worker participating in the *PIS-PASEP* program. This unique number is used for the tracking and administration of employee benefits and social security contributions. It is an essential identifier for the effective management of social security benefits for both public and private sector employees in Brazil. See *PIS-PASEP*.

O

OAB – see *Ordem dos Advogados do Brasil (OAB).*

Obrigação de dar – obligation to deliver.

Obrigação de dar coisa certa – obligation to deliver a certain thing.

Obrigação de desfazer – obligation to undo; cease or desist requirement.

Obrigação de fazer – obligation to do or act.

Obrigação de meio – no-results obligation (the debtor is obliged to use all means to achieve the best satisfaction of the other contracting party, but is not obliged to achieve a maximum result). Compare *Obrigação de resultado.*

Obrigação de não fazer – obligation not to do.

Obrigação de resultado – results obligation (the debtor is obliged to produce a certain result). Compare *Obrigação de meio.*

Óculos de proteção – safety glasses.

OGMO – see *Órgão Gestor de Mão de Obra (OGMO).*

OIT – see *Organização Internacional do Trabalho (OIT).*

Onerosidade – remuneration. It is usually referred to as one of the five elements that define work as employment, together with subordination (*subordinação*), non-eventuality (*não eventualidade*), personal services (*pessoalidade*) and individuality (*pessoa física/pessoa natural*). *Onerosidade* means that employment involves a remuneration or compensation for the services provided by the employee. The employee receives payment for their work, and this financial consideration is a key element of the employment relationship.

Ônus da prova – burden of proof. According to *CLT,* Article 818, "[t]he burden of proof lies with: I – the plaintiff, regarding the constituent fact of their right; II – the defendant, regarding the existence of facts that prevent, modify, or extinguish the plaintiff's right." This article outlines the allocation of the burden of proof in labor and employment disputes. The plaintiff (*reclamante*) is responsible for proving the facts that constitute their right (*fato constitutivo do direito*), while the defendant (*reclamado*) bears the burden of proving facts that may prevent, modify, or extinguish the plaintiff's right (*fato impeditivo, modificativo ou extintivo do direito do reclamante*). This division of the burden of proof helps ensure a fair and balanced process in labor-related legal proceedings. See *Fato constitutivo do direito, Fato extintivo do direito, Fato impeditivo do direito* e *Fato modificativo do direito*. See also *Inversão do ônus da prova*.

"Operação tartaruga" (movimento de desaceleração do trabalho) – work slowdown. A variation on a work stoppage in which the employees work slower than their normal pace rather than ceasing to work altogether.

Operário (trabalhador de chão de fábrica) – blue-collar worker.

Ordem de serviço – job order.

Ordem dos Advogados do Brasil (OAB) – Bar Association of Brazil. The *OAB* is divided into state sections known as "*Seccionais*." Each state and the Federal District has its own *OAB* section. The number of *OAB* sections corresponds to the number of states in Brazil, which is currently 26 states plus the Federal District. Regarding the practice of law across state boundaries, the *OAB* operates under a unified national system, and lawyers are generally allowed to practice in any state, not just the one where they are registered. This is facilitated by the principle of reciprocity among the different *OAB* sections. Lawyers can seek a temporary transfer or authorization to practice in another state when needed. See *Número da OAB; Número de Ordem*.

Organização Internacional do Trabalho (OIT) – International Labour Organization (ILO).

Órgão Gestor de Mão de Obra (OGMO) – Labor Management Body (OGMO), which necessarily intermediates the hiring of casual port workers (*trabalhador avulso portuário*) and maintains the respective hiring halls. See *Trabalhador avulso*.

Outorgar – to grant; to sanction.

Ouvidor(a) – ombudsperson.

Ouvidoria – office of ombudsperson.

P

Pacificado – pacified; resolved; settled; no longer open to dispute.

Padrão – pattern; standard; criterion; test.

Pagamento parcelado – pay in installments.

Pagamento quinzenal – bi-weekly pay.

Pagamento retroativo – back pay.

Pagamento semanal – weekly pay.

Pandemia – pandemic.

PAP – see *Produção Antecipada de Provas (PAP).*

Paradigma – paradigm. In a wage equalization claim, the paradigm is the person who performs the same function and receives a higher salary, about which the claimant feels discriminated against.

Parágrafo – paragraph, section. After the *caput* of an article in a statute, there may be "*parágrafos*" (paragraphs, designated by the symbol §), "*incisos*" (items I, II, III...) and "*alíneas*" (subparagraphs a, b, c...).

Parágrafo único – sole paragraph. In some articles of statutes, there may be multiple paragraphs or sections (designated by the symbol §). In the case of a *parágrafo único*, however, the article has only one section or paragraph.

Paralisação do trabalho – work stoppage.

Parceiro(a) – partner.

Parcelamento de débito – installment; pay in installments.

Parcelas – installments (when paying in installments); partial monetary amounts.

Parceria – partnership.

Parcial – partial; biased; inclined to favor or harm one of the parties.

Parcialidade – bias; partiality.

Parecer – expert legal opinion.

Parquet – Public Prosecutors' Office. A word from French used as a synonym for the Public Prosecutor's Office. Same as *Ministério Público.*

Parte(s) – party or parties in a lawsuit.

Participação nos Lucros e Resultados (PLR) – participation in the profits or results; profit sharing (Article 7, XI, of the 1988 Federal Constitution).

Partido dos Trabalhadores (PT) – Workers' Party.

PASEP – see *PIS-PASEP.*

Patrão – employer; boss.

Patronal – related to the employer or boss.

Pausa (intervalo) – break time; break.

Pausa alimentar – meal break.

Pauta – agenda or a list of cases to be heard or discussed in a judicial session or meeting.

Pauta de audiências – trial docket (list of cases with hearings scheduled for a given day).

PDV – see *Programa de Demissão Voluntária (PDV).*

"Peão" (trabalhador braçal) – laborer; worker; bricklayer; mason; bricklayer's assistant; construction laborer; blue-collar worker. The term "peão" is colloquially used to refer to low-skilled workers. It is often associated with someone who performs physical and manual tasks, and the term is commonly used in the construction, industrial or agricultural sectors. It often carries the connotation of a laborer involved in tasks that require strength and manual skills (*e.g.*, bricklayers and bricklayers' assistants, in civil construction).

PEC – see *Proposta de Emenda à Constituição (PEC).*

"PEC da Doméstica" – Constitutional Amendment No. 72, of April 2, 2013, which extended numerous rights to domestic employees (*see Emenda Constitucional* nº 72/2013 and *Lei Complementar* nº 150/2015).

Pedreiro(a) – bricklayer; mason.

Pejotização – artificial entity contract; contract by person considered a legal entity or juridical person. A practice where an individual, who would typically be considered an employee, registers as a legal entity (a *Pessoa Jurídica* or *PJ*) to provide services to a company instead of being hired as an employee. This practice is often used to reduce labor costs and employer obligations. By registering as a legal entity, the individual becomes a service provider or contractor, and the company pays for services rendered rather than providing regular employment benefits. The term *pejotização* is derived from *PJ*, which is an abbreviation for *Pessoa Jurídica*. In some cases, Brazilian authorities may challenge the classification of individuals as contractors when they should be considered employees, especially if the relationship between the parties resembles an employment relationship. This practice is often seen, by authorities such as the labor prosecutors, as a way to evade labor rights and social security contributions. However, recently, decisions from the Supreme Federal Court (*STF*) have acknowledged the legality of *pejotização* in many cases, especially when it comes to the hiring of white-collar workers with high remuneration and high professional qualifications.

Penhora – attachment; levy of attachment; attachment levy; garnishment.

Perfil Profissiográfico Previdenciário (PPP) – Occupational Profile Document; Occupational Risk Profile Report; a document that provides detailed information about an employee's exposure to risk factors in the workplace. This document is a requirement by the Brazilian Social Security Institute (*INSS*) for employees who have worked in activities that involve exposure to agents that are physically, biologically, or chemically hazardous. The *PPP* includes information about the employee's job functions, the activities performed, and the exposure to occupational hazards. It serves as a crucial tool for assessing eligibility for social security benefits related to occupational hazards and diseases. This information is used to assess eligibility for workers' compensation and other benefits related to occupational hazards and illnesses, also helping determine eligibility for the special retirement benefit (*aposentadoria especial*). See *Aposentadoria especial.*

Perícia – expert examination; expert testimony; expert evidence; investigation; an official investigation or examination; inspection by expert.

Perícia contábil – accounting examination; accounting evidence.

Perícia de insalubridade ou periculosidade – hazard examination; hazard evidence' evidence of unhealthy or dangerous work or working conditions.

Perícia grafotécnica – documents and handwriting expert examination.

Perícia médica – medical examination; medical evidence.

Periculosidade – occupational hazard; risk.

Perigoso – dangerous.

Período de experiência – probationary period. See also *Contrato de experiência.*

Perito – expert; expert witness.

Perito contábil – accounting expert; expert accountant.

Perito médico – medical expert.

Perito(a) nomeado(a) pelo juiz – court-appointed expert witness.

Perseguição reiterada – bullying; ongoing or continuing harassment; repetitive harassment.

Pessoa com deficiência – person with disability.

Pessoa em busca de emprego – job seeker.

Pessoa física (PF) – see *Pessoa natural.*

Pessoa jurídica (PJ) – legal entity; legal person; juristic person; juridical person; corporate body; corporation. An entity with legal personality, subject to legal rights and obligations. Employers may be legal persons, but employees must be actual natural persons, not legal fictions.

Pessoa natural (also referred to as *pessoa física*) – natural person; individual; human being; current legal denomination for a physical person (*pessoa física*). See also *CPF*. The presence of a *pessoa natural/pessoa física* is often mentioned as one of the five elements that define work as employment, together with subordination (*subordinação*), non-eventuality (*não eventualidade*), remuneration (*onerosidade*) and personal services (*pessoalidade*). It means that employment is a relationship between an individual, the employee, and an entity, the employer. It involves a natural person (individual) providing services to another legal entity or individual.

Pessoa viciada em trabalho; compulsivamente dedicada ao trabalho – workaholic.

Pessoalidade – personal performance; personal services. It is usually referred to as one of the five elements that define work as employment, together with subordination (*subordinação*), non-eventuality (*não eventualidade*), remuneration (*onerosidade*) and individuality (*pessoa física/pessoa natural*). The presence of this element means that the employee is required to personally perform the work. The employer hires the individual for their specific skills, and the employee cannot typically substitute someone else to perform the tasks assigned.

Petição inicial – declaration; complaint petition; statement of claim; narration.

PGR – acronym for *Procurador(a)-Geral da República* and also for *Procuradoria-Geral da República.*

PIB – see *Produto Interno Bruto (PIB).*

PIB *per capita* – GDP *per capita;* Gross Domestic Product *per capita.*

Piores formas de trabalho infantil – Worst forms of child labor. Brazil and the United States have both ratified ILO Convention No 182 ("Worst Forms of Child Labour Convention").

Piquete – picket.

PIS – see *PIS-PASEP* and *Número do PIS.*

Piso salarial – wage floor; minimum wages established in federal, state or local statutes for different professional categories.

PIS-PASEP – the acronyms *PIS* and *PASEP* refer to two separate programs in Brazil that were historically distinct but have been merged for administrative purposes. The *Programa de Integração Social (PIS)*, which means "Social Integration Program," was originally established to fund the payment of insurance benefits to private-sector employees, while the *Programa de Formação do Patrimônio do Servidor Público (PASEP)*, that means "Program for the Formation of a Public Servant's Assets," served a similar function for public-sector employees. However, the Brazilian government merged the management and administration of the two programs, unifying them under the name *PIS-PASEP*. This combined program is designed to facilitate the distribution of benefits to employees in the public and private sectors. It functions as a form of social security and workers' benefits program, with contributions made by both employers and employees.

PIX – digital (electronic) payment system created by the Brazilian Central Bank which enables the quick execution of payments and transfers between the bank accounts of individuals and between bank accounts of individuals, companies, and government. See also *Chave PIX*.

PJ – see *Pessoa Jurídica (PJ)*.

PJe – see *Processo Judicial eletrônico*.

Planilha – spreadsheet.

Plano de saúde – health insurance; private health plans. In Brazil, *planos de saúde* operate as private health insurance or prepaid healthcare services. Brazilians can purchase private health insurance plans from various companies. These plans offer coverage for medical services, hospitalizations, and sometimes additional services like dental and vision care. Some *planos de saúde* operate on a prepaid model (individuals pay a monthly fee for access to a network of healthcare providers). Some employers in Brazil also offer *planos de saúde* as part of their benefits package.

Plagiador(a) – plagiarist; plagiarizer.

Plagiar – to plagiarize.

Plágio (ação de plagiar) – plagiarism.

Pleitear – to petition; to claim; to sue; to litigate; to demand.

Pleno (de um Tribunal) – full; *en banc*; sitting *en banc*; complete.

Pleno emprego – full employment.

PLR – see *Participação nos Lucros e Resultados (PLR).*

Pobreza – poverty; pauperism.

Poder de negociação; poder de barganha – bargaining power.

Poder diretivo (do empregador) – employer's power to manage; *jus variandi*; management prerogative.

Poder normativo (da Justiça do Trabalho) – normative power (of the labor courts). In the past, it allowed *TRTs* and the *TST* to establish rules and working conditions through their decisions in collective labor disputes, when the parties were not able to reach an agreement. This power enabled the creation of specific regulations for certain categories or sectors, a power analogous to interest arbitration. It no longer exists, at least not in the way it used to in the past, especially after the provisions of Constitution, Article 114, §2, were altered by Constitutional Amendment No. 45 of 2004.

Ponderação – balancing.

Ponto Britânico – see *Registro de ponto britânico.*

Portaria – administrative rule; ministerial ordinance.

Portuários(as) – seaport professional category; seaport workers.

Posição social – social status.

Poupança – savings; time deposit; reserve.

PPP – see *Perfil Profissiográfico Previdenciário (PPP).*

Prazo – period; term.

Precatório – special court order for a cash payment of debts, in chronological order, by the federal, state or local government. It is a court-issued payment order that arises when a government entity, whether at the federal, state, or municipal level, is required to pay a sum of money following a judicial decision. Precatórios are typically used for larger amounts owed by the government as a result of lawsuits (compare *Requisição de Pequeno Valor – RPV*). These can include compensation for damages, unpaid salaries, or other financial obligations established by a court decision. The payment of *precatórios* is subject to a specific budgetary process, and governments are required to include these obligations in their annual budgets.

Precedente – precedent.

Preço – price.

Preço de mercado – market price.

Prejuízo – harm, injury; loss; damage; prejudice.

Prêmio – award.

Preposto(a) – representative of the company or the defendant at a hearing in labor court; agent (someone who acts under the direction of and in the interest of another).

Prescrição – statute of limitation. Failure to act on a potential legal claim within the period prescribed by law leads to forfeiture of the right to pursue that claim in court. The period for most work claims is within two years after the employment is terminated (see *Prescrição bienal*) and within 5 years of when the alleged violation occurred (see *Prescrição quinquenal*).

Prescrição bienal – limit of two years after the end of the employment contract to sue the former employer (Constitution, Article 7, XXIX).

Prescrição quinquenal – in a lawsuit, the worker can claim benefits, credits and damages arising from employment relationships, with a limitation of five years, which is to say that credits older than five years (measured from the date the lawsuit was filed) cannot be pursued in court anymore (Constitution, Article 7, XXIX).

Presidente do Supremo Tribunal Federal (STF) – Chief Justice of the Supreme Court (Judiciary branch).

Presidente do TST – Chief Justice of the Superior Labor Court (Judiciary branch).

Presumir – to presume.

Presunção – presumption.

Presunção absoluta; presunção *juris et de jure* – conclusive presumption; a presumption that is established conclusively, as a matter of law, and cannot be refuted by evidence to the contrary.

Presunção relativa; presunção *juris tantum* – rebuttable presumption; presumption *juris tantum*; a presumption that is held to be true or valid unless contradicted by credible evidence.

Pretensão – claim; issue.

Pretexto – pretext; a reason given in justification of a course of action that is not the real reason.

Prevenção de acidentes – accident prevention.

Prevenir – to prevent.

Prever – to foresee; to provide for.

Previdência Social – Brazil's Social Security Administration (SSA).

Prévio(a) – previous; prior; preliminary; former; earlier.

Primazia da realidade – legal principle according to which reality must prevail over form (terms of a contract, for example); a principle that privileges or advocates legal realism.

Primeira instância – first instance or level of the court hierarchical structure, which is usually the trial court (*Vara*). The term is commonly used to denote the first level of the judicial system, where the proceedings of a specific lawsuit begin.

Procedência do pedido – granting or affirming; upholding of the claim.

Procedência em parte – granting or affirming in part.

Procedimento Sumário – see *Rito Sumário*.

Procedimento Sumaríssimo – see *Rito Sumaríssimo*.

Processo – lawsuit; case; cause; cause of action; action at law; proceeding; procedure.

Processo Judicial eletrônico (PJe) – electric (digital) Judicial Process. An exclusive and national electronic system for labor suit records. In the year 2017, the process of implementing this electronic system was fully implemented in all the labor courts of Brazil. The establishment of this system created a national digital database in which all lawsuits filed before the Brazilian labor courts now have their files stored in PJe, and no longer physically on paper. This means that suits are all filed and analyzed using computer records, available to any device that has internet access.

Processo seletivo – selective process; hiring process.

Procuração – power of attorney; letter of attorney.

Procuração *ad judicia* – judicial power of attorney.

Procurador(a) – attorney; agent; proxy; prosecutor.

Procurador(a) da República – federal public prosecutor; a member of *Ministério Público Federal (MPF).*

Procurador(a) do Trabalho – labor prosecutor; a member of the *Ministério Público do Trabalho (MPT)*, who represents the *MPT* and societal interests in employment and labor litigation. See *Ministério Público do Trabalho (MPT).*

Procurador(a)-Geral da República (PGR) – General Federal Prosecutor of Brazil; appointed by the President and confirmed by the Senate, he/she is the head of the *Ministério Público Federal (MPF)*. The *Procurador(a)-Geral da República* is involved in conducting investigations, initiating legal actions, and prosecuting cases related to federal crimes or matters of significant national importance. He/she also has the authority to request the opening of investigations against public officials, including the President. See *Ministério Público Federal.*

Procuradoria – Public Attorney's Office; Public Prosecutors Office.

Procuradoria-Geral da República (PGR) – Brazilian General Federal Prosecutors Office, which serves as the highest representation of the *Ministério Público Federal (MPF)* and is responsible for defending the public interest, upholding the law, and promoting justice. It is headed by the *Procurador(a)--Geral da República* (General Federal Prosecutor) and oversees the work of federal prosecutors throughout the country. This includes conducting investigations, prosecuting cases and offering legal opinions. In essence, the *Procuradoria Geral da República* plays a significant role in protecting the rule of law and ensuring the proper functioning of the legal system in Brazil. See also *Ministério Público Federal (MPF).*

Produção Antecipada de Provas (PAP) - anticipation of evidence; early production of evidence.

Produto Interno Bruto (PIB) - Gross Domestic Product (GDP).

Programa de Benefícios (oferecido por um empregador) - benefits program (offered by an employer).

Programa de Demissão Voluntária (PDV) - pay to quit program; voluntary severance program; voluntary separation program (VSP). It refers to a workplace initiative where employees are offered incentives or benefits to voluntarily resign or separate from their employment.

Programa de Formação do Patrimônio do Servidor Público (PASEP) - Program for the Formation of a Public Servant's Assets. *See also PIS-PASEP.*

Programa de Integração Social (PIS) - Social Integration Program. A government program that provides financial benefits to workers.

Proibir - to prohibit; to ban; to forbid; to bar; to outlaw; to disallow.

Projeto de Lei (PL) - bill; proposed law.

Promotor(a) - prosecutor.

Prontuário médico - medical records.

Proposta de Emenda à Constituição (PEC) - proposal of constitutional amendment; proposed amendment to the constitution. According to Article 60, Paragraph 2, of the Constitution, the proposal shall be discussed and voted upon in each House of the National Congress (Chamber of Deputies and the Federal Senate), in two readings, and it shall be considered approved if it obtains in both readings, three-fifths of the votes of the respective members.

Prorrogar – to extend; to delay; to postpone; to prolong. It refers to the action of extending the duration or time frame of something, such as a contract, deadline, or period.

Proteção de dados – data protection.

Proteção do trabalhador – worker protection.

Protetores auriculares – earplugs; earmuffs.

Protetor solar – sunscreen.

Prova – evidence. Evidence can take several forms, as in American courts, and there is no a priori weighting for different types – judges assess the credibility and importance of various pieces of evidence.

Provar – to prove; to evidence; to show.

Provisório – provisional; temporary.

PT – see *Partido dos Trabalhadores (PT).*

Punir – to punish; to penalize.

Q

Quadro de carreira – career chart; career framework; career ladder. It involves the hierarchical and advancement structure within an organization, outlining the various positions, roles, and the potential path for career progression for employees. This framework typically includes different job levels, from entry-level positions to higher-ranking roles, and may define the qualifications, responsibilities, and promotion criteria associated with each level. It serves as a guide for employees to understand their career path and the steps they can take to advance within the organization.

Quadro de empregados(as); quadro de pessoal – staff; personnel. It refers to the workforce or personnel of a company, essentially the group of employees employed by an organization.

Quadro demonstrativo – chart.

Quadro social – membership structure; shareholder structure. This term is often used in the context of companies, organizations, or associations to refer to the list or composition of members, partners or shareholders.

Qualidade de vida – quality of life.

Qualificação – capacity; competence; skill; qualification; classification.

Qualificação ocupacional de boa-fé – *bona fide* occupational qualification (BFOQ). A legal concept in employment law that allows employers to consider certain protected characteristics when making employment decisions if those characteristics are essential to the job in question. Under normal circumstances, employers can not make employment decisions based on factors such as gender, age, religion, or national origin. However, the BFOQ exception recognizes that, in some cases, certain qualifications are genuinely necessary for a person to perform a particular job adequately. The BFOQ exception is a concept more closely related to U.S. antidiscrimination law, which has entered Brazil primarily through jurists' opinions and case law. In Portugal, for instance, the BFOQ exception is now expressly provided in Article 25, 2, of the Labor Code, which states: "No behavior based on a discriminatory factor that constitutes a justifiable and determinant requirement for the exercise of a professional activity, due to the nature of the activity in question or the context of its execution, shall be considered discrimination; the objective must be legitimate, and the requirement proportional."

Qualificado(a) – qualified; skilled.

Quantia – amount; sum.

Quantia bruta – gross amount.

Quantia líquida – net amount.

Quarentena – quarantine.

Quebra de caixa – cash account deficiency.

Quebra de contrato – breach of contract.

Queimadura – burn.

Queixa – complaint.

Quesito – query; question.

Quinquênio – quinquennial (period of five years). See *Prescrição quinquenal.*

Quinquídio – five days.

Quinquídio legal – Article 841 of the *CLT* establishes a five-day period which must be observed between the summons of the defendant and the date of the first hearing before the judge. This period of five days is considered the minimum for preparing the defense.

Quinto constitucional – Brazilian fifth part clause, a rule that guarantees, in the composition of courts (including the *TRT*s and the *TST*), vacancies for public prosecutors and lawyers, with different experience from that of judges with lifetime appointments (article 94 of the Constitution). In the *TRT*s (Labor Court of Appeals), as well as in the *TST* (Superior Labor Court), one fifth of the judge positions are reserved for attorney and prosecutor appointees. This rule does not apply to the Supreme Federal Tribunal – *STF* (Brazil's Supreme Court).

Quitação – acquittance; acquittal; discharge; release.

Quitar – to pay; to acquit; to release; to discharge.

Quota-parte – share.

R

Raciocínio – reasoning.

RAIS – see *Relação Anual de Informações Sociais (RAIS).*

Rascunho – draft.

Razões finais – final allegations; final arguments, which can be presented orally or in writing. See also *Memoriais.*

Reajuste salarial – wage raise; pay raise.

Receita Federal do Brasil – Internal Revenue Service of Brazil.

Recesso forense – court vacation; the period from December 20th to January 6th, in which there are no business hours and courts (including the labor courts) do not function, except for urgent cases.

Recesso judiciário – same as *Recesso forense.*

Reclamação plúrima – joinder of parties.

Reclamação trabalhista – labor suit brought to a labor court, usually by a worker.

Reclamada – defendant; natural or legal person against whom the suit is brought (usually, a company); one complained against.

Reclamante – complainant; a natural or legal person who files the labor claim (usually, a worker); complaining party.

Reclamatória – same as *Reclamação trabalhista.*

Reconvenção – counterclaim; an action brought by the defendant against the plaintiff in the same lawsuit. It is a kind of counterattack by the defendant simultaneously with his defense.

Reconvindo – original plaintiff who becomes a defendant in the *reconvenção.*

Reconvinte – counterclaimant (plaintiff in the *reconvenção*).

Reconvir – to counterclaim.

Recorrer – to appeal; to have recourse to.

Recurso – appeal. In the Brazilian labor procedure, appeals must be usually made within 8 business days of a decision and must take certain specified forms.

Recurso de Revista – appeal to the Superior Labor Court (*TST*). It is used to contest decisions from the *TRTs* when there are concerns about the correct application of federal law or when there are conflicting decisions among different *TRT*s. The deadline for filing a *Recurso de Revista* is 8 (eight) days from the publication of the decision being challenged. According to *CLT,* Article 896, the *Recurso de Revista* appeals decisions from regional labor courts (*TRTs*) in specific situations, including: contradiction with another decision from another *TRT* or with *TST* case law; violation of the Constitution; violation of federal laws or regulations.

Recurso Ordinário – ordinary appeal (literal translation). In Brazilian labor proceedings, it is generally applicable against a ruling of a single judge in a trial court (*Vara do Trabalho*) or a ruling by the regional labor court (*TRT*) in cases falling under its original jurisdiction (meaning when *TRT* has the authority to hear and decide the case directly, without it having to go through trial court first). The deadline for filing a *Recurso Ordinário* is generally 8 (eight) days, counting from the publication of the decision being challenged. This deadline and the applicable scenarios are established by Article 895 of the *CLT*.

Recursos Humanos (RH) – human resources; Office of Human Resources; Personnel Office.

Recusa – refusal; the act of refusing or declining something.

Redução a condição análoga à de escravo – reduction to a condition analogous to slavery, crime provided for in Article 149 of the Brazilian Penal Code, which consists of reducing someone to a condition analogous to slavery, either by submitting the person to hard labor or an exhausting work schedule or subjecting them to degrading working conditions or restricting, by any means, locomotion because of debt incurred with the employer or agent.

Reforma da previdência – pension reform.

Reforma Trabalhista – Labor Reform (Statute No. 13,467 of 2017), which amended over a hundred different items of the *CLT*.

Regime Geral de Previdência Social (RGPS) – General Regime of Social Security, a public, mandatory, pay-as-you-go (PAYG) scheme, managed by the National Social Security Institute (*INSS*), that covers all private sector workers up to a pensionable ceiling.

Registro de Ponto Britânico – British time records; an expression used to refer to time records without variation or with minimal variations in entry and exit times, usually indicative of fraud.

Regra – rule.

Reintegração – reinstatement; remedy available for certain violations of employment and labor law, for example, discriminatory discharge, although for some violations employees have the option of receiving indemnification rather than accepting reinstatement.

Reintegrar – to reinstate.

Reivindicação – demand.

Relação Anual de Informações Sociais (RAIS) – Annual Social Information Report; Annual Social Information List, a document requested every year by the Brazilian Ministry of Labor and Employment from legal entities and other employers, to collect information about all employment contracts in the country. It helps the government to identify the situation of the labor market, make decisions for sector growth, and calculate the benefits to be paid.

Relator(a) – reporter; rapporteur; opinion writer; assignee. It refers to the judge or Justice who was assigned to write the decision report, with a summary of the main events that occurred during the judicial process. The *relator* is usually also the first judge to present his or her vote in hearings before collegiate courts or tribunals. See also *Vogal*.

Relatório – report; background; facts in a court decision.

Relógio de ponto – time clock; punch clock; punch-in machine.

Remuneração – salary plus tips and other benefits; compensation.

Renunciar – to waive; to resign.

Repouso Semanal Remunerado (RSR) – paid weekly rest required by law. The rest period must be at least 24 hours in duration and preferably should be granted on Sunday. (Article 7, XV, of the 1988 Federal Constitution). Same as *Descanso Semanal Remunerado (DSR).*

Represália – reprisal.

Requisição de Pequeno Valor (RPV) – small value requisition (literal translation), a simplified process for the payment of smaller amounts owed by public entities as a result of court decisions. It is an alternative to the lengthier *precatório* process (compare *precatório*). The threshold for what constitutes a "small value" may vary, but it generally involves amounts that are smaller than those subject to the *precatório* system. *RPV*s are often used for individual claims or smaller financial obligations. Unlike *precatórios*, *RPV*s can be paid more quickly, and they are not subject to the same budgetary constraints. They are generally processed and paid within a shorter time frame. At the federal level, payments are made through *RPV* when the amount does not exceed 60 national minimum wages. On the other hand, when the value of the court decision is greater than 60 national minimum wages, payments follow the *precatório* system. As a rule, the *RPV* limit is 30 national minimum wages for municipalities and 40 for states, if there is no local legislation that imposes other limits.

Rescisão indireta do contrato de trabalho – constructive discharge; termination of the employment contract for just cause (serious failing) on the part of the employer, which entitles the employee to receive indemnification and rights similar to that in dismissal without just cause (proportional prior notice, 40% of *FGTS*, etc.). In this case, a voluntary quit by the employee is treated as a discharge if a court deems that a reasonable worker would have considered conditions as so intolerable as to, in effect, force resignation (*CLT*, Article 483).

Responsabilidade – liability. Remedies for employment and labor law violations can include monetary fines and damages and can involve strict liability as well as damages for intentional or negligent violations. There are certain situations, *e.g.*, companies linked under common control to form an economic group, where joint liability may apply.

Responsabilidade solidária – joint and several liability.

Responsabilidade subsidiária – secondary responsibility.

Retenção – withholding.

Retenção ilegal de salário; sonegação de salário; roubo de salário – wage theft.

Reter uma verba (no pagamento); descontar – to withhold (from the payment); to deduct.

Réu – defendant.

Revel – defaulter; person who defaults; *pro confesso.*

Revelia – default. Failure to appear or to answer charges can result in default and loss on a claim or complaint.

Revendedor – dealer; retailer; middleman, jobber.

Revisor(a) – reviser; editor; responder; co-assignee. It refers to the judge or Justice assigned to review court opinion writing. It is the one who responds to the *relator's* recommended disposition of the case, affirming or suggesting alternatives or modifications. See also *relator.*

Revista íntima – body or personal items search; body or personal belongings inspection; body or personal belongings check. The term is commonly used to describe a personal search that involves intimate aspects of an individual, such as their body or personal belongings (bags, clothes, backpacks, pockets of clothing, etc.). In some cases, the legitimacy of these measures may be contested in legal proceedings, particularly in labor courts. If the practice is considered disproportionate or unjustifiably infringes upon an employee's privacy, violating their dignity or moral sphere, it may result in compensation for *danos morais* being awarded. See *Dano moral.*

Revista pessoal – personal search; personal inspection; security check. Personal searches, including filming workplaces, are often allowed, but searches that invade employees' privacy are considered violations of personal dignity and are prohibited by law. Therefore, this practice is subject to legal and ethical considerations, as it involves invading an individual's privacy.

Revolução Industrial – Industrial Revolution.

RGPS – see *Regime Geral de Previdência Social (RGPS).*

RH – see *Recursos Humanos.*

Rico(a), abastado(a) – wealthy.

Rigor excessivo – excessive severity. Unequal and excessive discipline or correction of workers can violate equality norms and may even be considered a form of moral harassment.

Riqueza – wealth.

Rito – procedural form.

Rito Ordinário – ordinary proceeding.

Rito Sumário – abbreviated proceeding for claims worth up to two national minimum wages (in a labor claim).

Rito Sumaríssimo – abbreviated proceeding for lawsuits worth up to 40 national minimum wages.

Rotatividade de empregados(as) – rapid rotation (hiring, firing) of employees; turnover.

RPV – see *Requisição de Pequeno Valor (RPV).*

RSR – see *Repouso Semanal Remunerado (RSR).*

Rurícola – rural worker. See *Trabalhador rural.*

S

Sala de audiências – hearing room.

Salário – wage; salary. The aggregate of goods and services paid by the employer to the employee in compensation for the employee's work. It can be partially paid in kind (*salário in natura*), but at least 30% of the minimum wage must be paid in cash. Monetary salary must be paid in Brazilian currency (the *real*). Multiple forms of monetary payment, *e.g.*, in cash, check, direct bank deposit or transfer, *PIX*, are acceptable, although certain regulations apply.

Salário-hora – hourly wage.

Salário-maternidade – maternity allowance.

Salário mínimo – minimum wage.

Salário mínimo nacional – national minimum monthly wage. Set by the legislature and periodically adjusted, it is often stated as a monthly salary but can be calculated by the hour, week, etc. The Constitution (Article 7, IV) suggests that the minimum wage should provide for the necessities of housing, nourishment, clothing, hygiene, health, education, retirement, leisure, but in reality the level of the minimum wage, though increased in recent decades, has never attained this level of adequacy.

Salário por produção ou por unidade de obra (por peça) – wage paid on a piecework basis.

Salários retroativos – back pay.

Seção – section; larger division of judges in a court. A *seção* is a larger division within a court, often organized around specific areas of law or types of cases. It may comprise multiple *turmas* (panels) and handles a broader range of cases.

Seccional da OAB – *OAB* state section. Each Brazilian state and the Federal District has its own OAB section, which is responsible for overseeing and regulating the legal profession within its jurisdiction. The term "Seccional" is commonly used to denote these regional branches of the OAB. See *Ordem dos Advogados do Brasil (OAB).*

Secretaria do Trabalho – state or local government labor department.

Secretário(a) do Trabalho – state or local government labor secretary.

Segurança do trabalho – workplace safety.

Seguro-desemprego – unemployment insurance. Benefit paid to unemployed people for a limited time by *Caixa Econômica Federal* (*CEF*), with resources from the Workers Support Fund (*FAT*).

Segredo de empresa – trade secrets. Confidential and proprietary information owned by a company that provides a competitive advantage and is protected from unauthorized disclosure or use by employees.

Segunda instância – second instance or level in the hierarchical court structure, which is usually an appellate court. The term is commonly used to denote the second level or stage of the judicial system for a specific lawsuit. While the first instance or level is typically the trial court, the second instance or level is often an appellate court or a higher court, which generally reviews the appeals.

Semana de trabalho – workweek.

Senha – password.

Sentença – judgment; the ruling of a single judge in a labor court (Vara do Trabalho); sentence; ruling; verdict; judge's award.

Sentença líquida – liquidated judgment, in which the amounts due are already calculated and detailed.

Servente de pedreiro(a) – bricklayer's assistant; mason's assistant; construction laborer.

Sindicato – union; labor union; trade union. In Brazil, unions are organized by locality, generally covering one or more municipalities (roughly equivalent to the U.S. counties) rather than by workplaces. Local *sindicatos* may be organized into federations and nationally as confederations. Both employees and employers are organized according to this associative structure, based on common economic activity (for employers) or professional categories (for employees). Some employee unions may affiliate with national union centrals (*centrais sindicais*). See *Federação sindical, Confederação sindical* and *Central sindical.*

Sindicato de empregadores – companies' union; employers' union.

Sindicato dos trabalhadores na siderurgia – steelworkers union.

Sindicato patronal – companies' union; employers' union.

Sistema de 12x36 ("doze por trinta e seis") – see *12x36*.

Sistema "S" – "S" System, a set of private entities that provide vocational training, education, and other support services to workers in Brazil. These entities operate independently but collaboratively under the umbrella of the "S" System. The main entities within *Sistema S* include *SENAI* (National Service for Industrial Training), *SENAC* (National Service for Commercial Training), *SENAR* (National Rural Apprenticeship Service), *SESI* (Social Service for Industry), *SESC* (Social Service for Commerce), and others. Each entity focuses on a specific sector, such as industry, commerce, agriculture, or services, and offers training programs, educational services, and social assistance to workers in those sectors. The financing of *Sistema S* is primarily derived from payroll taxes paid by employers. A percentage of the payroll is allocated to support these training and service entities. The contributions from employers are mandatory, and the funds are used to finance programs and services aimed at enhancing the skills and well-being of the workforce. The goal is to improve the quality of the workforce, promote professional development, and contribute to the overall competitiveness and productivity of Brazilian industries.

Sistema Único de Saúde (SUS) – "Unified Health System" (literal translation); the Brazilian public health system, which provides universal healthcare coverage to all residents.

Sócio(a) – partner (in a company); member (in a union or other institution).

Sorteio – lottery method of assigning courts and judges for cases. See *Distribuição* and *Distribuição por sorteio*.

SRTE – see *Superintendência Regional do Trabalho e Emprego (SRTE)*.

STF – see *Supremo Tribunal Federal (STF)*.

STJ – see *Superior Tribunal de Justiça (STJ)*.

STM – see *Superior Tribunal Militar (STM)*.

Subordinação – subordination; subjection. Subordination is usually referred to as one of the five elements that define work as employment, together with non-eventuality (*não eventualidade*), remuneration (*onerosidade*), personal services (*pessoalidade*) and individuality (*pessoa física/pessoa natural*).

Subordinado – subordinate; junior.

Substituição processual – the capacity for a party other than the injured party to file a complaint in the name of the injured party.

Sucessão trabalhista – the succession of one business by another for labor and employment purposes. The successor business not only assumes the former business' economic activities but also its employment contracts and obligations to its employees.

Sucessor trabalhista – labor successor, the one who assumes not only the former business' economic activities but also its employment contracts and obligations to its employees.

Sumário – see *Rito Sumário*.

Sumaríssimo – see *Rito Sumaríssimo*.

Súmula (de jurisprudência) – precedential ruling; statements issued by superior courts declaring general holdings based on the court's case law; judicial precedent.

Súmula vinculante – binding precedential ruling; binding judicial precedent. Under the Brazilian civil law system, court rulings normally do not serve as binding precedents; even the rulings of higher courts do not bind lower courts in their jurisdiction. The *STF*, however, can issue binding precedential rulings, which is to say statements declaring general holdings that are binding for cases involving the relevant issue.

Superintendência Regional do Trabalho e Emprego (SRTE) – Regional Superintendency of Labor and Employment, which corresponds to the Regional Labor Inspectors' Office. There are different *SRTE*s per region and they are bodies of the Ministry of Labor and Employment.

Superior Tribunal de Justiça (STJ) – Superior Court of Justice, which plays a crucial role in the Brazilian judicial system, mainly dealing with cases related to federal law interpretation and the uniformity of legal interpretation. While *TST* is a higher court specialized in labor and employment subjects, the *STJ* hears appeals related to civil, criminal, administrative, and other legal matters. The jurisdiction of the *STJ* is established in Article 105 of the 1988 Constitution.

Superior Tribunal Militar (STM) – Superior Military Court (*STM*), the highest court in Brazil for military justice, responsible for handling cases related to military offenses.

Supremo Tribunal Federal (STF) – Supreme Federal Tribunal; Supreme Federal Court; Brazil's Supreme Court. As the highest court in the country, its jurisdiction is usually focused on constitutional questions, so it would normally hear employment and labor law cases only to decide constitutional issues. In practice, however, it has been assuming many jurisdictional powers and has been modifying rulings from the *TST*. The jurisdiction of the *STF* is established in Article 105 of the 1988 Constitution.

SUS – see *Sistema Único de Saúde (SUS).*

Suspensão do contrato de trabalho – suspension. Temporary cessation of the employment contract under circumstances or for reasons that excuse the employer from paying the employee's salary. Compare *Interrupção do contratro de trabalho.*

Sustentação oral – oral arguments.

T

Tarefa – task.

Taxa – rate; fee.

Taxa de desemprego – unemployment rate.

Taxativo(a) – exhaustive. It means that the list or provision is exhaustive and complete. Only what is explicitly mentioned is included, and nothing else can be added to it. Compare *não taxativo(a).*

Tempo integral – full time.

Tempo parcial – part time.

Tendência – tendency; faction; trend.

Tendencioso – biased.

Tentativa – attempt.

Terceirização – outsourcing; the practice of hiring third-party companies to perform certain tasks or services.

Terceirizado – outsourced worker.

Terço de férias – increment equivalent to one-third of workers' monthly wage during their paid vacation period (Constitution, Article 7, XVII). See *Férias.*

Testemunha – witness. In the ordinary proceeding *(Rito Ordinário)*, each party is allowed three witnesses in the hearing on a complaint in the trial court (Vara, or first instance or lowest level court). In the abbreviated proceeding (*Rito Sumaríssimo*), each party is allowed two witnesses.

Testemunhar – to testify.

Teto do INSS – Social Security benefits' maximum limit; pensionable ceiling. The *teto do INSS* represents the highest salary or income level on which Social Security contributions are calculated and benefits are based. See *INSS* and *Regime Geral de Previdência Social.*

TJ – see *Tribunal de Justiça (do Estado) (TJ)*.

Tomador de Serviços – service taker; someone who hires outsourced workers for the provision of services.

Trabalhador(a) agrícola – agricultural worker.

Trabalhador(a) autônomo(a) – independent contractor; 1099 contractor.

Trabalhador(a) avulso(a) – casual worker; an individual who works for several companies – called service takers – and does not have an employment relationship. The nature of their service is occasional and the intermediation between the worker and the company is necessarily carried out by a union or, in the case of a port worker, by the Labor Management Body (*OGMO*), institutions that maintain the hiring lists. Despite the mandatory intermediation of the union or *OGMO*, the casual worker may choose to join the union or not. Casual workers have the same rights as workers who have an employment contract: fair remuneration, *FGTS*, 13th salary (Christmas bonus), paid vacation, paid weekly rest and nighttime bonus. Furthermore, according to Article 11 of Statute 8,213/1991, casual workers are mandatory Social Security insured.

Trabalhador(a) braçal (não qualificado) – unskilled blue-collar worker.

Trabalhador(a) da área administrativa (de escritório) – white-collar worker.

Trabalhador(a) de cuidados infantis – childcare worker.

Trabalhador(a) doméstico(a) – domestic worker.

Trabalhador(a) hipersuficiente – worker with good financial condition and/or with a high level of education.

Trabalhador(a) hipossuficiente – low-income worker or in poverty.

Trabalhador(a) portuário(a) – sea port worker.

Trabalhador(a) remoto(a) – remote worker.

Trabalhador(a) rural – rural worker. Rural workers are defined less by the geographic location where their work occurs than by the nature of their economic activity, that is, husbandry, agriculture, or agricultural processing. These employees are covered by law specific to them, but although the form assumed may vary in ways appropriate to varied conditions, the Constitution mandates that rural workers must enjoy the same protections as other employees.

Trabalhador(a) sindicalizado(a) – worker who belongs to a union; union member worker.

Trabalhar – to work.

Trabalho – work.

Trabalho à distância – remote work.

Trabalho administrativo (burocrático) – clerical work.

Trabalho análogo à escravidão, trabalho em condição análoga à de escravo – Work similar to slavery (a crime, according to Article 149 of the Brazilian Penal Code). See *Redução à condição análoga à de escravo.*

Trabalho autônomo – self-employment; independent work; work provided by independent contractors.

Trabalho braçal – manual work.

Trabalho decente – decent work.

Trabalho diurno – daytime work; day work.

Trabalho da mulher – women's work. Inequality of treatment and discrimination based on sex is prohibited by law, but certain protective regulations nonetheless apply to women's work.

Trabalho do menor – minor's work. Minors younger than 18 but over 16 years old may work, but the types and conditions of their work are restricted. See *Menor.*

Trabalho doméstico – domestic work; housework.

Trabalho em regime de tempo integral – full time work.

Trabalho em regime de tempo parcial – part time work. Part-time workers are limited to a maximum of 25 hours per week and are entitled to proportional benefits equivalent to those of full-time employees (trabalho em tempo integral).

Trabalho eventual – sporadic or intermittent work; casual work; occasional work.

Trabalho extraordinário (com horas extras) – overtime work.

Trabalho infantil – child labor.

Trabalho insalubre – unhealthy work. Defined by certain limited categories of unhealthy conditions. Entitled to a salary increment. See *Adicional de insalubridade.*

Trabalho manual – handwork; manual labor.

Trabalho noturno – night-shift work; nighttime work; night work, entitled to an additional increment of salary.

Trabalho perigoso – dangerous work. Defined by certain limited categories of danger. Entitled to a salary increment. See *Adicional de periculosidade.*

Trabalho remoto – remote work.

Trabalho sob demanda via aplicativo – work-on-demand via app.

Trabalho temporário – temporary work; provisional work. Temporary workers must be hired through a temporary employment company (Statute 6,019 of 1974).

Tráfico de pessoas – human trafficking.

Tratado – treaty.

Tribunal – court; apellate court; circuit court; appeals court; court of appeals; higher court; superior court. The term *tribunal* is used, in a broad sense, to designate any judicial body (including trial courts) responsible for hearing and deciding legal cases, interpreting laws, and administering justice. In a slightly narrower connotation, the term can also be used to designate any court of appeal or higher court composed of a collectivity of more than one judge.

Tribunal de Justiça (do Estado) (TJ) – state court of justice, which operates at the state level. Every state and also the Federal District has its own *Tribunal de Justiça.*

Tribunal Regional Federal (TRF) – regional federal court; federal circuit court; federal court of appeals. There are six regional federal courts, each covering a specific geographic region. These courts have jurisdiction over certain types of cases, particularly those related to federal law, administrative disputes, and appeals from lower federal courts.

Tribunal Regional do Trabalho – regional labor court; labor circuit court; labor court of appeals. There are 24 regional labor courts, which represent the second instance or level of courts that hear appeals for employment and labor law. Composed of multi-judge tribunals, they usually hear appeals in panels of judges.

Tribunal Regional do Trabalho da 1ª Região (TRT-1) – Labor Court for the 1st Circuit, covering the state of Rio de Janeiro and headquartered in the city of Rio de Janeiro/RJ.

Tribunal Regional do Trabalho da 2ª Região (TRT-2) – Labor Court for the 2nd Circuit, covering the city of São Paulo and the regions of Guarulhos, Osasco, ABC Paulista and Baixada Santista. It is headquartered in the city of São Paulo/SP.

Tribunal Regional do Trabalho da 3ª Região (TRT-3) – Labor Court for the 3rd Circuit, covering the state of Minas Gerais and headquartered in the city of Belo Horizonte/MG.

Tribunal Regional do Trabalho da 4ª Região (TRT-4) – Labor Court for the 4th Circuit, covering the state of Rio Grande do Sul and headquartered in the city of Porto Alegre/RS.

Tribunal Regional do Trabalho da 5ª Região (TRT-5) – Labor Court for the 5th Circuit, covering the state of Bahia and headquartered in the city of Salvador/BA.

Tribunal Regional do Trabalho da 6ª Região (TRT-6) – Labor Court for the 6th Circuit, covering the state of Pernambuco and headquartered in the city of Recife/PE.

Tribunal Regional do Trabalho da 7ª Região (TRT-7) – Labor Court for the 7th Circuit, covering the state of Ceará and headquartered in the city of Fortaleza/CE.

Tribunal Regional do Trabalho da 8ª Região (TRT-8) – Labor Court for the 8th Circuit, covering the states of Pará and Amapá and headquartered in the city of Belém/PA.

Tribunal Regional do Trabalho da 9ª Região (TRT-9) – Labor Court for the 9th Circuit, covering the state of Paraná and headquartered in the city of Curitiba/PR.

Tribunal Regional do Trabalho da 10ª Região (TRT-10) – Labor Court for the 10th Circuit, covering the Federal District (*DF*) and the state of Tocantins. It is headquartered in Brasília/DF.

Tribunal Regional do Trabalho da 11ª Região (TRT-11) – Labor Court for the 11th Circuit, covering the state of Amazonas and Roraima. It is headquartered in the city of Manaus/AM.

Tribunal Regional do Trabalho da 12ª Região (TRT-12) – Labor Court for the 12th Circuit, covering the state of Santa Catarina and headquartered in the city of Florianópolis/SC.

Tribunal Regional do Trabalho da 13ª Região (TRT-13) – Labor Court for the 13th Circuit, covering the state of Paraíba and headquartered in the city of João Pessoa/PA.

Tribunal Regional do Trabalho da 14ª Região (TRT-14) – Labor Court for the 14th Circuit, covering the states of Rondônia and Acre. It is headquartered in the city of Porto Velho/RO.

Tribunal Regional do Trabalho da 15ª Região (TRT-15) – Labor Court for the 15th Circuit, whose jurisdiction covers the interior region of the state of São Paulo, as well as part of the north and south coast of the State of São Paulo (regions not covered by the Labor Court for the 2nd Circuit – *TRT*-2). It is headquartered in the city of Campinas/SP.

Tribunal Regional do Trabalho da 16ª Região (TRT-16) – Labor Court for the 16th Circuit, covering the state of Maranhão and headquartered in the city of São Luís/MA.

Tribunal Regional do Trabalho da 17ª Região (TRT-17) – Labor Court for the 17th Circuit, covering the state of Espírito Santo and headquartered in the city of Vitória/ES.

Tribunal Regional do Trabalho da 18ª Região (TRT-18) – Labor Court for the 18th Circuit, covering the state of Goiás and headquartered in the city of Goiânia/GO.

Tribunal Regional do Trabalho da 19ª Região (TRT-19) – Labor Court for the 19th Circuit, covering the state of Alagoas and headquartered in the city of Maceió/AL.

Tribunal Regional do Trabalho da 20ª Região (TRT-20) – Labor Court for the 20th Circuit, covering the state of Sergipe and headquartered in the city of Aracaju/SE.

Tribunal Regional do Trabalho da 21ª Região (TRT-21) – Labor Court for the 21st Circuit, covering the state of Rio Grande do Norte and headquartered in the city of Natal/RN.

Tribunal Regional do Trabalho da 22ª Região (TRT-22) – Labor Court for the 22nd Circuit, covering the state of Piauí and headquartered in the city of Teresina/PI.

Tribunal Regional do Trabalho da 23ª Região (TRT-23) – Labor Court for the 23rd Circuit, covering the state of Mato Grosso and headquartered in the city of Cuiabá/MT.

Tribunal Regional do Trabalho da 24ª Região (TRT-24) – Labor Court for the 24th Circuit, covering the state of Mato Grosso do Sul and headquartered in the city of Campo Grande/MS.

Tribunal Superior do Trabalho (TST) – Superior Labor Court, the highest instance or level of national appeals court for employment and labor law, located in the Federal District (Brasília) and composed of 27 judges (called *Ministros*). Its decisions may be appealed to the *STF* if cases involve constitutional issues.

Tribunal Superior Eleitoral (TSE) – Superior Electoral Court (TSE), the highest court in Brazil for electoral matters, overseeing and making decisions on issues related to elections and electoral law.

Fonte/Source: BRASIL. TRIBUNAL REGIONAL DO TRABALHO DA 1ª REGIÃO. Mapa dos TRTs. Disponível em: https://www.trt1.jus.br/pt/mapa-dos-trts. Acesso em: 30 set. 2023.

Tributação incidente sobre a folha de pagamento – payroll taxation.

TRF – see *Tribunal Regional Federal (TRF).*

TSE – see *Tribunal Superior Eleitoral (TSE).*

Turma (órgão turmário de um Tribunal) – panel of judges. A *turma* is usually a smaller unit within a *seção*. It can be thought of as a panel or chamber of judges responsible for hearing and deciding on cases.

Turno (de trabalho) – shift.

Turno da noite – night shift.

Turno do dia – day shift.

Tutela – protection; guardianship; custody; auspices.

U

Uberização – Uberization.

UGT – see *União Geral dos Trabalhadores (UGT).*

Unânime – unanimous.

União – union; federal government; national government.

União estável – consensual marriage; common law marriage; marriage in fact; non-ceremonial marriage; informal marriage; cohabitation; partnership.

União Geral dos Trabalhadores (UGT) – General Union of Workers, a prominent trade union center (*central sindical*) in Brazil, founded in 2007. It represents workers from diverse industries, including agriculture, manufacturing, commerce, and services. *UGT* is recognized for its active involvement in promoting workers' rights, social protection, and advocating for fair labor practices. See also *Central sindical.*

Unicidade sindical – exclusive union representation; single trade union system, where there may only be one labor union representing a professional category on the same territorial basis, which cannot be less than a municipality.

Unidade – unit; unity.

Uniforme de trabalho – work uniform.

Universidade – university.

Urgência – urgency.

Urna eleitoral – ballot-box.

Útil – useful.

Utilidade pública – public interest; affected with public interest.

V

Vale-transporte – transportation allowance; transportation voucher, transport voucher. As regulated by Statute 7,418 of 1985, employers are required to provide *vale-transporte* to employees who request it to cover their residence-workplace commuting expenses. Employees may be required to contribute a percentage of their salary to cover the transportation costs. The employee's contribution is capped at 6% of their salary (Article 4, sole paragraph, of Statute 7,418 of 1985). In the largest Brazilian metropolitan centers, the majority of transportation vouchers are issued through electronic cards for use on major public means of transportation, such as buses, trains, or the subway. According to the law, *vale-transporte* is restricted for use only on commuting routes between the employee's residence and workplace. Employers are eligible for tax deductions related to the provision of *vale-transporte* to their employees.

Valor à vista – cash value.

Vara do Trabalho – trial labor court. The first instance or level of court for employment and labor law.

Varejista – retailer.

Varejo – retail.

Vedar – to ban.

Vencimentos – remuneration.

Venda por atacado – wholesale.

Vendedor atacadista – wholesaler.

Vendedor varejista – retailer.

Verba – allowance; allocation; fee; grant; fund; amount.

Verba trabalhista – payment.

Verbas rescisórias – severance pay; termination pay; dismissal compensation.

Vetar – to veto.

Veto – veto.

Vida de trabalho, vida profissional – worklife.

Vigência – in force; the law is effectively in force; legal effect; effectiveness.

Vigia – watchman (masculino); watchwoman (feminino); watchperson (neutro).

Vigia noturno – night watchman (masculino); night watchwoman (feminino); night watchperson, night guard or overnight security person (neutro).

Vinculação – link.

Vínculo – link.

Vínculo de emprego, vínculo empregatício – employment relationship.

Violação dolosa, intencional – willful violation.

Vitaliciedade – tenure for life; life appointment; life tenure of judges. In Brazil, this term refers to the principle of judicial life tenure (Constitution, Article 95, item I), where judges hold their positions for a lifetime unless they voluntarily retire or are removed through a legal process. After being approved in a long competitive public process (*concurso público*), newly appointed judges undergo evaluation before attaining permanent or tenured status. This period (*estágio de vitaliciamento*) is crucial for assessing the judge's performance, competence, and suitability for a long-term judicial career. For labor judges, this probationary period lasts for two years, when their performance is closely monitored before they are granted a permanent position on the bench. The principle of judicial life tenure (*vitaliciedade*) aims to protect judicial independence by providing judges with the security of tenure, preventing arbitrary removals based on political considerations.

Vitalício – for life.

Vítima – victim.

Vogal – voting member; voting judge; associate member who votes in a collegiate court case. A *vogal* is a judge or justice who is a member of a collegiate court or tribunal and participates in the decision-making process, even though they are not the reporter of the case (*relator*). *Vogais* issue their own opinions and contribute to the deliberation and decision on cases. They may follow the same understanding as the reporter's opinion or present an opinion with divergent points (*voto divergente*). See also *Relator*.

Voto – opinion of judge in a panel.

Voto convergente – concurrence; concurring opinion.

Voto de Minerva (de desempate) – swing vote; tie breaker; balance.

Voto divergente – dissenting opinion.

Voto majoritário – majority opinion.

Voto minoritário – minority opinion.

Voto unânime – unanimous opinion.

Voto vencedor – winning vote; majority opinion. It is an opinion that prevails in a judicial decision, the vote that aligns with the majority of the judges or justices in a collegiate court or tribunal.

Voto vencido – losing, vote; dissenting opinion. It represents the perspective or vote that did not align with the majority and was not adopted as the final decision.

X

Xenofobia – xenophobia.

Xerox – xerographic copy; photocopy; a copy of a document.

X-9 – whistle-blower. The term "*X-9*" is often used colloquially to refer to an informant or someone who provides information, especially in the context of reporting on others, such as reporting to the police or authorities about illegal activities. The term has its roots in Brazilian slang and is commonly associated with informants in various settings, including criminal or social contexts. The use of "*X-9*" is not necessarily pejorative on its own, but it can carry negative connotations depending on the context. In some situations, it might imply that the person providing information is doing so for personal gain or out of spite. However, it is essential to consider the context in which the term is used. It is worth noting that the term "whistle-blower" in English typically refers to someone who exposes wrongdoing, often within an organization or government, in the public interest. While the intent might be similar in the sense of revealing information, the cultural and linguistic nuances of terms like "*X-9*" in Brazil may differ from the concept of a whistle-blower in other countries.

Z

Zona – zone.

Zona de fronteira – frontier zone.

Zona de livre comércio – free trade zone.

Zona franca – free trade zone

Zona Franca de Manaus – Free Trade Zone of Manaus.

Zoneamento urbano – zoning ordinance; oficial map.

0 – 9

1º de maio – the 1st of May (International Workers' Day), a national holiday in Brazil and in many other countries around the globe.

12x36 ("doze por trinta e seis") – 12x36 working hour system (12 hours of work and 36 hours of rest). In this system, a worker, for example, works from 7:00 a.m. to 7:00 p.m. (or from 7:00 p.m. to 7:00 a.m. the day after), followed by 36 hours of rest. This shift is often adopted by concierges, security guards, watchpersons, and professionals in the health sector (nursing technicians, nurses, physiotherapists, and doctors, among others). By considering a daily shift of 12 working hours (longer than the normal 8 hour working day indicated in article 7, XIII, of the Constitution), in the past the notion prevailed that the adoption of such a system was only valid when authorized by the law or when provided for in a *ACT* or *CCT* (in this sense, Judicial Precedent No. 444, of TST). Statute No. 13,467/2017 (Labor Reform), however, inserted Article 59-A into the *CLT*, whose text now allows the adoption of this system through a simple provision in an individual agreement entered into between an employer and employee.

13 de maio – the day Lei Áurea (statute which abolished slavery in Brazil) was signed.

13º salário (Décimo terceiro salário) – 13th salary, a legally required annual bonus, sometimes referred to as a Christmas bonus (Gratificação Natalina). By law, employees are guaranteed an annual bonus equivalent to one month's wage, to be paid by December 20 of each year (half of the amount must be paid in advance by November). This right is provided for in Article 7, VIII, of the Constitution and is regulated by Statutes 4,090 of 1962 and 4,749 of 1965.

1/3 de férias ("terço de férias") – see *Terço de férias.*

40% do FGTS – additional compensation that must be deposited in the employee's *FGTS* account (Length of Time of Service Guarantee Fund) as security against discharge without just cause. This additional compensation must be paid in an amount equivalent to 40% of the total amount already deposited in the *FGTS* account (see *Fundo de Garantia por Tempo de Serviço – FGTS*).

INGLÊS (EUA)
→ PORTUGUÊS (BRASIL)

ENGLISH (USA)
→ PORTUGUESE (BRAZIL)

A

AAUP – v. *American Association of University Professors (AAUP).*

ABC-Test – "Teste ABC", teste de três fatores, cuja aplicação é capaz de definir se determinado trabalhador pode ser enquadrado como autônomo (*independent contractor*) para fins de aplicação de uma determinada lei. Em regra, o ônus passa a ser do tomador dos serviços quanto à presença dos requisitos necessários ao enquadramento como *independent contractor.* As três questões a serem superadas e respondidas são basicamente as seguintes: (a) está o trabalhador livre do controle e direção do tomador de serviços no que se refere ao desempenho do trabalho, tanto nos termos do contrato quanto em relação à própria realidade fática? (Em comparação com o Direito brasileiro, pode-se dizer que essa pergunta busca aferir basicamente se existe subordinação, observado o princípio da primazia da realidade sobre a forma); (b) o trabalhador presta serviços que estejam fora do escopo usual dos negócios do tomador? (Verifica-se, portanto, se a natureza do trabalho prestado coincide com o escopo da atividade econômica principal exercida pelo tomador. Em perspectiva comparada, pode-se dizer que essa análise tem semelhanças com a aferição da "não eventualidade", sob a ótica da chamada, no Brasil, teoria dos fins do empreendimento); e (c) o trabalhador está habitualmente envolvido em um comércio, ocupação ou negócio estabelecido de forma independente e cuja natureza é semelhante ao trabalho prestado para o tomador dos serviços? (Busca-se verificar se o trabalhador é, de fato, um autônomo ou microempreendedor, com um negócio efetivamente estabelecido e em cujo âmbito de atuação estaria inserida também a prestação de serviços realizada em benefício do tomador). Esse teste já teve manifestações na legislação ou jurisprudência de diferentes estados, para fins de enquadramento de trabalhadores no âmbito de aplicação de determinadas leis estaduais trabalhistas. V. também *AB-5, Dynamex* e *Proposition 22.*

Absenteeism – absenteísmo; absentismo; ausências ou atrasos frequentes ou consecutivos ao trabalho.

Absolute disability – incapacidade definitiva (para o trabalho).

AB-5, California AB-5, California Assembly Bill No. 5 of 2019 – lei da Califórnia que, inspirada em uma decisão da Suprema Corte do estado (caso

Dynamex), positivou um teste de três fatores (*ABC-Test*) para determinar se um trabalhador poderia ser enquadrado como autônomo (*independent contractor*) ou se deveria necessariamente ser enquadrado como empregado (*employee*) para os fins de aplicação do direito estadual. V. também *ABC-Test*, *Dynamex* e *Proposition 22*.

Access to justice – acesso à justiça.

Accountant – contador(a). Profissional que trabalha com as contas da empresa e gera dados para fiscalização e controle fiscal.

Acquired Immune Deficiency Syndrome (AIDS) – síndrome da imunodeficiência adquirida, doença crônica causada pelo vírus *HIV*.

Acquit, to – quitar; desobrigar; liberar de uma obrigação ou de uma responsabilidade; remir; absolver (um réu no âmbito criminal).

Acquittal – quitação; desobrigação; liberação de uma obrigação ou de uma responsabilidade; remissão; absolvição (de um réu no âmbito criminal).

Act (*ou* Statute) – lei. Ato normativo escrito, com generalidade e abstração, emanado do Poder Legislativo.

Act of God – força maior; caso fortuito; ato de Deus.

Act of nature – forças da natureza; ato de Deus (o mesmo que *act of God*).

Actor – ator; atriz. Trata-se do(a) artista que atua em papéis de cinema, teatro, ou televisão. No passado, a expressão *actress* era utilizada para designar as atrizes do sexo feminino, porém mais recentemente a expressão *actor* tem sido utilizada de forma unissex.

Actress – atriz. A tendência moderna no inglês é usar o termo *actor* como uma forma unissex para se referir a atores e atrizes, em vez de ter formas separadas como *actor* para homem e *actress* para mulher. A intenção é promover a igualdade de gênero e evitar distinções desnecessárias.

ADA – v. *Americans with Disabilities Act (ADA) of 1990*.

***Adair v. United States*, 208 U.S. 161 (1908)** – caso em que a Suprema Corte reputou inconstitucional uma previsão (Seção 10) do *Erdman Act* de 1898 (lei sobre resolução de conflitos envolvendo trabalhadores sindicalizados no transporte ferroviário interestadual) que tornava crime a dispensa de um empregado em razão de sua participação em uma organização sindical, por entender que o dispositivo importava ingerência indevida na liberdade pessoal e no direito de propriedade do empregador, bens jurídicos objeto de especial proteção na Quinta Emenda. A Suprema Corte também declarou a lei inválida por considerar que a matéria extrapolava a competência legislativa da União (uma violação ao federalismo, em razão de a regulamentação não dizer respeito ao comércio entre os estados, portanto a *commerce clause* insculpida na Constituição não teria atribuído tal competência legislativa à União). Além de favorecer a validade dos *yellow dog contracts* e dificultar a organização de sindicatos, essa tendência interpretativa refletia entendimento predominante na *Era Lochner* que acabava por dificultar o avanço da legislação trabalhista, especialmente no âmbito federal. V. também *Commerce clause.*

Additional equal amount – dobra de determinada parcela.

ADEA – v. *Age Discrimination in Employment Act (ADEA) of 1967.*

Adhesively imposed arbitration agreements – cláusulas compromissórias (de arbitragem) impostas por adesão.

Adjudicate, to – submeter uma questão ao Poder Judiciário mediante a propositura de uma ação; "judicializar" um conflito.

Adjudication, court-adjudication – "judicialização" de um conflito, mediante propositura de ação perante corte judicial.

***Adkins v. Children's Hospital*, 261 U.S. 525 (1923)** – decisão tomada durante a Era *Lochner* em que a Suprema Corte declarou a inconstitucionalidade de uma lei do Distrito de Colúmbia sobre fixação de salário mínimo para mulheres e crianças, sob o fundamento de interferência indevida na liberdade contratual privada.

Administrative law judges (ALJ) – "juízes administrativos" (na *National Labor Relations Board – NLRB*, eles são responsáveis pela condução de audiências, recebimento de provas e expedição de decisões com valor de recomendações, as quais podem ser acatadas pelas partes ou submetidas à revisão perante a *NLRB*). *Administrative law judges* (*ALJs*) estão presentes também em outras agências, como, por exemplo, na *Social Security Administration* (*SSA*) e na *Securities and Exchange Commission* (*SEC*), exercendo funções variadas.

Por vezes, funcionam como espécies de presidentes de comissões de inquérito administrativo.

Administrative Procedure Act (APA) of 1946 – Lei de Procedimentos Administrativos, que disciplina a maneira pela qual as agências administrativas federais podem propor e estabelecer regulamentos e permitir às Cortes Federais a eventual revisão de determinadas ações das agências.

Administrative state – "Estado administrativo" (tradução literal). O termo faz referência a um estado ou governo com extensivos órgãos executivos ou agências burocráticas para administrar e implementar uma forte regulamentação da economia e da sociedade. Trata-se de uma estrutura criticada por conservadores, que preferem um estado mínimo ou pequeno, com poucas regras e regulamentação. Termo pejorativo é *deep state.*

Admissible evidence – prova admissível (meio de prova admissível em juízo); prova considerada lícita e admissível para apreciação pelo juízo.

Admission of liability – reconhecimento de responsabilidade; admissão de culpa.

Admit, to – admitir; confessar.

Adoption – adoção.

Advance notice – notificação com antecedência, aviso-prévio (v. *Prior notice*).

Advance notice of termination – aviso-prévio.

Advance notice of work schedules – aviso com antecedência a respeito das escalas de trabalho, de modo a facilitar o planejamento familiar e pessoal do trabalhador.

Advance payment – pagamento adiantado.

Adversary – adversário; oponente; parte oposta.

Adversary proceedings; adversary system – processos contenciosos; audiências com partes opostas. O sistema jurídico estadunidense é geralmente compreendido como um sistema contencioso (*adversarial system*), em razão do relevante papel atribuído aos advogados, a quem incumbe expor dialeticamente suas respectivas argumentações fáticas e jurídicas em um processo.

Affidavit – declaração juramentada; declaração, por escrito, prestada sob juramento ou compromisso, perante um juiz, tabelião ou outra autoridade.

Affirm, to – negar provimento a um recurso ao confirmar uma decisão de instância interior; ratificar ou confirmar decisão proferida pelo juízo *a quo*; afirmação; confirmação da decisão recorrida.

Affirmative action – ação afirmativa.

AFL – v. *American Federation of Labor (AFL).*

***AFL v. NLRB,* 308 U.S. 401 (1940)** – caso no qual a Suprema Corte entendeu que as decisões finais da *NLRB* em matérias relacionadas à Seção 9 do *NLRA* (que basicamente abrangem a condução das eleições de representação sindical e a certificação de seu resultado) não comportam revisão judicial, sendo inapeláveis e insuscetíveis de questionamento perante o Poder Judiciário, exceto em caráter incidental quando proferida decisão a respeito de conduta trabalhista injusta (*unfair labor practice*) prevista na Seção 8 do *NLRA*. Na prática, contudo, após uma eleição em que o sindicato tenha saído vencedor, não raras vezes os empregadores utilizam-se da estratégia de desafiar o resultado da eleição, de maneira indireta, através da recusa à negociação ou resistência à assinatura do acordo coletivo mediante alegação de cometimento de uma *unfair labor practice* pelo sindicato, o que eventualmente pode viabilizar a judicialização do conflito.

AFL-CIO – v. *American Federation of Labor – Congress of Industrial Organizations (AFL-CIO).*

African Americans – afro-americanos.

AFSCME – v. *American Federation of State, County, and Municipal Employees (AFSCME).*

Age discrimination – discriminação em razão da idade.

Age Discrimination Act of 1975 – lei federal que proíbe a discriminação com base na idade em programas e atividades que recebam assistência financeira federal.

Age Discrimination in Employment Act (ADEA) of 1967 – lei federal editada em 1967 sobre discriminação no emprego baseada na idade, cujo teor protege candidatos e empregados com 40 anos ou mais, no que se refere a contratação, promoções, dispensa, remuneração, termos, condições ou benefícios de emprego.

Agency fee – contribuição assistencial (equivalente ou proporcional) cobrada dos trabalhadores de unidades sindicalizadas, independentemente de seu consentimento, para fazer frente aos custos negociar um acordo coletivo que beneficia a todos (sindicalizados ou não, favoráveis à sindicalização ou não).

Agency shop, agency fee shop, fair-share arrangement – acordo coletivo com previsão de pagamento compulsório de determinadas contribuições assistenciais, independentemente de os trabalhadores representados serem efetivamente filiados ou não ao respectivo sindicato, destinadas ao custeio da negociação coletiva.

Age of majority – maioridade.

Agribusiness – agronegócio.

Agricultural worker – trabalhador rural, rurícola.

AI – v. *Artificial Intelligence (AI).*

Air traffic controller – controlador de tráfego aéreo.

***Alamo Foundation v. Secretary of Labor,* 471 U.S. 290 (1985)** – decisão na qual a Suprema Corte reconheceu que o trabalho "voluntário" prestado para organização religiosa, em típica atividade econômica e em concorrência a terceiros, é atividade abrangida e que deve obediência aos preceitos do *FLSA.*

Algorithm – algoritmo.

Algorithmic management – gerência por meios computadorizados de trabalho. Uso, em especial por plataformas digitais, de ferramentas de monitoramento, coleta massiva de dados, formulários para coordenar e avaliar a prestação do trabalho, além de *nudges* para incentivar os trabalhadores.

Aliens – estrangeiros.

ALJ – v. *Administrative law judges.*

Allegation – alegação; declaração ou afirmação feita por uma das partes, geralmente em relação a algum ponto que se pretende provar nos autos do processo.

Alternative Dispute Resolution (ADR) - Métodos alternativos (hoje melhor denominados "adequados") de resolução de conflitos.

American Association of University Professors (AAUP) - Associação Americana de Professores Universitários. Ao mesclar características de uma associação profissional e também de um sindicato (que negocia coletivamente), a *AAUP* enfatiza sua atuação na defesa de valores como a liberdade acadêmica, a estabilidade no emprego dos professores, e governança compartilhada das instituições de ensino superior entre professores e gerência administrativa. Recentemente, essa associação fundiu-se com a *National Education Association (NEA)*.

American Federation of Labor (AFL) - Federação Americana do Trabalho. Fundada em 1886, foi a primeira organização trabalhista que conseguiu manter-se operante por um período mais longo em nível nacional, tornando-se uma das mais tradicionais organizações de trabalhadores dos EUA. Em comparação com outras entidades representativas de perfil abrangente, a *AFL* optou, em suas origens, por adotar um viés menos político, focado apenas em questões envolvendo trabalhadores qualificados, com habilidades especializadas, tendo se estruturado sob a forma de uma associação de sindicatos baseados em destrezas (*crafts* ou *trades*), como artesãos e operários da construção civil, trabalhadores que não integravam o setor industrial. Diferente de outras organizações mais amplas, a *AFL* não tentou organizar todos os trabalhadores, independentemente de suas atividades ou setores de trabalho. Dessa forma, passou a representar uma abordagem de organização coletiva considerada mais conservadora, uma vez que reivindicava questões específicas relacionadas a algumas categorias de trabalhadores qualificados, e não da classe trabalhadora como um todo. Adotou, assim, um modelo de sindicalismo que ficou conhecido como *business unionism*, com foco predominante em salários, jornada e condições do trabalho, mas não em reformas econômicas estruturais. Priorizou a negociação coletiva e muitas vezes evitou ingerir-se em temas políticos cruciais (*pure and simple unionism*). Diante dessa postura, muitos críticos afirmam que sua atuação dava-se em benefício apenas de um grupo de trabalhadores composto eminentemente por homens brancos (ou seja, com a exclusão de outros grupos minoritários ou em situação de vulnerabilidade). Em 1955, a *AFL* se uniu à *Congress of Industrial Organizations (CIO)*, para formar a *AFL-CIO*, uma federação mais abrangente que atualmente representa uma variedade bastante ampla de trabalhadores.

American Federation of Labor – Congress of Industrial Organizations (AFL-CIO) – "Federação Americana do Trabalho – Congresso de Organizações Industriais". Trata-se de uma forte e influente federação de sindicatos, formada em 1955 pela fusão da *American Federation of Labor (AFL)* com o *Congress of Industrial Organizations (CIO)*. A *AFL-CIO* representa milhões de trabalhadores de uma ampla variedade de setores. Sua atuação inclui, entre múltiplas atividades de apoio a sindicatos e trabalhadores, o oferecimento de contribuições financeiras para candidatos a cargos públicos, lobby em questões trabalhistas, publicidade e participação em atividades políticas. Alguns dos principais sindicatos afiliados à AFL-CIO incluem, em caráter exemplificativo, o *United Auto Workers (UAW)*, o *United Steelworkers (USW)*, a *American Federation of State, County and Municipal Employees (AFSCME)*, o *Communication Workers of America (CWA)*, a *American Federation of Teachers (AFT)*, e o *United Food and Commercial Workers (UFCW)*, entre muitos outros.

American Federation of State, County, and Municipal Employees (AFSCME) – Federação Americana de Empregados dos Estados, Condados e Municípios. Organização de nível nacional que representa trabalhadores do setor público, em nível municipal, estadual e também federal. Como todas as organizações sindicais de nível nacional, a AFSCME é composta por uma grande multiplicidade de ramificações locais (sindicatos locais).

Americans with Disabilities Act (ADA) of 1990 – lei federal que proíbe a discriminação de pessoas com deficiência em todas as áreas da vida pública, incluindo empregos, escolas, transporte e todos os locais públicos e privados abertos ao público em geral, além de prever que os empregadores deverão oferecer acomodações razoáveis a empregados com deficiência.

Amicus – o mesmo que *amicus curiae.*

***Amicus* brief** – petição do *amicus curiae*; manifestação apresentada pelo *amicus curiae.*

Amicus curiae – *amicus curiae*; "amigo da Justiça"; literalmente, "amigo da corte" (*friend of the court*). Os *amici curiae* costumam apresentar *briefs*, a fim de ampliar as informações ou as perspectivas de um tribunal. Podem ser pessoas ou organizações, distintas das partes originais de um processo, mas que tenham interesse em seu resultado. Isto é, são terceiros que, com o consentimento das partes ou a autorização da corte, podem – em causas cujos interesses transcendem aqueles das partes originais – juntar sua manifestação aos autos, declarando como entendem deve ser decidida a matéria.

***Anderson v. Mt. Clemens Pottery Co.*, 328 U.S. 680 (1946)** – neste caso, a Suprema Corte seguiu linha de entendimento semelhante à que havia adotado em *Tennessee Coal Co. v. Muscoda Local No. 123*, 321 U.S. 590 (1944), para estabelecer que o tempo de caminhada dos empregados já no interior das instalações do empregador (uma fábrica de cerâmica), até o efetivo local de trabalho, é tempo de trabalho para os fins da Seção 207 (a) do *FLSA* e deve ser remunerado como tal, independentemente da existência de costume ou contrato em sentido contrário. A decisão também estabeleceu que o tempo necessariamente gasto pelos empregados em atividades preparatórias após a chegada aos locais de trabalho – como vestir aventais e macacões, trocar camisas, prender ou lubrificar os braços, colocar proteção nos dedos, preparar os equipamentos para o trabalho produtivo, ligar interruptores de luzes e maquinário, abrir janelas, montar ou afiar ferramentas – deve ser incluído na semana de trabalho e remunerado como tal. Esse julgado, juntamente com a decisão do caso *Mt. Clemens*, ensejou uma reação conservadora do Congresso Nacional, que após as eleições de 1946 havia passado a contar com maioria republicana em ambas as casas legislativas, algo que não acontecia já há muitos anos. Para superar, em parte, tais decisões, foi editado o *Portal-to-Portal Act*, lei federal de 1947. V. *Portal-to-Portal Act*.

Animus – ânimo; intenção; disposição ou espírito para fazer algo.

Answer – contestação; peça processual em que o réu de uma ação resiste às pretensões e alegações formuladas pela parte autora.

Anticipation of evidence; early production of evidence – produção antecipada de provas; antecipação de provas.

Anti-dumping tariffs – tarifas anti-dumping.

Anti-union motivation; anti-union animus – ânimo antissindical.

APA – v. *Administrative Procedure Act (APA) of 1946.*

App – aplicativo (digital).

Appeal – recurso; apelação.

Appeal, to – recorrer; apelar.

Appearance – comparecimento a juízo (quando convocado, pessoalmente ou por meio de advogado). Nos processos cíveis, as partes não são geralmente obrigadas a estar fisicamente presentes, podendo fazer-se representar por advogados.

Appellant – apelante; recorrente.

Appellee – apelado; recorrido.

Appoint (someone for a position), to – designar ou indicar alguém para o exercício de um cargo ou função.

Appointee – pessoa indicada ou nomeada para ocupar determinado cargo ou posição.

Apprentice – aprendiz.

Apprenticeship – aprendizagem.

Appropriate bargaining unit (ABU); bargaining unit – unidade adequada de negociação. Distrito eleitoral fixado para fins de aferição de suporte majoritário, eventual eleição de representação sindical e posterior negociação coletiva, em caso de vitória do sindicato.

Arbitrary discharge – despedida arbitrária; dispensa imotivada; dispensa arbitrária.

Arbitration clause; arbitration agreement – cláusula compromissória (de arbitragem); compromisso arbitral.

Arbitrator – árbitro.

Architect – arquiteto(a).

Artificial Intelligence (AI) – Inteligência Artificial (IA).

Asian Americans – americanos com ascendência asiática.

Assembly line; production line – linha de produção. O termo refere-se ao método de fabricação em que um produto é montado em etapas sequenciais, geralmente movendo-se de estação para estação, até ser concluído. Esse termo é frequentemente utilizado no contexto industrial para descrever o processo de fabricação em massa.

Assembly plant – fábrica de montagem; montadora, onde são montados produtos (como carros) geralmente com o uso de diferentes peças produzidas em outras fábricas.

***Atlanta Opera*, 372 NLRB No. 95 (2023)** – caso decidido em junho de 2023 no qual uma *NLRB* com composição majoritária democrata (Governo Biden) decidiu que maquiadores, artistas que preparam perucas e cabeleireiros que exerciam suas atividades na Ópera de Atlanta – os quais haviam apresentado uma petição solicitando a realização de uma eleição de representação sindical – não seriam *independent contractors*, excluídos da abrangência do *NLRA*, mas sim *employees* cobertos pela referida lei. Ao decidir o caso, a *Board* superou o entendimento adotado anteriormente em *SuperShuttle DFW, Inc.* 367 N.L.R.B. No. 75 (2019), que considerava a "oportunidade empreendedora" de ganho ou prejuízo como o principal elemento a definir se um determinado trabalhador poderia ser considerado um *independent contractor*. Em vez do mencionado critério da "oportunidade empreendedora", a decisão desse caso *Atlanta Opera* voltou a adotar um teste de múltiplos fatores, antes já utilizado na decisão de *FedEx Home Delivery*, 361 NLRB 610 (2014), no qual não há atribuição de um peso maior a qualquer fator em relação a outro. De acordo com esse teste, seriam 11 os fatores a serem analisados: (1) a extensão do controle que o empregador pode exercer sobre o trabalho; (2) se o trabalhador está ou não envolvido em uma ocupação ou negócio distinto; (3) se o tipo de trabalho é normalmente realizado sob a direção/supervisão do empregador ou por um especialista sem supervisão; (4) a habilidade exigida pelo trabalho; (5) se o empregador ou o trabalhador fornece os "instrumentos", ferramentas e local de trabalho; (6) a duração do tempo em que em que o trabalhador presta serviços; (7) o método de pagamento – se por tempo ou por trabalho; (8) se o trabalho faz ou não parte do negócio regular do empregador; (9) se as partes acreditam ou não estar criando uma relação autônoma; (10) se o empregador está ou não em atividade comercial; e (11) se a evidência tende a mostrar que o trabalhador está, de fato, prestando serviços como um negócio independente.

Attorney – advogado.

Attorney General – Procurador-Geral dos EUA. Cargo de nível ministerial, ocupado pelo chefe do Departamento de Justiça dos EUA (*Department of Justice – DOJ*), órgão central para a aplicação das leis federais e que emprega um grande número de advogados e profissionais do meio jurídico (por isso, costuma-se dizer que o *Attorney General* seria "chefe do maior escritório de advocacia do mundo"). Sua nomeação é feita pelo Presidente da República, com confirmação pelo Senado. É ele(a) quem representa os EUA em questões jurídicas em geral e dá conselhos e pareceres ao Presidente e aos chefes dos departamentos executivos do governo federal, quando solicitado. Em questões de excepcional gravidade ou importância, realiza sustentações orais perante a Suprema Corte. Embora a tradução literal possa ser como "Procurador(a)-Geral", o cargo não tem exata correspondência com o(a) "Procurador(a)-Geral da República (PGR)" do Brasil, uma vez que o *Attorney General* ocupa cargo com hierarquia similar à de um Ministro da Justiça, mas possui funções que no Brasil são exercidas pelo PGR e também pelo Advogado Geral da União.

Attorney-client relationship – relação cliente-advogado.

Attorney's fees – honorários de advogado.

At will employment – contrato de trabalho por tempo indeterminado, com a possibilidade de resilição arbitrária a qualquer tempo por qualquer das partes, sem a necessidade de qualquer razão justificada (vedada a dispensa discriminatória ou retaliatória).

Auditing – auditoria.

Authorization card – cartão que manifesta suporte a um sindicato.

Auto plant – fábrica de automóveis; planta automotiva. Essa expressão refere-se a uma instalação industrial dedicada à fabricação de automóveis, como carros, caminhões ou outros veículos motorizados. Essas fábricas abrigam linhas de produção, onde os componentes são montados para formar os veículos finais.

Automation – automação.

Award – prêmio; recompensa por desempenho no trabalho.

Award, to – conceder; condenar ao pagamento de uma indenização, *e.g.* uma corte pode condenar ao pagamento de indenização por determinados danos (*courts award damages*).

B

Background check – investigação da vida pregressa (por exemplo, de um candidato a vaga de trabalho).

Back pay – pagamento retroativo; salários retroativos.

Baker – padeiro(a).

Balancing – ponderação; equiparação.

Bankruptcy – falência.

Bank teller – bancário(a); caixa de banco; escriturário(a).

Bar association – Ordem dos Advogados (associação profissional).

Bar examination – exame de ordem; exame para admissão na ordem dos advogados.

Bargaining power – poder de barganha; poder de negociação.

Bench trial - audiência e julgamento perante um juiz togado, sem a presença de um júri, em que o magistrado fixa os fatos e determina o direito aplicável ao caso.

Benefit – benefício.

Benefits program – programa ou plano de benefícios oferecido por determinado empregador.

Beyond a reasonable doubt – v. *Reasonable doubt.* V. também *Standard of proof.* Compare *Preponderance of evidence.*

Bilaterally – bilateralmente.

Binding precedent – precedente judicial vinculante; norma vinculante derivada de uma decisão judicial prévia.

Birth certificate – certidão de nascimento.

Bi-weekly pay – pagamento a cada duas semanas.

Blacklist – lista com viés negativo contendo nomes de trabalhadores, por exemplo, envolvidos em atividade sindical ou ativistas alegadamente simpáticos ao Partido Comunista. Embora a expressão não seja utilizada para questões relativas a aspectos raciais, nota-se aqui, mais uma vez, um fenômeno infelizmente comum em múltiplas línguas ocidentais: o uso da cor preta para designar algo com conotação negativa (nesse caso, muitas vezes associado ao envolvimento em atividade sindical ou comunista). Por tal motivo, novos(as) autores(as) passaram a sugerir a substituição deste termo por outros, ainda não tão usuais, como *blocklist* ou *denying list*.

Blackmail – extorsão; chantagem. V. a mesma ressalva já exposta acima em relação ao termo *blacklist*.

Blockade – bloqueio; obstrução.

Blockade, to – bloquear; obstruir.

Blue-collar worker – operário; trabalhador manual; de chão de fábrica; peão (aquele que se distingue do *white-collar worker*, que é o trabalhador de escritório).

Blue laws – leis que regulam o comércio e serviços aos domingos.

Bona fide – idôneo; genuíno; honesto; verdadeiro; de boa-fé.

Bona fide occupational qualification (BFOQ) – qualificação ocupacional de boa-fé, excludente de ilicitude relativa à necessidade de contratação de indivíduo cuja religião, sexo, idade ou origem nacional constitua uma qualificação profissional legítima razoavelmente necessária à essência do negócio (excludente inexistente em questões envolvendo raça ou deficiência/incapacidade). A excludente da *BFOQ* permite que os empregadores considerem certos elementos de identidade ao tomar determinadas decisões (como a contratação de um determinado empregado, por exemplo), caso essas características sejam essenciais para o trabalho em questão. Nos EUA, esse conceito está principalmente associado à disciplina do Título VII do *Civil Rights Act*. Em circunstâncias normais, as leis antidiscriminatórias proíbem os empregadores de tomar decisões com base em fatores como gênero, idade, religião ou origem nacional. No entanto, a exceção *BFOQ* reconhece que, em alguns casos, certas qualificações são verdadeiramente necessárias para que uma pessoa desempenhe adequadamente uma determinada atividade. Por exemplo, se uma produtora de cinema está contratando alguém para desempenhar o papel de uma personagem feminina, pode ser considerada uma *BFOQ* especificar que a pessoa a ser contratada deverá deve ser do sexo feminino. De igual sorte, uma organização religiosa privada pode exigir que os membros de sua direção tenham crenças religiosas específicas, o que poderia ser considerado também uma *BFOQ*. No entanto, o uso da excludente *BFOQ* é limitado e deve ser aplicado de forma restrita, a fim de evitar discriminações injustificadas. A *BFOQ* é geralmente aplicada quando a natureza da posição exige requisitos específicos que são considerados cruciais para o bom desempenho das funções.

Bonus – bônus.

***Bostock v. Clayton County*, 590 U.S.___ (2020)** – em decisão tomada por seis votos a três, a Suprema Corte entendeu que a expressão "*because of sex*" do Título VII do *Civil Rights Act* de 1964 ("devido ao sexo" de uma pessoa ou "com base no sexo" de uma pessoa) engloba também a proibição de discriminação no emprego em virtude de orientação sexual e identidade de gênero, o que acaba por abranger inclusive a discriminação praticada contra transexuais. Foram decididos em conjunto também os casos *Altitude Express, Inc. v. Zarda*, 590 U.S.___ (2020) e *R.G. & G.R. Harris Funeral Homes Inc. v. EEOC*, 590 U.S.___ (2020), este último envolvendo dispensa discriminatória de uma empregada transexual na empresa Harris Funeral Homes. Além dos quatro Ministros de perfil liberal-progressista (Ginsburg, Breyer, Kagan e Sotomayor), votaram com a maioria os Ministros Roberts (Presidente da Corte) e Gorsuch (considerado um ultraconservador, e que surpreendentemente redigiu a decisão majoritária). Restaram vencidos Alito, Thomas e Kavanaugh. Curiosamente, tanto a decisão majoritária quanto os votos dissidentes foram proferidos por juízes de perfil conservador e que fazem uso do método de interpretação conhecido como "textualismo".

Boycott; boycott, to – boicote; boicotar.

Brand – marca.

Breach of contract – quebra de contrato; inadimplemento contratual.

Bread and butter unionism – "sindicalismo do pão com manteiga" (tradução literal); uma forma de sindicalismo que prioriza as condições materiais apenas dos trabalhadores representados pelo sindicato, em contraste com a abordagem de organizações com metas mais ideológicas, tipo de sindicalismo comumente referido como *social movement unionism* ou *class struggle unionism*. O *bread and butter unionism* é um estilo de sindicalismo relacionado ao *business unionism* (segundo o qual os sindicatos devem ser geridos como empresas, com foco em sua estabilidade financeira e no crescimento da organização) e também no *pure and simple unionism* (o qual evita envolvimento mais amplo com movimentos que buscam engajamento social ou político). V. *Business unionism* e *Pure and simple unionism*.

Break time – pausa; intervalo.

Breastfeeding – amamentação.

Brief – peça processual; memoriais; arrazoado; sumário; resumo; condensação; argumentos jurídicos escritos em apoio à parte de um processo. Antes de uma audiência, normalmente os advogados submetem à corte uma manifestação escrita de forma resumida (por isso, *brief*) com a exposição de raciocínio a justificar a adoção de uma decisão em determinado sentido.

Briefing; case briefing – anotações sobre casos; resumos e reflexões para preparar a exposição sobre um determinado caso em sustentações orais, aulas, ou documentos. V. também *Case method*.

Briefing attorney – advogado especializado em elaborar peças processuais (*e.g.*, petições, peças de defesa, recursos etc.).

***Brooklyn Savings Bank v. O'Neil*, 324 U.S. 697 (1945)** – caso no qual a Suprema Corte entendeu que determinados direitos assegurados por lei (em especial, pelo *FLSA*) não são passíveis de renúncia pelos trabalhadores.

Brotherhood – associação; sindicato; irmandade; comunidade de pessoas ligadas por um interesse comum (antiga expressão comumente utilizada nos nomes de sindicatos).

Bullying – assédio moral; perseguição reiterada.

Burden of proof – ônus da prova.

Burn – queimadura.

Business – comércio; negócios.

Business community – empresariado; comunidade empresarial.

Business days – dias úteis.

Business hours – horário comercial.

Business necessity – necessidade empresarial; requisito a ser comprovado pelo empregador no sentido de que determinada medida ou prática decorreu de uma necessidade da atividade.

Businessperson; businesswoman; businessman – empresário(a); pessoa de negócios; mulher ou homem de negócios. Trata-se de pessoa que lida com comércio ou negócios, em especial no nível executivo ou gerencial. Enquanto *businessperson* é um termo mais moderno e neutro, *businesswoman* refere-se à empresária (sexo feminino) e *businessman*, ao empresário (sexo masculino). A utilização reiterada e predominante de termos como *businessman* reproduz historicamente uma preferência por formas linguísticas a exteriorizar presunção de que os ocupantes de certas funções são do sexo masculino, reflexo de uma sociedade patriarcal em que determinadas profissões são associadas aos homens e outras, às mulheres, o que reforça estereótipos de gênero.

Business unionism – "sindicalismo negocial" (tradução literal); modelo de sindicalismo segundo o qual os sindicatos devem ser geridos como empresas, com ênfase em sua estabilidade financeira e crescimento. Esse estilo de sindicalismo é semelhante e frequentemente referido como *bread and butter unionism*, pois prioriza a melhoria das condições de trabalho, com reivindicações a respeito de salários, jornada e benefícios para aqueles trabalhadores representados pelo sindicato (objetivos eminentemente corporativistas), em vez de finalidades mais abrangentes, como reformas econômicas, reorganização estrutural do trabalho ou melhorias das condições socioeconômicas da classe trabalhadora, tipo de sindicalismo por vezes referido como *social movement unionism*. Também contrasta com um modelo mais focado na luta de classes (*class struggle unionism*), que tem por meta a representação de todos os trabalhadores – e não apenas daqueles representados pelo sindicato – e que busca atingir reformas estruturais benéficas à classe trabalhadora. V. também *Pure and simple unionism* e *Bread and butter unionism*.

Button; union button – bóton; bóton do sindicato.

Bylaws – atos constitutivos; estatutos (*e.g.* de uma empresa ou de um sindicato).

C

Calendar days – dias corridos do calendário.

Captive-audience meeting – reunião de audiência cativa; reunião de audiência obrigatória. O termo refere-se a uma reunião em que os participantes são obrigados a comparecer, geralmente em um ambiente de trabalho, muitas vezes sem a liberdade de escolher se desejam ou não estar presentes. Trata-se de prática comum durante as campanhas que envolvem a tentativa de sindicalização de uma unidade de trabalho. V. *Employer free speech.*

Captive-audience speech – palestra de audiência cativa; palestra de audiência obrigatória; discursos proferidos pelo empregador no local e horário de trabalho, com comparecimento obrigatório dos empregados. V. *Employer free speech.*

Card check – procedimento de verificação (pelo empregador ou pela *NLRB*) dos cartões de suporte sindical subscritos pelos trabalhadores.

Caregiver – cuidador(a); aquele(a) que presta cuidados.

Carpenter – carpinteiro. Trabalhador que lida com madeira na construção de edifícios, casas ou móveis.

Case-by-case – caso a caso.

Case law – conjunto das decisões dos tribunais sobre determinada matéria.

Case method – método de estudo de casos, que ambienta os estudantes nas técnicas de raciocínio e argumentação jurídica típicas da *Common Law* e em um sistema em que o Direito é ditado caso a caso, sendo a jurisprudência sua fonte mais importante. Entre os anos de 1870 e 1895, o jurista estadunidense Christopher Columbus Langdell, então diretor da Faculdade de Direito da Universidade de Harvard (Cambridge, Massachusetts) desenvolveu e impulsionou esse modelo pedagógico fundado no método de estudo de casos, com foco voltado às técnicas de raciocínio e argumentação frequentemente utilizadas nos tribunais. A difusão do *case method* foi alvo de críticas, pelo fato de excluir do processo de ensino aspectos mais abrangentes, relacionados ao contexto social, filosófico e humanístico. Um dos maiores opositores foi o jurista Roscoe Pound, também diretor da *Harvard Law School* entre 1916 e 1936, fundador do movimento da *jurisprudência sociológica*, famoso nome do *realismo jurídico* estadunidense e grande crítico da ortodoxia de liberdade de contrato prevalecente na Suprema Corte dos EUA durante a chamada *Lochner Era* (1897-1937). Apesar das críticas de Pound, sob a influência de um momento marcado pelo positivismo jurídico em ascensão, o método de estudo de casos desenvolvido por Langdell provou ser muito influente e seu uso espraiou-se por escolas de Direito em diversos países da tradição da *Common Law*, incluindo a própria Inglaterra. O *case method* passou a ser adotado até mesmo em algumas outras áreas, como faculdades de negócios, políticas públicas e educação. Na prática do ensino jurídico, a utilização desse modelo pedagógico estabelece leituras de decisões judiciais a serem realizadas antes de cada aula, a fim de possibilitar a preparação para as discussões. Geralmente, os alunos estudam e resumem previamente (*briefing*) alguns casos selecionados, de modo a analisar com antecedência as questões jurídicas principais envolvidas (*issues*), bem como as respectivas razões de decidir (*holding*) aplicadas em cada julgamento. Assim, fica em destaque o caso concreto e o sistema no qual está inserido. Tais *case briefs*, que são também utilizados na atividade profissional, seguem certo padrão: não ultrapassam uma página e contêm a moldura fática determinante (*material facts*), a síntese dos andamentos processuais (*procedural posture*), a decisão da corte, bem como o raciocínio que levou à adoção de determinado entendimento, assim como eventual voto vencido (*dissent*). O estudo de casos está também intrinsecamente associado à utilização do método indutivo, em que a norma a ser aplicada a um novo conflito deve ser obtida por meio da análise de casos pretéritos com semelhantes substratos de fato e de direito. Procuram-se, nas decisões anteriores, não só os resultados finais, mas também os fatos que serviram de base ou fundamento para cada conclusão. Ao utilizar essa lógica indutiva, os juristas somente consideram casos anteriores com fatos suficientemente semelhantes àquele a ser resolvido. Ao examinar os fatos e as respectivas soluções das decisões anteriores, chega-se a uma norma de decisão – a *ratio decidendi* (ou *holding*, coloquialmente) –, fundamento das decisões tomadas, a ser utilizada também no novo caso em análise. O método indutivo da *Common Law* implica, portanto, a aplicação do resultado de um julgado anterior (*precedent*) ao caso concreto que está sendo decidido. Os olhos voltam-se, assim, ao direito jurisprudencial, a fim de que se compreenda a norma a ser aplicada. Para que se deixe de aplicar um precedente sobre determinada matéria, deve-se chegar à conclusão de que sua *ratio decidendi* é distinta daquela aplicável ao caso concreto em análise (técnica do *distinguishing*). V. também *Cold calls* e *Socratic method*.

Cash wages – valores que o empregador deve pagar diretamente (e em moeda corrente) aos empregados.

Cease and desist order – ordem emanada de uma corte ou agência administrativa, a determinar a cessação de uma conduta. *Cease and desist orders* são expedidas pela *NLRB* quando verificado o cometimento de uma *unfair labor practice – ULP*. Os críticos alegam que tais remédios, isoladamente, têm pouca efetividade prática.

***Cedar Point Nursery v. Hassid*, 594 U.S.___ (2021)** – decisão em que a Suprema Corte dos EUA analisou a validade de uma regulamentação da Comissão das Relações de Trabalho Agrícola da Califórnia (*Agricultural Labor Relations Board – ALRB*), editada de acordo com autorização prevista em uma lei trabalhista estadual (*California Agricultural Labor Relations Act – ARLA*, de 1975). No caso examinado, a regulamentação permitia que organizadores sindicais tivessem acesso a fazendas, em horários de intervalo dos trabalhadores, para fins de mobilização e verificação das condições de trabalho, durante 120 dias no ano. A Suprema Corte, por seis votos a três (já após as três indicações de Donald Trump e o ingresso de Amy Coney Barrett na vaga anteriormente ocupada por Ruth Bader Ginsburg), acolheu a tese da empresa agrícola recorrente e entendeu que tal norma violava a Quinta Emenda à Constituição, cuja parte final proíbe desapropriações para fins públicos sem justa indenização ao dispor que a propriedade privada não poderá ser expropriada para uso público, sem justa indenização. Para fins de aplicação desse dispositivo constitucional, a jurisprudência da Suprema Corte tradicionalmente realiza distinções entre as desapropriações físicas em si (*per se physical takings*), que precisam ser indenizadas, e as utilizações secundárias, que materializam restrições de uso, conferindo determinados direitos de acesso (por exemplo, para a passagem de oleodutos ou cabos aéreos de energia elétrica). Ao apreciar o caso *Cedar Point*, em voto prevalente redigido pelo *Chief Justice* John Roberts Jr. (acompanhado por Thomas, Alito, Gorsuch, Kavanaugh e Barrett), a Corte entendeu que a norma californiana permissiva do acesso de sindicalistas às propriedades rurais constituiria uma desapropriação em si. Em seu voto dissidente, o *justice* Stephen Breyer (acompanhado por Sotomayor e Kagan) entendia que o acesso concedido aos organizadores sindicais dava-se de forma apenas temporária e não permanente, sendo que a norma não era funcionalmente equivalente à desapropriação clássica, em que o governo se apropria diretamente de propriedade ou priva o proprietário de seu domínio. A dissidência apontou, ainda, contradição com o entendimento antes adotado em *Pruneyard Shopping Center v. Robins*, 447 U.S. 74 (1980), quando confirmada uma decisão da Suprema Corte californiana que permitia a militantes estudantis o ingresso em um shopping center privado para a solicitação de assinaturas.

***Cemex Construction Materials Pacific, LLC*, 372 NLRB No. 157 (2023)** – em agosto de 2023, depois de mais de 50 anos de aplicação dos padrões fixados no caso *Linden Lumber*, uma *NLRB* com composição majoritária democrata (indicada por Joe Biden) passou a adotar entendimento que alterou a sistemática relativa ao reconhecimento de um sindicato como representante de uma unidade apropriada de negociação. Em *Cemex*, a *Board* definiu que, quando um sindicato solicita reconhecimento com base no apoio majoritário dos empregados, o empregador terá duas opções possíveis: (1) concordar em reconhecer o sindicato como representante de negociação da unidade de trabalho e, consequentemente, com ele negociar; ou (2) o próprio empregador apresentar prontamente uma *RM Petition* à *NLRB*, no exíguo prazo de duas semanas a contar do pedido de reconhecimento formulado pelo sindicato, a fim de contestar a alegação de apoio majoritário supostamente obtido pelo sindicato, requerendo a realização de uma eleição de representação, conforme previsto na Seção 9(c)(1)(B) do *NLRA*, a não ser que o próprio sindicato já tenha apresentado uma petição para uma eleição de representação conforme a Seção 9(c)(1)(A) da mesma lei. Ao apreciar *Cemex*, a *NLRB* também decidiu que, se o empregador deixar de apresentar a *RM Petition* dentro do referido prazo, sua recusa será considerada uma violação do *NLRA* e poderá resultar na emissão de uma ordem de reconhecimento e negociação com o sindicato. Adicionalmente, a *NLRB* estabeleceu que, se um empregador cometer práticas trabalhistas injustas (*unfair labor practices*) durante o "período crítico" (entre a solicitação de reconhecimento e a proximidade da eleição), a *NLRB* pode rejeitar a petição para a convocação de eleições e emitir uma ordem exigindo que o empregador reconheça e negocie com o sindicato. Ou seja, não será emitida ordem apenas para realizar novamente uma eleição, como ocorria antes, mas sim para reconhecer o sindicato e determinar que o empregador com ele negocie. Em mais um ponto digno de nota, a *NLRB* aplicou esse novo entendimento retroativamente aos fatos do caso *Cemex*, o que resultou não apenas na anulação de uma eleição vencida pelo empregador, mas também na expedição de ordem para que reconhecesse e negociasse com o sindicato. A decisão de *Cemex* constitui uma mudança considerável na *NLRB* em relação ao entendimento adotado nas décadas anteriores e representa, de certa maneira, uma reaproximação à antiga doutrina *Joy Silk*. No entanto, a *Board* não chegou a reviver completamente *Joy Silk*, na medida em que o novo entendimento adotado não exige que um empregador tenha "dúvidas de boa-fé" quanto ao *status* majoritário de um sindicato para recusar seu reconhecimento voluntário. De acordo com *Cemex*, a visão subjetiva do empregador sobre o apoio majoritário ao sindicato é irrelevante para a apresentação de uma *RM Petition*. V. *Joy Silk Mills, Inc., 85 NLRB 1263 (1949), Linden Lumber Division, Summer & Co. v. NLRB, 419 U.S. 301 (1974)* e *RM Petition*.

CEO – v. *Chief Executive Officer*.

Certificate of death – certidão de óbito; atestado de óbito.

Certify a class, to – certificar a existência de uma classe ou grupo representado no polo ativo de uma ação coletiva (*class action*).

Chain – rede; cadeia (*e.g.*, rede de lojas).

Chairman, chairwoman – presidente(a) de uma instituição.

Challenges – impugnações a votos de determinados empregados em eleições de representação sindical.

Chambers (judge's chambers) – gabinete do(a) juiz(a).

Change to Win Federation (CtW) (*agora* Strategic Organizing Center – SOC) – "Federação Mudança para a Vitória" (tradução literal), agora transformada em "Centro de organização Estratégica". Trata-se uma coligação de sindicatos nacionais que se formou em 2005 por meio de uma iniciativa de sete sindicatos, os quais decidiram separar-se da *AFL-CIO* pela insatisfação com a alegada fraqueza da maior e mais tradicional coligação. Liderada pelo *SEIU*, a *Change to Win* sofreu perdas porquanto alguns membros como os *Teamsters, United Brotherhood of Carpenters, LIUNA, UFCW*, e grande parte do *Unite-Here* decidiram sair, mas ainda consiste em uma coalizão entre o *Service Employees International Union (SEIU)*, o *United Farm Workers of America (UFW)*, e o *Communications Workers of America (CWA)* (este último integrante tanto da *CtW* quanto da *AFL-CIO*). Depois da saída de muitos sindicatos e de encontros com representantes da *AFL-CIO*, nos quais se discutiu até mesmo uma possível fusão, a *CtW* se transformou em *Strategic Organizing Center – SOC*.

Charge – reclamação preliminar; queixa preliminar. Nos procedimentos perante a *NLRB*, o reclamante é comumente referido como *charging party* e registra uma *charge*. Depois da realização de uma investigação, o Diretor Regional da *NLRB* decide se apresentará uma denúncia formal (em caso positivo, emitirá uma *complaint*). V. *Complaint*.

Charging party – parte que apresenta uma reclamação preliminar ou queixa preliminar (por exemplo, perante a *NLRB*). V. *Charge* e *Complaint*.

Check off – desconto em contracheque.

Checks and balances – sistema de freios e contrapesos. Mecanismos derivados da Constituição dos EUA destinados a manter equilíbrio e fiscalização mútua entre os Poderes Executivo, Legislativo e Judiciário. Alguns exemplos incluem o veto presidencial, os papéis orçamentários do Congresso, o impeachment etc.

Chef – cozinheiro; chefe de cozinha.

***Chevron* doctrine; *Chevron* deference** – "doutrina *Chevron*"; "deferência *Chevron*" (traduções literais). Trata-se de doutrina que prestigia a deferência judicial em relação às políticas das agências administrativas e órgãos públicos, em decorrência da interpretação adotada pela Suprema Corte no caso *Chevron v. Natural Resources Defense Council*, 468 U.S. 837 (1984). De acordo com *Chevron*, se a lei emanada do Congresso tem redação ambígua ou omissa em alguns pontos que precisam ser regulamentados para serem aplicáveis, os juízes devem adotar postura deferente às interpretações e políticas formuladas pelas agências administrativas responsáveis por sua implementação, desde que se revelem razoáveis. A doutrina *Chevron* foi criada durante o governo de Ronald Reagan, ocasião em que contou com grande prestígio entre grupos conservadores. A presunção dessa doutrina sempre foi a de que os órgãos públicos, que contratam cientistas e especialistas de todas as áreas, têm mais conhecimento técnico do que os tribunais federais para regulamentar certas leis. No entanto, com governos Democratas, porém com cada vez mais juízes federais indicados por Republicanos, os conservadores passaram a revelar-se críticos e mais incisivos nas tentativas de superação dessa doutrina. Com maior frequência, uma Suprema Corte majoritariamente conservadora tem relativizado tal entendimento, ao aplicar uma outra doutrina, bem menos deferencial, referida como *major questions*. Esse novo posicionamento sustenta que, ao apreciar temas de impacto, com grande relevância, os juízes devem decidir como interpretar e implementar as leis emanadas do Congresso. O ceticismo e o desafio à doutrina *Chevron*, pelo movimento conservador, parecem ter chegado a seu ápice nos casos *Relentless Inc. v. Department of Commerce* e *Loper Bright v. Raimondo*, que serão decididos pela Suprema Corte até o término do ano judiciário 2023-2024. V. também *Major questions doctrine.*

Chief Executive Officer (CEO) – presidente(a) de uma empresa; executivo-chefe.

Chief Justice – Ministro ou Juiz Presidente da Suprema Corte ou de uma Corte Superior.

Childcare – prestação de cuidados a crianças por terceiros; creches.

Childcare worker – trabalhador(a) de cuidados infantis.

Child labor – trabalho infantil.

***Christiansburg Garment Co. v. EEOC*, 434 U.S. 412 (1978)** – caso sobre a aplicação do Título VII do *Civil Rights Act* de 1964, principal lei federal sobre discriminação no emprego, no qual a Suprema Corte teve a oportunidade de decidir que, não obstante a ré deva ser condenada ao pagamento de honorários de advogado quando os reclamantes forem vencedores nas demandas envolvendo a aplicação dessa lei, somente serão devidos honorários pelo autor quando se verificar que a demanda era frívola, irracional ou sem fundamento. Segundo a Suprema Corte, nesses casos de discriminação no emprego, haveria pelo menos dois fortes argumentos a justificar a possibilidade de condenação apenas da ré sucumbente ao pagamento de honorários de advogado. Primeiro, o autor é a parte e o agente escolhido pelo legislador para reivindicar uma política antidiscriminação que o Congresso Nacional considerou da mais alta prioridade. Além disso, em segundo lugar, quando uma Corte Distrital de primeira instância estipula honorários advocatícios nos casos em que o reclamante é vencedor, esses honorários serão devidos por um réu que infringiu dispositivos de uma lei federal de extrema relevância. Conforme entendeu a Suprema Corte, ambos os raciocínios não se aplicariam quando utilizada a lógica inversa (em caso de sucumbência da parte autora), exceto se suas alegações se revelarem frívolas, irracionais ou infundadas, ou quando o trabalhador tiver insistido em litigar de má-fé ou de forma manifestamente temerária em um determinado processo. Conforme voto do relator (*Justice* Potter Stewart), as cortes distritais devem resistir à compreensível tentação de concluírem que a ação teria sido irracional ou sem fundamento simplesmente em virtude de os pedidos formulados não terem sido acolhidos. Em suas palavras, essa lógica retrospectiva acabaria por desestimular o ajuizamento de novas ações, pois raramente uma vítima de discriminação terá maiores perspectivas ou certeza do sucesso final. Ademais, nesse tipo de caso, é muito difícil realizar qualquer previsão do que ocorrerá ao longo do processo e alguns fatos decisivos podem não vir à tona até que o feito esteja em estágio já avançado. Ainda que uma avaliação preliminar possa indicar perspectivas desfavoráveis e não promissoras, uma vítima de discriminação poderá ter motivos bastante razoáveis para desejar propor e levar adiante uma ação trabalhista perante o Poder Judiciário. Também de acordo com o relator, reforçar a cobrança de honorários a reclamantes somente porque eles se tornaram sucumbentes em seus pedidos aumentaria os riscos inerentes ao ajuizamento de ações sobre discriminação no emprego, o que indiretamente prejudica todos os esforços do Congresso no sentido de promover a vigorosa aplicação do Título VII do *Civil Rights Act* de 1964.

CIO – v. *Congress of Industrial Organizations (CIO).*

Circuit – Região (divisão judiciária da Justiça Federal dos EUA); seção judiciária; circunscrição judiciária. Eis um breve quadro e um mapa explicativo com a jurisdição de cada um dos Circuitos da Justiça Federal dos EUA:

Cortes Federais de Apelações (sede/localização)	Composição dos Circuitos (Regiões)
Corte de Apelações do Circuito do Distrito de Columbia (Washington, DC)	Distrito de Columbia
Corte de Apelações do 1º Circuito (Boston, MA)	Distrito de Maine Distrito de Massachusetts Distrito de New Hampshire Distrito de Porto Rico Distrito de Rhode Island
Corte de Apelações do 2º Circuito (Nova Iorque, NY)	Distrito de Connecticut Distrito Leste de Nova Iorque Distrito Norte de Nova Iorque Distrito Sul de Nova Iorque Distrito Oeste de Nova Iorque Distrito de Vermont

Cortes Federais de Apelações (sede/localização)	Composição dos Circuitos (Regiões)
Corte de Apelações do 3º Circuito (Filadélfia, PA)	Distrito de Delaware Distrito de Nova Jersey Distrito Leste da Pensilvânia Distrito Médio da Pensilvânia Distrito Oeste da Pensilvânia Distrito das Ilhas Virgens
Corte de Apelações do 4º Circuito (Richmond, VA)	Distrito de Maryland Distrito Leste da Carolina do Norte Distrito Médio da Carolina do Norte Distrito Oeste da Carolina do Norte Distrito da Carolina do Sul Distrito Leste de Virgínia Distrito Oeste de Virgínia Distrito Norte da West Virginia Distrito Sul da West Virginia
Corte de Apelações do 5º Circuito (Nova Orleans, LA)	Distrito Leste de Louisiana Distrito Médio de Louisiana Distrito Oeste de Louisiana Distrito Norte do Mississippi Distrito Sul do Mississippi Distrito Leste do Texas Distrito Norte do Texas Distrito Sul do Texas Distrito Oeste do Texas
Corte de Apelações do 6º Circuito (Cincinnati, OH)	Distrito Leste do Kentucky Distrito Oeste do Kentucky Distrito Leste de Michigan Distrito Oeste de Michigan Distrito Norte de Ohio Distrito Sul de Ohio Distrito Leste do Tennessee Distrito Médio do Tennessee Distrito Oeste do Tennessee
Corte de Apelações do 7º Circuito (Chicago, IL)	Distrito Central do Illinois Distrito Norte do Illinois Distrito Sul do Illinois Distrito Norte de Indiana Distrito Sul de Indiana Distrito Leste de Wisconsin Distrito Oeste de Wisconsin

Cortes Federais de Apelações (sede/localização)	Composição dos Circuitos (Regiões)
Corte de Apelações do 8º Circuito (St. Louis, MO)	Distrito Leste do Arkansas Distrito Oeste do Arkansas Distrito Norte de Iowa Distrito Sul de Iowa Distrito de Minnesota Distrito Leste do Missouri Distrito Oeste do Missouri Distrito de Nebraska Distrito da Dakota do Norte Distrito da Dakota do Sul
Corte de Apelações do 9º Circuito (São Francisco, CA)	Distrito do Alaska Distrito do Arizona Distrito Central da Califórnia Distrito Leste da Califórnia Distrito Norte da Califórnia Distrito Sul da Califórnia Distrito de Guam Distrito do Havaí Distrito de Idaho Distrito de Montana Distrito de Nevada Distrito das Ilhas Marianas do Norte Distrito de Oregon Distrito Leste de Washington Distrito Oeste de Washington
Corte de Apelações do 10º Circuito (Denver, CO)	Distrito do Colorado Distrito do Kansas Distrito do Novo México Distrito Leste de Oklahoma Distrito Norte de Oklahoma Distrito Oeste de Oklahoma Distrito de Utah Distrito de Wyoming
Corte de Apelações do 11º Circuito (Atlanta, GA)	Distrito Médio do Alabama Distrito Norte do Alabama Distrito Sul do Alabama Distrito Médio da Flórida Distrito Norte da Flórida Distrito Sul da Flórida Distrito Médio da Geórgia Distrito Norte da Geórgia Distrito Sul da Geórgia

Cortes Federais de Apelações (sede/localização)	Composição dos Circuitos (Regiões)
Corte de Apelações do Circuito Federal (Washington, DC)	Corte de Apelações para Reclamações de Veteranos Corte de Reclamações Federais Corte de Comércio Internacional Determinadas agências administrativas federais especializadas* **De forma excepcional, a Corte de Apelações do Circuito Federal tem jurisdição sobre todo o território norte-americano, com competência para apreciar recursos de decisões proferidas por Cortes Federais Distritais dos demais Circuitos em algumas matérias específicas, além de recursos de decisões proferidas por determinadas agências administrativas federais especializadas. Algumas das questões mais comumente apreciadas envolvem a aplicação da legislação federal sobre marcas e patentes, contratos governamentais, certas ações movidas contra a União (Governo Federal), servidores públicos federais e recursos em ações ajuizadas por veteranos de guerra.*

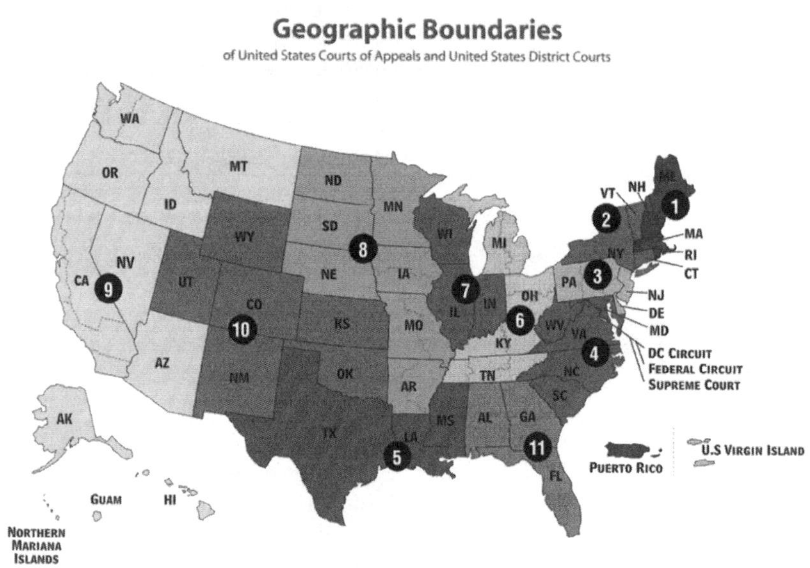

Fonte/Source: ESTADOS UNIDOS DA AMÉRICA. U.S. COURTS. Circuit Map in agency palette. Disponível em: https://www.uscourts.gov/sites/default/files/u.s._federal_courts_circuit_map_1.pdf. Acesso em: 30 set.2023.

Circuit court – Tribunal Regional Federal; Seção judiciária; Circunscrição judiciária. Ressalta-se que há alguns tribunais estaduais que também são denominados como *Circuit Courts.*

Circumstantial evidence – prova circunstancial; prova indireta; prova ou evidência a permitir que outros fatos sejam supostos, inferidos ou deduzidos.

Citation – citação judicial; convocação para comparecer, praticar ou deixar de praticar um determinado ato. Em outro sentido, também significa a menção ou citação (de doutrina ou jurisprudência), a fim de reforçar argumentos, teorias ou ideias.

Cite, to – citar judicialmente; convocar. Em outro sentido, também significa mencionar ou citar (doutrina ou jurisprudência), a fim de reforçar argumentos, teorias ou ideias.

Civil liability – responsabilidade civil.

Civil procedure – Processo Civil.

Civil servant (ou public employee) – servidor público; empregado no serviço público.

Claim – reclamação; queixa; pedido; requerimento.

Claimant – reclamante, requerente.

Class action – ação judicial coletiva, em que alguns indivíduos podem propor ação na qualidade de representantes de um grupo ou categoria numerosa (de dezenas, centenas, milhares ou até milhões de trabalhadores).

Class arbitration – arbitragem coletiva.

Classification – correta classificação e enquadramento de trabalhadores (*e.g.*, enquadramento na condição de empregado).

Classification litigation – litigância sobre o correto enquadramento de trabalhadores como empregados, com o pagamento de benefícios correspondentes (salário mínimo, horas extras etc).

Class litigation – litigância coletiva.

Class waiver arbitration agreements – cláusulas compromissórias com previsão de renúncia ao direito de participação em *class actions.*

Clause - cláusula.

Clerical work – trabalho administrativo (burocrático).

Clerical worker – auxiliar administrativo.

Clerk – assessor(a); assistente; analista judiciário; técnico judiciário; serventuário de justiça; servidor. Os *Justices* da Suprema Corte dos EUA podem admitir quatro *clerks* cada um (geralmente, juristas de destaque e excelente desempenho acadêmico recém-formados em algumas das melhores *Law Schools* do país). Na Suprema Corte, as funções dos assessores variam de um *Justice* para outro, mas normalmente incluem a análise dos requerimentos de admissibilidade dos recursos, a realização de pesquisa e a redação de minutas das decisões.

Clerk of court; court clerk – assessor de uma corte; analista judiciário; técnico judiciário; serventuário de justiça; assistente; servidor.

"Clopening" – prática de um empregado ser responsável por fechar o estabelecimento à noite e ter que retornar pela manhã para reabrir o mesmo estabelecimento, geralmente no comércio varejista ou no ramo de *fast food.*

Closed shop – prática de, em acordo coletivo, estipular-se que a filiação do trabalhador ao sindicato seria condição para a contratação. Nessa modalidade, o empregador somente podia contratar trabalhadores que já fossem previamente filiados ao sindicato, o que acabava por restringir completamente a possibilidade de contratação de outras fontes, permitindo que as organizações sindicais exercessem controle sobre o mercado de trabalho. Somente pelo breve período compreendido entre 1935 (ano de edição do *NLRA*) e 1947, o *closed shop* constituiu prática lícita perante a legislação federal norte-americana. A partir do referido ano de 1947, contudo, passou a restar expressamente proibido, em decorrência das alterações legislativas empreendidas no *NLRA* por meio do *Taft-Hartley Act.*

Code of Ethical Practices – Código de Ética.

Coercion – coerção.

Cold calls – "chamadas frias" (tradução literal); chamadas anônimas ou "no escuro"; questionamentos formulados pelos professores, a serem respondidos pelos alunos, os quais dever realizar a leitura prévia de casos ou de determinado material didático, a fim de se preparar para as discussões em sala de aula, pois não sabem antecipadamente quem será selecionado para responder às indagações do(a) professor(a). V. também *Case method* e *Socratic method.*

Collateral estoppel doctrine – princípio da preclusão de questão decidida. Trata-se de um princípio jurídico segundo o qual uma questão já decidida em um caso anterior não pode ser reexaminada em um outro caso subsequente, devendo ser tida como já resolvida de forma definitiva, ou seja, considerada como um assunto já pacificado quando da análise de uma nova ação. Esse princípio está relacionado ao conceito de *res judicata*, que impede, em regra, o reexame de uma ação já julgada.

Collective bargaining – negociação coletiva.

Collective bargaining agreement – acordo coletivo.

Commerce clause – cláusula de comércio do art. I, seção 8, da Constituição dos EUA, cujo teor atribui ao Congresso Nacional da União (ente federativo central) competência legislativa para regular o comércio entre os diversos estados. A partir do fim da década de 1930, a Suprema Corte baseou-se na cláusula do comércio para reputar constitucionais leis trabalhistas editadas em nível federal, notadamente o *NLRA* e o *FLSA*. V. *NLRB v. Jones & Laughlin Steel Corp.*, 301 U.S. 1 (1937) e *United States v. Darby*, 312 U.S. 100 (1941).

Common Law – sistema jurídico consuetudinário e jurisprudencial nascido na Inglaterra e que se disseminou pelos países de língua inglesa (incluindo a maior parte dos EUA) através do processo de colonização. Após a ocupação normanda da Inglaterra, a unidade política empreendida a partir de 1066 d.C. pelo rei Guilherme, "o Conquistador", teve também como consequência um movimento de unificação do direito, através dos tribunais reais. Esse direito unificado foi chamado "direito comum", *comune ley* (na expressão normanda), ou simplesmente *Common Law* (como consagrado em língua inglesa), porque – como direito aplicável a todo o reino – substituía os costumes locais e os direitos particulares antes vigentes. A primeira acepção de *Common Law*, portanto, é essa de "direito comum", que tem seu nascedouro a partir das decisões dos Tribunais Reais de Justiça, constituídos pelo monarca e a ele subordinados, comumente designados como as "Cortes de Westminster", em razão do exato local onde passaram a estabelecer-se a partir do século XIII, na cidade Londres. Pode-se dizer, assim, que uma primeira bifurcação evolutiva entre o direito europeu inglês e o continental foi a progressiva criação de um sistema de justiça unificado, vinculado ao rei, com um pequeno grupo de juízes itinerantes baseados em Londres, que foram colecionando e acumulando uma noção de "direito comum" nacional – ao contrário do fragmentado direito local continental, em que o *ius commune* era, na realidade, a invocação do direito romano, estudado nas universidades europeias a partir do século XI. A progressiva adesão às cortes reais inglesas retirou importância das cortes locais feudais e, como consequência, o corpo de *Common Law* reconhecido e chancelado em suas decisões acabou por suplantar os direitos costumeiros e particulares de cada tribo dos primitivos povos da Inglaterra (o antigo direito anglo-saxônico, anterior à conquista normanda). Após a ocupação dos normandos, a corte do rei Guilherme tornou-se o centro da vida administrativa e jurídica do novo reino. Ao seu redor, formou-se uma classe profissional forense bastante homogênea, da qual saíam os juízes que, com as suas decisões, criavam a *Common Law*. Trata-se, portanto, de um direito consuetudinário em um sentido significativamente especial: o costume que é fonte principal desse direito não nasce do comportamento popular, mas sim do comportamento dos juízes. Uma das características mais marcantes da *Common Law* é justamente, pois, o fato de o direito ser eminentemente criado pela atuação dos juízes (*judge-made law*). Apesar de ser um direito predominantemente consuetudinário-jurisprudencial, o caráter vinculativo dos seus precedentes não foi, necessariamente, um dos seus elementos formativos originais, tendo-se desenvolvido gradativamente. Apenas a partir dos séculos XVIII e XIX é que se pode considerar predominante a concepção de efeito normativo das decisões judiciais, característica hoje marcante do sistema jurídico da *Common Law*.

Communication Workers of America (CWA) – "Trabalhadores da Comunicação da América" (tradução literal). Atualmente, esse sindicato representa profissionais de vários setores, incluindo trabalhadores(as) na área de telecomunicações, serviços de internet, radiodifusão, jornais, entre diversos outros segmentos.

Company union – sindicato controlado pela empresa; "sindicato pelego"; "sindicato de fachada"; sindicato dominado pelo empregador. Em resposta à edição do *NLRA*, cuja Seção 7 estabelece como direito dos empregados a possibilidade de organização sindical, muitas empresas anteciparam os esforços de sindicalização dos seus empregados e, para isso, incentivaram a criação de alguns sindicatos formados, operados e efetivamente mantidos por empregados de nível gerencial e com elevado grau de fidúcia, apesar da "fachada" de liderança trabalhista. Para erradicar esses sindicatos controlados pelos patrões, o *NLRA* tornou ilegal a prática de empresas eventualmente dominarem ou apoiarem organizações trabalhistas. Esse tema voltou à tona, mais uma vez, na década de 1970, quando a gestão participativa e o estilo de gerência japonesa tornaram a ser implementados de forma ampla nos EUA - com críticos a ressaltar que esses esquemas de participação possibilitaram aos gerentes dar voz falsa aos trabalhadores, algo que, na prática, fez com que organizações de empregados pudessem ser controladas e manipuladas pelo empregador.

Compensable time - trabalho computado na jornada e remunerado.

Compensation - remuneração pelo trabalho prestado; indenização por acidente de trabalho.

Compensatory time off; compensatory time; "comp time" - compensação de jornada; sistema de banco de horas.

Complaint - reclamação; denúncia formal. Nos procedimentos da *NLRB*, uma *complaint* consiste em uma denuncia oficial, emitida pelo Diretor Regional, quanto à prática de uma *unfair labor practice - ULP*, em violação ao *NLRA*. No âmbito desta agência administrativa, até que se encerre a investigação inicial e se entenda que uma determinada reclamação preliminar tem mérito suficiente para prosseguir, ela é referida apenas como uma *charge*. Verifica-se que os mesmos termos têm significados bastante distintos e com usos quase que diametralmente opostos nos procedimentos penais. V. também *Charge*.

Compliance - conformidade; cumprimento de leis, regulamentos, políticas internas e padrões éticos em uma organização ou em uma determinada atividade.

Compulsory collection of agency fees - cobrança compulsória de contribuições assistenciais, a serem pagas por trabalhadores filiados ou não aos sindicatos, mas que exercem suas atividades em ambientes sindicalizados e, portanto, beneficiam-se dos acordos coletivos celebrados. Essas contribuições assistenciais destinam-se exclusivamente ao custeio das negociações coletivas.

Compulsory retirement - aposentadoria compulsória.

Compulsory unionism; forced unionism - sindicalização forçada; sindicalização obrigatória.

Concerted activity – atividade de engajamento coletivo de empregados para fins de negociação coletiva ou outra ajuda ou proteção mútua, conforme assegurado pela Seção 7 do *NLRA*.

Concurring opinion (concurrence) – voto convergente (porém com diferentes razões e fundamentos ou em razão de o juiz subscritor adicionar ou enfatizar algum aspecto ou argumento). Os juízes convergentes podem concorrer com a opinião da maioria ou concorrer somente com o julgamento da corte. V. *Opinion*.

Conference (of the Supreme Court) – depois de ouvir as sustentações orais de determinados casos, os *Justices* geralmente se reúnem, nas tardes de quarta-feira e sexta-feira, em encontros privados, que se chamam *conferences*, com a finalidade de discutir determinada ação, externar provisoriamente suas opiniões e distribuir as tarefas minutar os votos majoritários e dissidentes. Na *conference*, o *Chief Justice* começa resumindo o caso e descrevendo como pretende votar. Em seguida, todos os demais *Justices*, em ordem de antiguidade, externam sua intenção de voto, de maneira breve e informal. Se o *Chief Justice* concordar com a maioria, incumbirá a ele designar o magistrado responsável pela redação do voto majoritário, cujo teor representará o resultado do julgamento na Corte. Se estiver em posição minoritária, competirá ao mais antigo *Justice* integrante da maioria designar o redator do voto majoritário. O papel de redator da decisão majoritária é sempre muito sensível, porque esse *Justice* precisa escrever uma decisão que conte com a concordância da maioria (ao menos cinco, em uma Corte com o total de nove membros). Caso o voto redigido perca apoio majoritário, pode eventualmente vir a tornar-se um voto divergente-vencido.

Confidential employee – empregado com acesso a informações confidenciais sobre as relações trabalhistas na empresa e que, por isso, não deve integrar as unidades adequadas de negociação (*appropriate bargaining units*) eventualmente representadas por um sindicato em uma negociação coletiva.

Conflict of interests – conflito de interesses.

Conflict of laws – disciplina correspondente às normas de direito internacional privado a determinarem o direito aplicável a uma determinada relação envolvendo elementos de mais de um ordenamento jurídico. Nos EUA, especialmente considerando a significativa diferença de leis entre os estados, trata-se também da disciplina para determinar o direito aplicável quando envolvidos elementos relativos a sistemas legislativos distintos.

Congress of Industrial Organizations (CIO) – "Congresso de Organizações Industriais". Criado como um comitê da *AFL* em 1935, separou-se e tornou-se uma organização rival em 1938. Ao contrário da *AFL*, o *CIO* passou a tentar organizar trabalhadores industriais não especializados, em vez da sindicalização por ofícios ou habilidades (*crafts*) específicas. Também de forma destoante da *AFL*, passou a adotar estratégias mais agressivas, incluindo greves e táticas de organização mais abrangentes. Em 1955, a *AFL* e a *CIO* decidiram reunir-se novamente para fortalecer o movimento sindical. A fusão resultou na criação da *AFL-CIO* (*American Federation of Labor and Congress of Industrial Organizations*). A união das duas organizações visava consolidar os recursos e o poder de negociação dos sindicatos nos EUA. Desde então, a *AFL-CIO* tem sido a principal federação sindical no país, representando uma grande variedade de setores e categorias de trabalhadores. V. *American Federation of Labor-Congress of Industrial Organizations (AFL-CIO).*

Consider a petition for certiorari, to – considerar um pedido de *certiorari*. Trata-se da análise de admissibilidade recursal realizada pela Suprema Corte dos EUA, que pode conceder/aceitar ou negar *certiorari*, ao decidir se concorda em admitir o recurso apresentado e ouvir o caso (conceder *certiorari*) ou se não receberá o recurso e tampouco apreciará o seu mérito (negar *certiorari*). A concessão de *certiorari*, para que haja um juízo positivo de admissibilidade recursal, depende de posicionamento favorável de ao menos quatro dos nove *Justices* da Suprema Corte. V. também *Deny certiorari*, *Grant certiorari*, *Petition for certiorari*, *Rule of four* e *Writ of certiorari*.

Construction worker – trabalhador(a) da construção; pedreiro(a).

Constructive discharge – rescisão indireta do contrato de trabalho. Nesta forma de ruptura contratual, parte do empregado a iniciativa para o rompimento do liame empregatício, porém em virtude de condições intoleráveis de emprego. Se o(a) juiz(a) concordar que nenhuma pessoa razoável ("homem comum") poderia suportar tais condições, pode-se declarar que o contrato foi rompido por *constructive discharge*, decorrente da conduta do empregador, e não uma renúncia voluntária por parte do empregado. Ao reconhecer uma *constructive discharge*, as cortes tratam o trabalhador como se tivesse sido dispensado imotivadamente por seu empregador.

Contempt of court – crime de desobediência a uma ordem judicial.

Contingency fee – honorários contratuais de advogado pactuados sobre o êxito (percentual calculado sobre o êxito).

Continuance – adiamento; prorrogação; continuação. Trata-se da suspensão ou adiamento de uma audiência ou processo até uma data no futuro, normalmente em decorrência de requerimento apresentado por uma das partes, com deferimento pelo juiz.

Contract bar rule – "regra de impedimento contratual" (tradução literal). Trata-se de uma regra oriunda de entendimentos adotados pela *NLRB*, no sentido de vedar-se a realização de eleições de representação sindical durante o período de vigência de um acordo coletivo de trabalho (*collective bargaining agreement*). Em outras palavras, a regra estabelece que, uma vez alcançado um acordo coletivo entre sindicato e empregador, existe um período em que não é permitido realizar-se uma nova votação para escolher ou substituir o sindicato representativo da unidade. Tal regra objetiva proporcionar estabilidade e previsibilidade nas relações trabalhistas durante a vigência de acordos coletivos.

Contract of adhesion – contrato de adesão.

Contractor – contratado; empresa contratada; terceirizada; intermediária.

Co-op; cooperative – cooperativa de trabalho; organização em que os membros (trabalhadores) são os sócios e/ou gestores da própria entidade, de maneira a obterem melhores benefícios e condições para o exercício de suas atividades laborativas.

Co-op member – cooperativado; membro da cooperativa de trabalho.

Co-responsible – corresponsável.

Coronavirus Aid, Relief, and Economic Security Act (CARES Act) (2020) – lei federal sobre socorro econômico a empresas e trabalhadores durante a pandemia do novo coronavírus em 2020, com concessão de auxílio econômico emergencial (*stimulus check*) a trabalhadores elegíveis, além da expansão dos programas de seguro-desemprego, entre muitas outras previsões.

Corporatist – corporativista.

Counsel fees – honorários de advogado.

Counterclaim - reconvenção; reclamação ou reivindicação do réu em face do autor dentro do mesmo processo; ação do réu contra o autor da ação original, movida nos mesmos autos.

Counterclaim, to - reconvir.

Counterclaimant - reconvinte.

Court costs - custas judiciais.

Court of Appeal - Corte de Apelações.

Court packing plan - "plano de empacotamento da corte" (tradução literal); plano de aumento do número de juízes do tribunal. A expressão refere-se à famosa ocorrência histórica que causou uma mudança marcante na jurisprudência constitucional dos EUA, com reflexos importantes no Direito do Trabalho. Durante o período da Grande Depressão, Franklin Delano Roosevelt (FDR) foi eleito Presidente da República e lançou um amplo programa de reformas e de políticas intervencionistas para restaurar prosperidade à economia - o *New Deal.* No entanto, uma maioria dos *Justices* da Suprema Corte - muitos já idosos e advindos da Era *Lochner* - invalidava alguns dos pilares do *New Deal*, como o *National Industrial Relations Act (NIRA)* e o *Agricultural Adjustment Act (AAA).* Depois de sua primeira reeleição, obtida com ampla margem, Roosevelt propôs uma reforma judicial: a proposta autorizava a aposentadoria de *Justices* em condições bastante vantajosas seis meses depois que eles atingissem os 70 anos de idade. Por outro lado, para cada *Justice* que decidisse permanecer em atividade após essa faixa etária, a proposta autorizava que o Presidente da República nomeasse um membro adicional, até que fosse alcançado o número máximo de 15 juízes na Suprema Corte. Como naquela época havia seis *Justices* já com mais de 70 anos de idade, na prática, o plano faria com que FDR pudesse indicar mais seis *Justices* e, assim, obtivesse uma maioria favorável ao *New Deal.* Ressalta-se que o número de *Justices* da Suprema Corte não é fixado na Constituição e, de fato, havia oscilado entre cinco e dez membros ao longo das primeiras décadas da história constitucional estadunidense. Contudo, esse número já permanecia inalterado em nove *Justices* desde 1869, e essa composição com nove membros passou a ser considerada adequada. Conhecido coloquialmente como o "plano de empacotamento da Corte", FDR enviou esse projeto ao Congresso Nacional, que adiou sua votação porque a proposta não foi recebida positivamente pela opinião pública e por muitos membros do próprio Partido Democrata. Apesar de o plano não haver obtido êxito no Congresso, na Suprema Corte o *Justice* Owen Roberts alterou sua postura original e passou a votar de maneira favorável às políticas de *New Deal*, considerando-as constitucionais, em uma alteração de entendimento que ficou conhecida como *the switch in time that saved nine* (a mudança no tempo que salvou a corte de nove). Além disso, mais um *Justice* aposentou-se em 1937, abrindo caminho para que FDR criasse uma maioria sólida, que considerou constitucionais medidas de regulamentação da economia e programas de estado de bem-estar social. Essa virada na Suprema Corte e no entendimento constitucional adotado por sua composição majoritária foi tão marcante, que o resultado é conhecido como a "Revolução Constitucional de 1937". V. também *West Coast Hotel Co. v. Parrish*, 300 U.S. 379 (1937).

Co-worker – colega de trabalho.

Craft – ofício; arte; habilidade. Ocupação ou profissão que requer habilidade.

Criminal background check – checagem de antecedentes criminais.

Crop – colheita.

Cross examination – interrogatório cruzado, com reperguntas. Trata-se da inquirição em contraditório da testemunha levada e já questionada pela parte adversária, nas audiências.

Cross examine, to – interrogar em contraditório; inquirir em contraditório. Baseado em um direito constitucional (Sexta Emenda, para processos penais) e na natureza da ordem jurídica adversarial dos EUA, todos têm o direito de interrogar as testemunhas levadas e já questionadas pela parte contrária. Durante essa inquirição, o(a) juiz(a) geralmente permite uma forma mais incisiva de questionamento, uma vez que as testemunhas levadas pela parte contrária muitas vezes podem tentar responder de forma evasiva ou hostil às perguntas formuladas pelo novo questionador.

Crossover – trabalhador que cruza uma linha de piquete e decide ir ao trabalho durante o decorrer de um movimento grevista (de forma pejorativa, comumente chamado de *scab*) (v. também *Strike breaker*).

CtW – v. *Change to Win Federation (CtW) (agora Strategic Organizing Center - SOC)*.

***Curriculum vitae* (CV); vita; resume** – currículo profissional.

CV – abreviação comumente utilizada para *curriculum vitae*.

D

Daily-rate employee – empregado que recebe por dia de trabalho; empregado diarista.

Damages – danos (gênero), os quais podem ser de várias espécies (*e.g. compensatory damages, punitive damages* etc.). Indenização, normalmente sob a forma monetária, em razão de lesões ou ofensas à esfera patrimonial ou extrapatrimonial de uma pessoa.

Day care; daycare – creche infantil; centro de cuidados diurnos (para idosos ou crianças). Trata-se de estabelecimento destinado à prestação de cuidados a pessoas – geralmente idosos ou crianças – em situação de incapacidade, cujos responsáveis necessitam deixá-las sob os cuidados de terceiros (por exemplo, para poderem comparecer ao trabalho).

Day laborer – diarista, aquele contratado para trabalhar por um dia.

Day off – dia de folga, dia de descanso.

Day shift – turno do dia.

Day shift work – trabalho diurno.

Day shift worker – empregado do turno do dia.

Daytime work – trabalho diurno.

Death certificate – certidão de óbito; atestado de óbito.

Debt – dívida; débito.

Decentralized bargaining system – sistema sindical (de negociação coletiva) descentralizado, fragmentado e pulverizado.

Decertification – decertificação (cancelamento da certificação) de um sindicato como representante exclusivo de uma unidade adequada de negociação. Uma eleição de decertificação requer um pedido e existem várias regras sobre quando e como a *NLRB* vai permitir este tipo de contestação ao sindicato. V. também *Election bar rule.*

Deductible – dedutível.

Deep state – "Estado profundo" (tradução literal). Trata-se de uma expressão informal e pejorativa utilizada para referir-se às agências executivas e ao estado administrativo. O termo muitas vezes é empregado para desacreditar ou questionar instituições governamentais e alegar que há sempre uma influência oculta por trás de decisões políticas. V. *Administrative state.*

Default – revelia; omissão ou falha de cumprir com uma obrigação legal, incluindo comparecer a uma audiência em que a presença da parte é obrigatória. Pode resultar em um *default judgment* (sentença por revelia).

Defendant – réu(ré); reclamado(a).

Delivery – entrega.

Delivery workers – entregadores.

De minimis – expressão latina utilizada para se referir a curto lapso temporal ou a benefício de valor diminuto, períodos de tempo ou benefícios não substanciais, irrelevantes ou insignificantes, coisas mínimas (portanto, não levadas em consideração para determinados fins legais).

***De novo* judicial review** – revisão judicial com efeito devolutivo amplo; novo julgamento de determinada matéria sem atribuição de peso à constatação do órgão *a quo* que decidiu a questão anteriormente.

Dentist – dentista.

Deny certiorari, to; denying certiorari – negar *certiorari.* Quando a Suprema Corte nega *certiorari,* isso significa que ela recusa-se a ouvir um caso, deixando a decisão do tribunal inferior inalterada. Trata-se de juízo negativo de admissibilidade recursal. Essa negação indica que a Suprema Corte decidiu não apreciar o caso e, portanto, a decisão do tribunal inferior permanecerá inalterada. Para que houvesse um juízo positivo de admissibilidade recursal, seria necessário o posicionamento favorável de ao menos quatro dos nove *Justices* da Suprema Corte e esse quórum não foi alcançado ao se negar *certiorari.* Compare *grant certiorari.* V. *Consider a petition for certiorari, Petition for certiorari, Rule of four* e *Writ of certiorari.*

Department of Labor (DOL) – Departamento Federal do Trabalho (órgão do Poder Executivo equivalente ao Ministério do Trabalho, comandado pelo *Secretary of Labor*).

Deposition; depose, to – depoimento; depor. A *deposition* consiste no depoimento de uma parte ou testemunha, prestado sob juramento e fora do tribunal, perante o(a) advogado(a) da parte contrária, durante o procedimento de *discovery*. A finalidade das *depositions* e da *discovery*, em geral, é clarificar preliminarmente os fatos de um caso, a fim de verificar o que é incontroverso e quais pontos serão objeto de disputa e, portanto, dependerão da produção de provas no processo judicial. Em outras palavras, esses procedimentos permitem que futuras audiências judiciais sejam focadas nos assuntos efetivamente controvertidos, maximizando a eficiência.

Developing country – país em desenvolvimento.

Dictum **(singular);** ***dicta*** **(plural)** – termos informais para referir-se a *obiter dictum* (singular) e *obiter dicta* (plural). Significado literal de *obiter dictum*, em latim é algo "dito de passagem" (*something said in passing*). Trata-se de declarações, observações ou comentários feitos pelos julgadores em suas decisões ou votos, que não têm relação essencial com o resultado do julgamento. Geralmente, esses termos são utilizados em referência às partes da sentença ou acórdão que refletem ideias de seu(s) subscritor(es), porém não cruciais para a decisão do feito. Ou seja, contemplam comentários que não integram o *holding* (*ratio decidendi*). Por se tratar de mera opinião pessoal, *dictum* não tem força vinculativa como precedente, mas isso não significa que não tenha também sua relevância, pois explica o raciocínio do(s) julgador(es) e, portanto, pode clarificar o *holding* e ajudar na previsão sobre como a corte decidirá casos futuros.

Disability – incapacidade; deficiência; invalidez.

Disability leave – licença ao trabalho em razão de invalidez.

Disabled person – pessoa inválida; pessoa incapaz para o trabalho; pessoa com algum tipo de deficiência.

Disbar, to – excluir ou descredenciar um profissional da Ordem dos Advogados (*Bar Association*).

Disbarment – ato de exclusão ou descredenciamento de um determinado profissional da Ordem dos Advogados (*Bar Association*).

Discharge, to – dispensar (romper vínculo de emprego); "demitir".

Discharge for cause, to – dispensar por justa causa.

Discipline; discipline, to – punição; punir.

Discovery – descobrimento; revelação; descoberta; meios de prova; procedimento probatório; período de levantamento de provas. O período de *discovery* contempla procedimentos anteriores à audiência (*pre-trial*), usados pelas partes para obter dados e informações sobre os fatos do caso, a fim de auxiliá-las na preparação para a audiência. As ferramentas de *discovery* incluem depoimentos, interrogatórios escritos, exibição de documentos, inspeções a determinados locais, e perícias médicas ou técnicas. Do ponto de vista das partes, a *discovery* pode ajudá-las a comprovar suas alegações. Da perspectiva da eficiência judicial, ela desempenha um papel importante ao clarificar quais fatos são incontroversos e quais outros são efetivamente controvertidos, o que revela, portanto, qual deverá ser o foco das provas durante uma audiência.

Discrimination in employment – discriminação no emprego.

Discriminatory recall – chamada de retorno ao trabalho (após término de uma greve, por exemplo), com exclusão discriminatória de trabalhadores que se engajaram ativamente em atividades sindicais.

Dismiss, to – dispensar; romper vínculo de emprego; "demitir".

Dismissal – dispensa; "demissão".

Disparate impact – teoria do impacto desproporcional (estudada em matéria de discriminação no emprego), que veda determinadas práticas (intencionais ou não) aparentemente neutras pelo empregador, porém capazes de gerar um efeito adverso e discriminatório sobre determinado grupo de pessoas.

Disparate treatment – tratamento desigual, diferenciado, que veicula uma forma direta de discriminação; discriminação intencional.

Dissent – divergência.

Dissenting opinion – voto dissidente, divergente ou minoritário. V. *Opinion*.

Distinguishable – distinguível (termo utilizado para sinalizar que um caso possui substratos de fato ou de direito diversos de um determinado precedente).

Distinguishing – afastar a aplicação de um precedente através da demonstração de distinções entre os casos.

Distribution – distribuição de material escrito (panfletos, folhetos, informativos ou outros documentos que não sejam cartões de suporte sindical ou formulários de filiação).

District Court – Corte Distrital; Vara Distrital. Órgão de primeira instância da Justiça Federal dos EUA.

Diversity – variedade ou pluralidade de um grupo, entidade, ou instituição. Em *Regents of the University of California v. Bakke*, 438 U.S. 265 (1978), a Suprema Corte havia decidido que a diversidade era um interesse importantíssimo (*compelling interest*) que poderia justificar a utilização da raça em decisões como a admissão de alunos(as) nas universidades, apesar das exigências constitucionais de igual proteção da Décima Quarta Emenda. O raciocínio era de que a diversidade de ideias e perspectivas enriquece o meio-ambiente intelectual das instituições e melhora o seu funcionamento. No entanto, *diversity* é um conceito bastante polêmico, criticado por muitos conservadores, que apontam o uso da diversidade de caraterísticas demográficas (*e.g.*, raça ou sexo) como medidas demasiadamente simplistas para assegurar diversidade de ideias, ou, no caso de empresas, como irrelevantes para o seu funcionamento. A Suprema Corte decidiu, em *Students for Fair Admissions v. Harvard*, 600 U.S. 181 (2023), que considerar a raça em admissões universitárias viola a proteção constitucional e entendeu que as instituições de ensino superior podem obter diversidade intelectual através de outras medidas diferentes das ações afirmativas. V. *affirmative action*.

Diversity jurisdiction – "diversidade de jurisdição" (tradução literal). A competência das cortes federais inclui ações que envolvam cidadãos de diferentes estados, com base no Artigo III, Seção 2, da Constituição. Um caso pode ser processado e julgado por um tribunal federal se os litigantes forem de estados diferentes e o valor da controvérsia exceder a um determinado montante, ainda que a disputa não envolva uma questão federal (*federal question*). Isso procura assegurar o julgamento por um órgão neutro e imparcial, sem influência de interesses locais ou estaduais. V. também *Federal question*.

Docket – pauta de uma corte; rol de processos; lista de processos, audiências ou julgamentos programados pela corte para serem tratados durante um determinado período de tempo.

Doctor's appointment – consulta marcada com o médico.

DOL – v. *Department of Labor.*

DOL Fact Sheets – Fichas técnicas do Departamento do Trabalho.

DOL Regulations – Portarias do Departamento do Trabalho contendo a regulamentação de leis (e.g. do *FLSA* e do *FMLA*).

Domestic employment in a private home – vínculo de emprego doméstico no âmbito residencial privado.

Domestic worker – trabalhador doméstico.

Domicile – domicílio; residência legal; residência permanente.

Doorman; concierge; gatekeeper – porteiro.

Double jeopardy – vedação ao *bis in idem.* Proteção, garantida pela Quinta Emenda à Constituição dos EUA, no sentido de que uma pessoa não pode ser alvo de persecução penal mais do que uma vez pelo mesmo delito.

Double pay – dobra; pagamento em dobro.

Downsizing – diminuição da estrutura de uma empresa ou instituição, geralmente com dispensa de empregados.

Dress code – código de vestimenta.

Dressing room – vestiário.

Drug test – exame toxicológico.

Due process of law – devido processo legal; processo legal justo; procedimento judicial justo. Trata-se de uma garantia constitucional assegurada aos indivíduos em face do governo federal na Quinta Emenda e em face dos estados, na Décima Quarta Emenda, no sentido de que o Poder Público não pode privar as pessoas *da vida, liberdade, ou bens, sem processo legal.*

Dues checkoff – desconto de contribuições assistenciais (ao sindicato) em folha de pagamento.

Dumping – dumping, venda de produto por um preço mais baixo para lesar concorrentes (v. também *social dumping*).

Duty of fair representation – dever de representação justa, dever atribuído ao sindicato de representar todos os integrantes de uma unidade de trabalho sindicalizada, independentemente de filiação efetiva.

***Dynamex Operations West v. Superior Court and Charles Lee, Real Party in Interest,* 4 Cal. 5th 903 (Cal. 2018)** – caso julgado em abril de 2018 pela Suprema Corte californiana em que, com base na aplicação do *Teste ABC*, foi confirmada – por unanimidade (7-0) – a decisão de uma Corte Estadual de Apelações para entender que motoristas de uma de uma plataforma de entrega de encomendas (os quais eram proprietários de seus veículos) não poderiam ser enquadrados como autônomos (*independent contractors*). Devido ao nome da empresa envolvida, o caso passou a ser referido apenas como "caso *Dynamex*". V. também *ABC-Test*, *AB-5* e *Proposition 22*.

E

Earplug; earmuffs – protetores auriculares; protetores de ouvido.

***Eastex, Inc. v. NLRB*, 437 U.S. 556 (1978)** – nesse caso, a Suprema Corte aplicou o entendimento do precedente *Republic Aviation Corp. v. NLRB*, 324 U.S. 793 (1945) para afirmar que os empregados integrantes do quadro de pessoal do empregador (no caso, uma empresa de produtos de papel) têm o direito de distribuir boletins informativos do sindicato em *non-working areas* (locais dentro das instalações da empresa, porém onde não há efetivo trabalho ou produção, como é o caso do canto de uma sala, onde localizado o relógio de ponto). E foi além, ao entender que a distribuição de folheto com conteúdo político que tenha relação com os direitos dos empregados é atividade protegida pela Seção 7 do *NLRA*. No caso concreto, a *newsletter* do sindicato *Local 801 of the United Paperworkers International Union* questionava uma Proposta de Emenda à Constituição do estado do Texas, que pretendia transformá-lo em um *right-to-work state* e criticava um recente veto do Presidente da República quanto ao aumento do salário mínimo federal.

Economic dependence – dependência econômica (elemento por vezes utilizado para aferição de vínculo de emprego).

Economic growth – crescimento econômico.

Economic impact payment; stimulus check – auxílio econômico emergencial, com valores pagos por adulto e por criança com menos de 17 anos, a trabalhadores elegíveis durante o limitado período da pandemia da Covid-19, consoante disciplina do *CARES Act* e de outras leis emergenciais posteriores.

Economic reality – realidade econômica (elemento por vezes utilizado para aferição de vínculo de emprego).

Economic strike – greve econômica, deflagrada como parte de movimento de reivindicação de melhores salários e condições de trabalho, durante um processo de negociação coletiva.

EEOC – v. *Equal Employment Opportunity Commission (EEOC).*

***EEOC v. Abercrombie & Fitch Stores,* Inc., 575 U.S. __ (2015)** – no ano de 2009, a *EEOC* ajuizou na Justiça Federal estadunidense ação em face da famosa marca de roupas Abercrombie & Fitch, que no ano anterior havia se recusado a contratar Samantha Elauf (então com 17 anos) para uma loja de roupas infantis. A recusa havia se baseado no fato de a garota usar véu (*hijab*) típico da religião islâmica. Em sua defesa, a empresa afirmou possuir um código de vestimenta com proibição ao uso de adereços sobre a cabeça (bonés, chapéus, véus etc.). Alegou, ainda, que a recusa em admitir Samantha não estaria relacionada a qualquer aspecto religioso. Na Corte Federal Distrital, perante o júri, Samantha declarou que o resultado do processo seletivo a havia abalado emocionalmente, pois se sentiu desrespeitada em virtude de sua fé. Em 2011, o júri condenou a empresa a pagar indenização de US$ 20.000,00 em favor da trabalhadora. No entanto, após recurso, a Corte de Apelações do 10º Circuito entendeu que a ação sequer deveria ter sido levada a júri, pois a trabalhadora não informou à empresa o fato de que o véu (*hijab*) era usado por motivo religioso, a fim de que a prática pudesse receber uma adaptação razoável (*reasonable accomodation*), conforme garantido pelo Título VII do *Civil Rights Act*. Em 2015, o caso foi julgado pela Suprema Corte dos EUA, onde, por oito votos a um, reverteu-se o julgamento da Corte de Apelações, entendendo-se que a ação merecia ter seu mérito apreciado. No voto majoritário, o conservador juiz Antonin Scalia afirmou que, em uma ação como aquela, não seria necessário que a trabalhadora tivesse expressamente solicitado ao empregador uma adaptação razoável para sua prática religiosa. Ressaltou, ademais, que "um empregador não pode utilizar as práticas religiosas de um candidato como fator determinante nas decisões de emprego". Na mesma linha, o juiz Samuel Alito afirmou estar claro o fato de a Abercrombie saber que Samantha era muçulmana e usava o véu por razão religiosa. O único voto dissidente foi do Ministro Clarence Thomas, para quem o código de vestimenta da empresa era neutro e não tinha qualquer intenção discriminatória. Os autos foram remetidos novamente para apreciação do recurso pendente no 10º Circuito, mas a Abercrombie desistiu da apelação e pagou à trabalhadora indenização no valor de US$ 25.670,00, custas judiciais no montante de US$ 18.983,75, além de honorários de advogado.

Efficiency bonus – bônus por eficiência no trabalho.

Eight and eighty system (8 and 80 system) – sistema que pode ser adotado por hospitais e instituições residenciais destinadas ao atendimento de enfermos, idosos ou doentes mentais, com permissão para utilização de módulo equivalente a duas semanas na apuração de eventuais horas extras, desde que o empregador remunere de maneira não inferior a uma vez e meia (*time and a half*) as horas de trabalho que ultrapassem as 80 horas em duas semanas, assim como as horas que excedam a 8ª em qualquer dia.

Election bar rule – regra impeditiva de novas eleições. Via de regra, a *NLRB* não determina a realização de novas eleições de representação sindical tampouco decertifica (*decertification*) um sindicato durante o período de um ano desde a última eleição.

Electrician – eletricista. Profissional que lida com a montagem, manutenção, ou reparação dos sistemas elétricos.

Electronic timekeeping system – sistema eletrônico de controle de ponto; ponto eletrônico.

Elevator operator – ascensorista de elevador.

Eligibility – elegibilidade (por exemplo, a um determinado benefício previsto em lei ou em acordo coletivo).

Eligible – elegível.

Employee – empregado.

Employee Polygraph Protection Act (EPPA) – lei federal que proíbe a maioria dos empregadores privados de utilizar testes em detectores de mentiras, seja no momento da contratação ou durante o curso da relação de emprego.

Employee privacy – privacidade do empregado.

Employee Retirement Income Security Act (ERISA) (1974) – lei federal sobre planos de previdência complementar (com custeio por empregados e empregadores), benefícios de aposentadoria complementar e saúde, entre outros pontos. Não há obrigatoriedade legal de oferecimento de planos de previdência pelos empregadores aos empregados, mas a lei oferece alguns possíveis incentivos para tanto, como, por exemplo, eventuais benefícios fiscais.

Employee status – *status* de empregado.

Employer – empregador.

Employer by employer bargaining; firm by firm bargaining - negociação coletiva que se dá entre o sindicato e cada empresa (individualmente, empresa por empresa), sem possibilidade de abranger um grupo de empregadores do mesmo ramo econômico (*sectoral bargaining* ou *industry wide bargaining*).

Employer-employee relationship - relação entre empregado e empregador.

Employer free speech - liberdade de expressão do empregador. Ao longo da primeira década de vigência do *NLRA* (1935–1945), prevaleceu o entendimento de que os empregadores teriam obrigação de manter neutralidade frente a uma campanha de sindicalização em determinada unidade de trabalho, conforme decisão da *NLRB* no caso *American Tube Bending Co.*, 44 N.L.R.B. 121, 133-34 (1942), quando se entendia que o Wagner Act (*NLRA*) autorizava os empregados a escolherem "seu representante de negociação livres da interferência do empregador". Além disso, preponderava a ideia de que essa liberdade teria imposto um dever correlato ao empregador de "manter a completa neutralidade em relação a uma eleição". Esse cenário de neutralidade compulsória alterou-se em *Thomas v. Collins*, 323 U.S. 516 (1945), quando a Suprema Corte foi além dos fatos debatidos para declarar que a Primeira Emenda à Constituição protegia o discurso não apenas dos sindicatos (nas eleições de representação), mas também dos empregadores. Reconheceu-se, assim, o direito dos empregadores de externar posições contrárias à presença de um sindicato em uma determinada unidade de trabalho. O *Taft-Hartley Act* de 1947 (também conhecido como *Labor Management Relations Act*) representou uma reação conservadora, com a redução de poderes anteriormente conferidos aos sindicatos pela redação original do *NLRA*. Entre as diversas alterações legislativas empreendidas, a Seção 8 (c) passou a estabelecer que, ao externar suas "visões, argumento ou opinião", os empregadores não incorrem em conduta trabalhista injusta, a menos que se verifique "ameaça de represália ou força ou promessa de benefício". Essa nova previsão permitiu que, diante de uma campanha de organização sindical, os empregadores passassem a externar discursos contrários à presença do sindicato em determinada unidade de trabalho. Com o tempo, esses discursos se desenvolveram e se tornaram verdadeiras campanhas de rechaço aos sindicatos (*vote no campaigns* ou *anti-union campaigns*), muitas vezes com o dispêndio de elevadas quantias e uso de diferentes táticas para persuadir os empregados quanto aos malefícios da sindicalização, como reuniões de audiência obrigatória (*captive audience meetings*). Existem até mesmo escritórios e empresas a prestarem consultoria aos empregadores que se deparam com campanhas de sindicalização, com profissionais especializados em proferir palestras (no horário e no local de trabalho) e coordenar campanhas destinadas a demonstrar aos empregados as desvantagens da presença de um sindicato. Essas empresas e consultores são comumente referidos como *union-avoidance consultants, union-avoidance firms, persuaders* ou *union busters*.

Employment agreement; employment contract – contrato de trabalho (que formaliza o vínculo de emprego).

Employment arbitration – arbitragem em conflito individual trabalhista.

Employment at will – contrato de trabalho por tempo indeterminado, com a possibilidade de resilição arbitrária a qualquer tempo por qualquer das partes, sem a necessidade de qualquer razão justificada (vedada a dispensa discriminatória ou retaliatória).

Employment benefits program; employment benefits plan – programa ou plano de benefícios oferecido por determinado empregador.

Employment contract – contrato de trabalho (que formaliza o vínculo de emprego).

Employment discrimination – discriminação no emprego.

Employment law – Direito Individual do Trabalho. Em *Employment Law*, estudam-se basicamente questões relacionadas às relações individuais de emprego e à aplicação do *Fair Labor Standards Act (FLSA)*, lei federal cujo teor estabelece patamares mínimos sobre salário-hora, adicional de horas extras, gorjetas e proibição de trabalho infantil, permitindo que os estados estabeleçam normas mais favoráveis aos trabalhadores. Além disso, alguns outros pontos por vezes em destaque nessa matéria são seguro-desemprego, licenças, benefícios e planos de aposentadoria. V. *Fair Labor Standards Act (FLSA)*.

Employment relationship – relação de emprego.

Enforcement – execução/promoção do cumprimento da lei (v. também *Law enforcement*).

Enslave, to – escravizar.

Enslaved, to be – ser escravizado.

Enslavement – escravização; o processo de escravização; escravidão.

Epic Systems Corp. v. Lewis U.S.**, 584 U.S. ___, 138 S.Ct. 1612 (2018)** – ao entender válidas cláusulas em contratos individuais com previsão de que a resolução de disputas ocorresse somente por meio de arbitragem individual, por cinco votos contra quatro, a Suprema Corte decidiu que o direito de participar em procedimentos coletivos não constituiria uma forma de "outra ajuda ou proteção mútua" (*other mutual aid or protection*) objeto de especial proteção na Seção 7 do *NLRA* – entendimento que importa no reconhecimento da possibilidade de renúncia prévia ao direito de participação em ações judiciais coletivas ou em arbitragens coletivas (por tal motivo, essas cláusulas são frequentemente referidas como *class waiver arbitration agreements* ou simplesmente *class waivers*). Ao autorizar e chancelar a presença de tais cláusulas em relações individuais de trabalho, a mais alta corte dos EUA acabou por dificultar o manejo das *class actions*, valioso mecanismo de tutela judicial de direitos trabalhistas. No voto da maioria, o Juiz Neil Gorsuch citou os precedentes *American Express Co. v. Italian Colors Restaurant*, 570 U.S. 228, 233 (2013) e *AT & T Mobility LLC v. Concepcion*, 563 U.S. 333 (2011), para entender que a Lei Federal de Arbitragem (*FAA*) exige que os tribunais façam cumprir rigorosamente as cláusulas compromissórias, da maneira como foram redigidas, inclusive em relação aos termos que especificam com quem as partes escolheram arbitrar seus conflitos e as regras sob as quais a arbitragem será conduzida. Em seu voto dissidente (acompanhado por três outros juízes da Suprema Corte), a Juíza Ruth B. Ginsburg foi bastante enfática ao rechaçar a linha argumentativa adotada pela maioria do Tribunal, que priorizava a autoexecutoriedade da cláusula compromissória estabelecida pelo *FAA* de 1925 frente à previsão do *NLRA* de 1935, cuja Seção 7 assegura aos trabalhadores o direito de adotar coletivamente medidas "concertadas" para sua "ajuda ou proteção mútua". A decisão de *Epic Systems* passou a ser considerada um verdadeiro obstáculo para o acesso à justiça e a efetivação de direitos trabalhistas, uma vez que grandes empresas já vinham utilizando reiteradamente esse tipo de cláusulas em contratos de trabalho celebrados individualmente com seus empregados.

Equal Employment Opportunity Commission (EEOC) – agência federal especializada em receber e apurar denúncias específicas de discriminação no emprego e determinadas práticas de assédio capazes de gerar um ambiente hostil (matérias relacionadas à aplicação do Título VII do *Civil Rights Act* de 1964 e de outras leis federais antidiscriminação, como o *Age Discrimination* *in Employment Act - ADEA*, o *Rehabilitation Act*, o *Pregnancy Discrimination Act*, o *Americans with Disabilities Act - ADA*, o *Civil Rights Act* de 1991, o *Genetic Information Nondiscrimination Act - GINA* e o *Lilly Ledbetter Fair Pay Act*.) V. também *Right-to-sue letter*.

Equality of opportunities – igualdade de oportunidades.

Equal pay – isonomia salarial.

Equal pay for equal work – salário igual para trabalho igual.

Equity – equidade; princípios de equidade; justiça. A *equity* refere-se aos remédios legais distintos daqueles previstos no direito positivado de um determinado ordenamento jurídico. Paralelamente ao desenvolvimento inicial da *common law*, que expressava o direito oriundo dos Tribunais Reais de Justiça, desenvolveu-se na Inglaterra a *equity*, um corpo de normas aplicado pelos Tribunais do Chanceler do Rei (*Courts of Chancery*) em casos que envolviam determinadas matérias para as quais não havia remédios processuais disponíveis na *common law*. Apesar da posterior unificação dos órgãos responsáveis pela aplicação da *common law* e da *equity*, até hoje persiste, na tradição jurídica anglo-americana, uma clássica distinção entre matérias pertencentes aos domínios da *equity* e outros temas relacionados à *common law*. Atualmente, nas cortes estadunidenses, os juízes são competentes para aplicar não apenas as normas oriundas da *common law*, mas também a *equity*, especialmente quando o direito estrito não oferece um remédio adequado ao caso concreto. A *equity* privilegia a obediência aos princípios de ordem ética e moral, em vez do formalismo jurídico, e sua aplicação busca a obtenção de resultados mais justos diante dos casos concretos.

Erdman Act (1898) – lei federal sobre resolução de conflitos envolvendo trabalhadores sindicalizados no transporte ferroviário interestadual [o dispositivo que tornava crime a dispensa de um empregado em razão de sua participação em uma organização sindical foi reputado inconstitucional, pela Suprema Corte, no julgamento de *Adair v. United States*, 208 U.S. 161 (1908)].

Essential workers – trabalhadores essenciais.

Evidence – prova; evidência; prova testemunhal.

Eviction – despejo (*e.g.* por falta de pagamento de aluguéis ou parcelas de financiamento imobiliário).

Eviction order – ordem de despejo.

***Excelsior* list** – lista com nomes, endereços, e-mails e telefones dos empregados de determinada unidade de trabalho a serem fornecidas pelo empregador ao sindicato, quando determinada pela *NLRB* a realização de uma eleição de representação.

Exclusive bargaining representative – representante exclusivo dos empregados para fins de negociação coletiva (condição atingida pelo sindicato que recebe apoio da maioria simples dos empregados em uma determinada unidade de trabalho).

Execute, to – implementar; forçar; realizar; completar; dar efetividade.

Executive branch – Poder Executivo.

Executives – executivos.

Exempt employee – empregado não sujeito a controle de jornada e não elegível ao recebimento de horas extras, geralmente ocupante de posição gerencial ou exercente de funções externas sem a possibilidade de controle de jornada, remunerado com base salarial (*on a salary basis*), isto é, com periodicidade semanal ou superior (mensal ou anual), independentemente do número de horas ou dias efetivamente trabalhados – Seção 213 (a) (1) e (17) do *FLSA*; Seções 541.601 e 541.602 do *Code of Federal Regulations*. V. *Helix Energy Solutions Group, Inc. v. Hewitt*, 598 U.S. ___ (2023), *Nonexempt employee*, *Overtime-exempt employee*, *Paid on a salary basis*, *Salary* e *Wage*.

Exit interview – entrevista de saída em que o gerente ou superior deve informar ao empregado desligado que tipos de referências poderão ser prestadas sobre ele em futuros processos seletivos de emprego.

Expert – especialista; perito.

Expert fees – honorários periciais; honorários de especialista.

Expert witness; retained expert witness – assistente técnico.

Expert witness fees; retained expert witness fees – honorários de assistente técnico.

Exploit, to – explorar.

Export goods – bens para exportação.

Expropriate, to – expropriar.

F

FAA – v. *Federal Arbitration Act (FAA).*

Face mask – máscara facial.

Facility; (employer's) facility – instalações (do empregador). A expressão *employer's facility* refere-se ao lugar físico fornecido pelo empregador para atividades relacionadas ao trabalho, como um escritório, fábrica, armazém ou qualquer espaço utilizado para o desempenho das funções pelos empregados. Essas instalações incluem as dependências e infraestrutura necessárias para a operação do negócio ou organização.

Fair Labor Standards Act (FLSA) (1938) – lei federal cujo teor estabelece salário mínimo fixado por hora, módulo semanal de trabalho equivalente a 40 horas, direito à remuneração das horas extras de maneira não inferior a uma vez e meia o salário-hora regular e restrições ao trabalho infantil, permitindo que os estados estabeleçam normas mais favoráveis aos trabalhadores.

Fair workweek movement – movimento "Semana de trabalho justa" (em tradução livre), que reivindica regras humanitárias para a elaboração de escalas e convocação de trabalhadores que permanecem aguardando chamados (*on call workers*), como a necessidade de observância de divulgação prévia de escalas e horários, antecedência mínima nas convocações, pagamento de indenizações em caso de cancelamento de chamados ou em caso de inobservância de intervalos mínimos entre duas jornadas de trabalho.

Fair workweek scheduling – "Programação de uma semana de trabalho justa", sistema busca possibilitar o agendamento prévio dos dias em que o empregado deve trabalhar ou permanecer aguardando convocações, com o estabelecimento de regras sobre a necessidade de antecedência dos chamados e divulgação de horários, de modo a viabilizar algum planejamento pessoal e familiar aos trabalhadores.

False impersonation – passar-se por outra pessoa (por exemplo, como motorista ou entregador de um aplicativo).

Families First Coronavirus Response Act (FFCRA) (2020) – lei federal, com disposições temporárias, sobre licenças remuneradas ao trabalho em virtude de doença, quarentena ou isolamento em decorrência da Covid-19, ou necessidade de prestação de cuidados a terceiros também em virtude da pandemia.

Family and Medical Leave Act (FMLA) (1993) – lei federal sobre licenças não remuneradas de até 12 semanas para tratamento de doenças pessoais ou de familiares, nascimento ou adoção de filhos.

***Faragher v. Boca Raton*, 524 U.S. 775 (1998) –** caso em que a Suprema Corte foi assertiva ao estabelecer a responsabilidade civil indireta (*vicarious liability*) do empregador por atos de assédio sexual praticados por seus supervisores.

Farmer – agricultor(a); fazendeiro(a).

Farmworker – trabalhador(a) rural; rurícola.

Federal Arbitration Act (FAA) (1925) – Lei Federal de Arbitragem.

Federalism – federalismo. Trata-se da forma de organização do Estado em que a autoridade é dividida entre um ente nacional e entes regionais (chamados estados, províncias, repúblicas ou congêneres). A Constituição dos EUA criou um sistema federativo, em que os poderes do ente nacional estão enumerados na Seção 8 do Artigo I, e todos os demais poderes são reservados aos estados, conforme expresso na Décima Emenda (atualmente, cinquenta estados, no total). Na linguagem informal, é comum referir-se ao ente nacional como o "governo federal" (*federal government*), mas o federalismo, como estrutura de organização, refere-se a um sistema de poderes divididos, não nacionais. De fato, apesar de uma crescente concentração de poderes no ente central de governo especialmente a partir da década de 1930, o poder político nos EUA ainda é bastante descentralizado comparado ao poder no sistema federativo brasileiro. Sobre as diferenças históricas entre os federalismos brasileiro e o estadunidense, v. *Introdução*, nas páginas iniciais do glossário.

Federal Labor Relations Authority (FLRA) – agência administrativa federal responsável pela aplicação e administração do *Federal Service Labor-Management Relations Statute* (*FSLMRS*) e pela resolução de conflitos envolvendo direitos de organização e negociação coletiva no serviço público federal, inclusive sobre práticas ilegais trabalhistas (*unfair labor practices*).

Federal question – questão federal; questão de direito federal. Trata-se de uma questão jurídica baseada em normas federais, como a Constituição dos EUA, a legislação federal, ou tratados celebrados pelos EUA. Quando um conflito envolve uma *federal question*, ele pode ser julgado perante a Justiça Federal estadunidense. A expressão indica, portanto, que a controvérsia está relacionada a leis federais e pode ser resolvida nos tribunais federais dos EUA. V. também *Diversity jurisdiction*.

Federal Rules of Civil Procedure – Regras Federais de Processo Civil; Código de Processo Civil Federal.

Federal Service Labor-Management Relations Statute (FSLMRS) (1978) – lei cuja cobertura se estende à maioria dos empregados no serviço público federal. Sua estrutura basicamente é semelhante à do *NLRA* (são assegurados os direitos de organização e de negociação coletiva, mas os empregados no serviço público federal não podem negociar coletivamente a respeito de reajustes salariais ou greves). Além disso, o Presidente da República tem o poder de excluir unilateralmente uma agência ou repartição pública da cobertura do *FSLMRS*, caso entenda que sua atividade principal está diretamente relacionada à segurança nacional.

Federal Trade Comission (FTC) – Comissão Federal de Comércio, agência administrativa federal independente cuja principal missão é a aplicação da legislação civil (não criminal) antitruste e a promoção da proteção do consumidor. A FTC compartilha a jurisdição sobre a aplicação da legislação antitruste civil federal com a Divisão Antitruste do Departamento de Justiça.

Federal Unemployment Tax Act (FUTA) (1939) – lei federal com normas gerais sobre tributação a financiar o sistema de seguro-desemprego mantido de forma cooperativa e colaborativa entre o governo federal e os governos estaduais.

FDR – abreviatura para Franklin Delano Roosevelt, presidente entre os anos de 1933 a 1945, no período do New Deal e da aprovação das duas principais leis trabalhistas federais até hoje em vigor: o *NLRA* e o *FLSA*.

***Fibreboard Paper Products Corp. v. Labor Board*, 379 U.S. 203 (1964)** – tratou-se de caso que envolvia um ambiente de trabalho sindicalizado (isto é, onde o sindicato foi eleito representante exclusivo da unidade), sendo que a empresa decidiu dispensar empregados que desempenhavam serviços de manutenção e passou a delegar tais atividades aos empregados de uma terceirizada. Em sua decisão, a Suprema Corte entendeu que a substituição dos empregados diretos pelos de uma empresa terceirizada - para realização do mesmo trabalho em condições similares de emprego - constituiria questão a ser necessariamente submetida a prévia negociação coletiva, consoante matérias elencadas na Seção 8 (d) do *NLRA* ("e outros termos e condições de emprego"). Entendeu também que a *NLRB* não extrapolou seus poderes ao determinar à empresa a reintegração dos empregados dispensados, com o pagamento de salários retroativos, uma vez que se tratava de matéria a ser necessariamente objeto de negociação com o sindicato.

Fight for fifteen - movimento que luta pela fixação em lei de salário mínimo no valor de 15 (quinze) dólares por hora de trabalho, impulsionado especialmente pelos trabalhadores do setor de *fast food* e seus aliados.

File (a charge), to - apresentar uma reclamação ou queixa; propor uma ação (administrativa ou judicial).

File (a lawsuit), to - propor (uma ação judicial); ajuizar uma ação.

Filibuster - obstrução (termo comumente utilizado para se referir a práticas que postergam uma deliberação parlamentar, no âmbito do Poder Legislativo). O Senado dos EUA permite, baseado em sua regulamentação interna (não na Constituição), que uma minoria dos Senadores discuta um projeto de lei por período indefinido, a não ser que 60 Senadores votem por encerrar o debate. De igual forma, para encerrar uma obstrução (*filibuster*) e levar um projeto à votação pelo plenário, tal movimento deve ser levado a efeito por ao menos 60 senadores (a casa conta com o total de 100 senadores, dois por estado, além da vice-presidente da República, que apenas vota em casos de empate). Na prática, relevantes projetos de lei não conseguem ser objeto de deliberação em decorrência dessas obstruções e da inexistência de 60 senadores dispostos a encerrá-las.

Finder of fact - pessoa ou pessoas que determina(m) a verdade sobre os fatos em um caso. Normalmente, é papel do júri determinar quais fatos são verdadeiros em uma ação judicial. No entanto, em *bench trials*, o(a) juiz(a) togado(a) cumpre esse papel, bem como conduz os procedimentos e aplica o direito.

Finding (of fact) - constatação dos fatos; decisão dos fatos; conclusão sobre os fatos; relato dos fatos. Trata-se de uma determinação, conclusão ou veredicto feito por um(a) juiz(a) ou júri após avaliar as provas e os argumentos apresentados em uma demanda. Essas conclusões são componentes essenciais da sentença e contribuem para a resolução geral de um caso.

Fire, to - dispensar (um empregado); despedir (um empregado); "demitir" (um empregado); terminar um vínculo de emprego.

Firefighter; fireman - bombeiro(a). No inglês moderno, o termo *firefighter* tem sido preferido para designar os(as) bombeiros(as), pois pode ser usado de forma unissex, evitando-se qualquer distinção desnecessária por gênero, como ocorria com o frequente uso dos termo *fireman* (masculino).

First time job - primeiro emprego.

Fiscal year - ano fiscal; ano financeiro. Trata-se de um período de doze meses usado para planejamento orçamentário, relatórios financeiros e pagamento de impostos. Nos EUA, o ano fiscal do governo federal começa em 1º de outubro e termina em 30 de setembro do ano seguinte. As empresas e organizações podem ter diferentes anos fiscais, mas muitas seguem o ano fiscal padrão do governo.

Fishing - pesca.

Fissured workplace - relação de trabalho rachada ou fissurada, em que empresas situadas no topo dos sistemas de produção (em posição de centralidade na captação de lucros) têm procurado distanciar-se dos trabalhadores que lhe prestam serviços (o que consequentemente importa na diluição dos riscos do negócio) através de consecutivas contratações e subcontratações, em cadeias que costumam envolver uma multiplicidade de intermediários.

Flat rate; flat fee - taxa fixa; valor fixo; invariável.

Flight attendant - comissário(a) de bordo. No inglês moderno, o termo *flight attendant* tem sido preferido para designar os(as) comissários(as) de bordo, pois pode ser usado de forma unissex, evitando-se distinção desnecessária por gênero, como ocorria no uso dos termos *steward* (para homens) e *stewardess* (para mulheres).

Floor - piso; valor mínimo.

FLSA - v. *Fair Labor Standards Act (FLSA).*

FMLA – v. *Family and Medical Leave Act (FMLA).*

Forced arbitration – arbitragem forçada.

Forced labor – trabalho forçado.

Forced unionism; compulsory unionism – sindicalização forçada; sindicalização obrigatória.

Forklift – empilhadeira.

Forklift operator – operador de empilhadeira.

***Fort Bend County v. Davis*, 587 U.S. __ (2019)** – de acordo com o Título VII do *Civil Rights Act* de 1964 (principal lei federal antidiscriminação), é necessário apresentar uma reclamação administrativa na *EEOC* antes da judicialização de um determinado conflito perante o Judiciário federal. No entanto, na decisão unânime proferida em *Fort Bend County v. Davis*, 587 U.S. __ (2019), a Suprema Corte entendeu que, caso haja o ajuizamento de uma ação na Justiça Federal, o empregador pode não suscitar tempestivamente essa preliminar, o que será interpretado como uma renúncia quanto à obrigatoriedade desse procedimento administrativo inicial, considerando-se, neste caso, válida a subtração de tal etapa prévia. V. *Equal Employment Opportunity Commission (EEOC)* e *Right-to-sue letter.*

Foster care leave – licença ao trabalho em razão da adoção de uma criança.

Franchise – franquia.

Franchisee – franqueado.

Franchisor – franqueador.

Freedom of association – liberdade de associação. Embora exista um direito de liberdade de associação assegurado pela Primeira Emenda, para fins de organização coletiva no âmbito trabalhista, a proteção ao direito de associação/sindicalização encontra amparo no *National Labor Relations Act – NLRA*, e não no texto constitucional. V. também *National Labor Relations Act* e *State action doctrine.*

Freedom of contract – liberdade contratual.

Free market – livre mercado.

Free rider – caroneiro (expressão utilizada para designar trabalhador que se beneficia daquilo que é conquistado através de negociações coletivas, porém sem pagar qualquer contribuição ao respectivo sindicato).

Free trade – livre comércio.

Frontline workers – trabalhadores da linha de frente.

Full employment – pleno emprego.

Full-term striker – trabalhador que se mantém fora do trabalho durante todo o período de um movimento grevista.

Full-time worker – trabalhador contratado em período integral.

G

Gardener – jardineiro.

Garment – vestuário; peça de vestuário.

Garment industry workers – trabalhadores na indústria têxtil (de vestuário).

***Garmon* doctrine; *Garmon* preemption doctrine; *Garmon* deference doctrine** – doutrina *Garmon*; doutrina da abstensão de *Garmon*; doutrina da deferência de *Garmon*. Trata-se de uma doutrina da deferência oriunda do caso *San Diego Bldg. Trades v. Garmon Council*, 359 U.S. 236 (1959), em que a Suprema Corte estabeleceu um princípio importante relacionado às competências federal e estadual sobre determinadas questões trabalhistas. A doutrina de deferência de *Garmon* estabelece que certas disputas trabalhistas estão sob a competência exclusiva da *National Labor Relations Board* (*NLRB*) e, portanto, não devem ser apreciadas pelas cortes estaduais. O objetivo é evitar conflitos e inconsistências entre questões trabalhistas, garantindo que a *NLRB*, uma agência administrativa federal, tenha a competência primária para lidar com as práticas trabalhistas injustas (*unfair labor pratices*) e outras questões sindicais. Em termos simples, se uma disputa trabalhista envolver uma *unfair labor pratice*, matéria que está sujeita à competência da *NLRB*, a doutrina *Garmon* sugere que os tribunais estaduais devem abster-se de apreciar o assunto para evitar interferências na autoridade da *NLRB*. No entanto, há exceções e situações em que os tribunais estaduais podem ter competência para apreciar determinados casos – veja-se, por exemplo, a decisão da Suprema Corte em *Glacier Northwest, Inc., v. International Brotherhood of Teamsters, Local 174*, 598 U.S. ___ (2023). Há casos também em que a própria *NLRB* decide que a matéria não se enquadra em sua competência.

Garnishment; garnish, to – desconto em folha de pagamento; descontar em folha de pagamento. Os termos (substantivo e verbo, respectivamente) referem-se ao ato de deduzir uma parte do salário ou da renda de um(a) trabalhador(a) para satisfazer uma dívida ou obrigação legal. Essa dedução geralmente é ordenada para o cumprimento de uma determinação judicial ou de uma obrigação financeira.

Gasoline station – posto de gasolina (no passado, também referidos como *filling stations*).

Gasoline station attendant – frentista de posto de gasolina.

GDP – v. *Gross Domestic Product (GDP).*

GDP *per capita* – v. *Gross Domestic Product per capita (GDP per capita).*

Gender discrimination; gender-based discrimination – discriminação com base no gênero.

Gender equality – igualdade de gênero.

Gender identity – identidade de gênero.

General Counsel (da NLRB) – Procurador(a)-Geral da *NLRB*, nomeado(a) pelo Presidente da República e confirmado(a) pelo Senado Federal para um mandato de 4 (quatro) anos; promove investigações e atua como uma espécie de promotor(a) dentro da *NLRB*, sendo também responsável pela indicação do Diretor Regional de cada um dos escritórios regionais da agência.

Genetic Information Nondiscrimination Act – GINA (2008) – lei federal que, entre outras disposições, impede os empregadores de usar as informações genéticas de trabalhadores ao tomar decisões sobre contratação, dispensa, alocação ou promoção de empregados.

Genuine strike – greve genuína, válida e protegida pela legislação (em especial pelas Seções 7 e 13 do *NLRA*).

Gig economy – economia *gig*; economia do bico; expressão geralmente utilizada para se referir à nova realidade de trabalho informal prestado com a intermediação de plataformas digitais.

Gig workers – trabalhadores que prestam serviços sob a forma de bicos.

***Glacier Northwest, Inc., v. International Brotherhood of Teamsters, Local 174*, 598 U.S. ___ (2023)** – nesse caso, a Suprema Corte decidiu (por 8-1) que o *NLRA* não impede que uma corte estadual possa receber e apreciar ação civil proposta diretamente no Poder Judiciário pelo empregador contra o sindicato, sem passagem prévia pela *NLRB*, quando existe alegação de que, no curso de um movimento grevista, o sindicato falhou ao adotar "precauções razoáveis" para evitar riscos de dano à propriedade do empregador, o que teria ocasionado destruição intencional da propriedade da empresa. No caso examinado, a empresa Glacier Northwest, que comercializa concreto pronto e emprega entre 80 e 90 motoristas de caminhão, foi alvo de movimento paredista deflagrado durante as negociações para um novo acordo coletivo pela Unidade Local nº 174 do Sindicado dos Caminhoneiros. Consoante as alegações formuladas na petição inicial da ação cível, os grevistas teriam intencionalmente deixado concreto endurecer dentro de betoneiras, o que causou não apenas perda de concreto, mas também significativos danos aos veículos de propriedade do empregador. A decisão majoritária, de autoria da *Justice* Amy Coney Barrett, foi considerada uma exceção à doutrina da deferência manifestada no caso *Garmon – San Diego Bldg. Trades v. Garmon Council*, 359 U.S. 236 (1959) –, segundo a qual as cortes devem aguardar até que a *NLRB* decida reclamações sobre greves antes de apreciar ações cíveis correlatas. Na prática, a decisão do caso *Glacier Northwest* tem o potencial de dificultar greves e aumentar os riscos a sindicatos que pretendam valer-se de determinadas estratégias de pressão durante o curso de paralisações.

Globalization – globalização.

Globalized economy – economia globalizada.

Go bankrupt, to – falir; um negócio ou empreendimento ir à falência.

Good faith bargaining – negociação coletiva de boa-fé, dever de sentar-se à mesa de negociação com boa-fé para efetivamente chegar a um acordo com a parte contrária (em oposição à *surface bargaining*).

GOP (Grand Old Party) – expressão utilizada em referência ao Partido Republicano.

Government enforcement – administração e execução de leis por órgãos e agências governamentais; promoção pelo governo do cumprimento das leis.

Grand jury – grande júri; júri de acusação. Trata-se de um grupo de cidadãos convocado para determinar se existem provas suficientes para processar criminalmente um acusado. A decisão do *grand jury* é se há fatos suficientes para estabelecer uma razoável base (*probable cause*) para lançar uma persecução penal em fase de uma pessoa (não se trata, portanto, de um julgamento de culpa ou de inocência, como no *petit jury*, mas sim de uma fase preliminar do processo criminal, decidindo-se se há fundamentos para levar o caso a julgamento). O número de jurados, nesta fase, varia entre os estados, mas costuma ser superior aos 12 que definem a culpa ou inocência de um réu criminal nos *petit juries*. *Grand juries* podem ser usados também para investigações mais gerais em determinadas questões públicas de maior relevância.

Grant, to – conceder; outorgar; atender; deferir; dar; aceitar; conferir; transferir; transmitir; instituir.

Grant a credit, to – conceder crédito.

Grant a delay, to – conceder um adiamento; conceder uma prorrogação.

Grant a patent, to – conceder o registro de patente; conceder uma patente.

Grant a stay – decretar a suspensão de uma sentença ou do trâmite de algum procedimento.

Grant certiorari, to; granting certiorari – conceder *certiorari*; aceitar um requerimento de *certiorari*. No contexto da Suprema Corte dos EUA, significa admitir a apreciação de recurso interposto em face de uma decisão de um tribunal inferior. Ou seja, a expressão é utilizada para designar esse juízo positivo de admissibilidade recursal, sinalizando que a Suprema Corte concordou em ouvir e julgar um caso. Ao conceder *certiorari*, a Corte concorda em analisar o caso e considerar os argumentos apresentados pelas partes envolvidas. Esse juízo positivo de admissibilidade recursal depende de posicionamento favorável de ao menos quatro dos nove *Justices* da Suprema Corte. Compare *deny certiorari*. V. também *Consider a petition for certiorari*, *Petition for certiorari*, *Rule of four* e *Writ of certiorari*.

Graphic designer – designer gráfico; desenhista gráfico. Trata-se do(a) profissional que trabalha na criação e no desenvolvimento de elementos visuais para comunicação, como logotipos, *layouts* de páginas, peças publicitárias, entre outros, com o uso de ferramentas de design gráfico para combinar arte e texto, criando material visual para vários fins, como impressão, web, e mídias digitais. O(a) designer gráfico(a) desempenha um papel importante na construção da identidade visual de uma marca ou projeto, transmitindo mensagens de maneira visual e esteticamente agradáveis.

Gratuity – gorjeta; "gratificação" paga por terceiros (clientes ou consumidores) em determinados serviços (corridas de táxi, Uber, bares, restaurantes, hotéis, entre outros).

Grievance procedure - sistema de resolução interna de disputas comumente previsto em cláusulas de acordos coletivos nos ambientes sindicalizados.

***Groff v. DeJoy*, 600 U.S. 447 (2023)** - caso sobre a aplicação do *Title VII* do *Civil Rights Act* envolvendo um empregado evangélico dos Correios (*USPS*), cuja religião exigia que guardasse os domingos um como dia de reza e descanso, sem trabalho. De forma unânime (9-0), a Suprema Corte entendeu que o ônus é do empregador em demonstrar que a concessão da acomodação religiosa incorreria em "custos substancialmente aumentados" em comparação com os custos normais do negócio.

Gross annual revenue - receita bruta anual.

Gross Domestic Product (GDP) - Produto Interno Bruto (PIB)

Gross Domestic Product *per capita* (GDP *per capita*) - Produto interno Bruto (PIB) *per capita*.

Guild - associação de ofício ou habilidade (*trade* ou *craft*); associação profissional. V. *Craft*.

Guilt - culpabilidade; culpa.

Guilty - culpado(a).

H

Hairdresser – cabeleireiro(a).

Handbag check – revista de bolsas e mochilas.

Handbilling – distribuição de panfletos, folhetos ou cartazes.

Handicapped employee – empregado com limitações físicas, de mobilidade, ou que apresenta alguma deficiência.

Handicraft – artesanato; trabalho manual; atividade manual; ofício manual.

Hand out (leaflets), to – distribuir (panfletos, folhetos ou informativos escritos).

Hands-on training – treinamento prático.

Handwork; handiwork – trabalho manual; ofício manual.

Harasser – assediador.

Harassment – assédio.

***Harris v. Forklift Systems, Inc.*, 510 U.S. 17 (1993)** – caso em que a Suprema Corte teve a oportunidade de estabelecer critérios para configuração de assédio sexual por ambiente hostil. Segundo decisão unânime redigida pela Ministra Sandra Day O'Connor (primeira mulher a exercer a magistratura na mais alta corte dos EUA), não há necessidade de abalo psicológico concreto para que se configure a prática de assédio sexual, sendo suficiente a existência de um ambiente objetiva e subjetivamente hostil ou abusivo, ou seja, de acordo com aquilo que um ser humano médio seria capaz de considerar como tal, e também onde a vítima realmente sentiu-se alvo de abusos. A aferição dessa hostilidade ou abusividade pode ser feita com base em todas as circunstâncias envolvidas, como a frequência da conduta discriminatória, a sua severidade, o fato de haver ameaças ou humilhações físicas, além da interferência irracional no desempenho do trabalho. V. também *Hostile work environment* e *Meritor Savings Bank v. Vinson,* 477 U.S. 57 (1986).

Harvest – colheita.

Harvest, to – colher.

Harvesters – trabalhadores que vivem da colheita.

Haymarket Square Incident (ou Haymarket affair, ou Haymarket massacre, ou Haymarket Square riot) – Incidente da Praça Haymarket (também conhecido como a "questão Haymarket", ou "o massacre de Haymarket", ou o "levante de Haymarket", ou a "revolta da praça Haymarket"). Em 1º de maio de 1886, algumas das principais entidades sindicais americanas conclamaram trabalhadores para o início de um movimento nacional por um módulo de trabalho de 8 horas diárias. Naquele dia, mais de 80 mil trabalhadores reuniram-se para uma marcha em Chicago. Não obstante a ação tenha transcorrido sem interrupções significativas, as marchas por todo o meio oeste nos dias seguintes foram recebidas com extrema violência pelas polícias locais. Em 3 de maio, a polícia atacou e matou trabalhadores grevistas de uma fábrica em Chicago. Quando trabalhadores e sindicalistas se reuniram na Praça Haymarket no dia seguinte (4 de maio), para protestar contra os assassinatos do dia anterior, foram recebidos por quase 200 policiais fortemente armados. Então, em um momento ainda envolto em incertezas, houve muita violência e explosões, com a morte de um policial e instauração de caos em massa. Em pânico, a polícia começou a atirar, atingindo manifestantes, mas também muitos de seus próprios homens. Quatro trabalhadores e sete policiais morreram no final da noite. Os dias que se seguiram foram trágicos para o movimento trabalhista americano. A "lei marcial" foi aplicada em todo o país, as polícias locais prenderam líderes trabalhistas, fecharam jornais, invadiram e saquearam escritórios de sindicatos. Ao final, oito ativistas trabalhistas de Chicago foram presos, julgados e condenados por seu suposto papel naquela que ficou conhecida como a Revolta da Praça Haymarket. Quatro dos homens foram posteriormente enforcados e um suicidou-se na prisão, embora os três restantes tenham sido perdoados em 1893, após uma imensa campanha de pressão internacional sobre o governador de Illinois, John P. Altgeld. Anos mais tarde, um delegado americano no Congresso Internacional de Trabalhadores de Paris, em 1889, propôs que o dia 1º de maio fosse considerado o Dia Internacional do Trabalhador, para recordar os eventos de 1886. A sugestão foi abraçada e hoje grande parte das nações industrializadas do mundo celebra o dia 1º de maio. No entanto, os eventos se desenrolaram de maneira diferente nos EUA. Embora metade do movimento trabalhista tenha adotado o 1º de maio para recordação dessa data, a outra metade observou o *Labor Day* na primeira segunda-feira de setembro.

A última data acabou prevalecendo como feriado nacional em 1894, quando o então presidente Grover Cleveland, ansioso para acalmar o movimento trabalhista após uma violenta resposta às Greves Pullman, mas com receio de empoderar socialistas que celebravam o 1º de maio, oficializou nacionalmente o *Labor Day* na primeira segunda-feira de setembro. Já tendo se recusado a fazer do 1º de maio um feriado nacional, o Governo Federal tentaria mais tarde apagar qualquer conexão histórica entre essa data e a organização coletiva de trabalhadores. Em 1955, no auge da Guerra Fria, o Presidente Eisenhower estabeleceu o 1º de maio como "Dia da Lealdade". Para completar, ele também proclamou 1º de maio como o "Dia da Lei" três anos depois.

Hazardous employment – emprego com exposição a risco ocupacional.

Hazard pay – adicional de insalubridade ou periculosidade; adicional por risco ocupacional.

Health care – atendimento à saúde; sistema de atendimento à saúde.

Healthcare costs – custos com cuidados à saúde (*e.g.* custos envolvidos no pagamento de um seguro-saúde).

Health insurance – seguro-saúde.

Hearing – audiência.

Hearsay – "ouvir dizer"; "diz-que-diz". Trata-se de prova não baseada no conhecimento pessoal da testemunha, mas sim naquilo que a testemunha supostamente conhece por meio de declaração de outra pessoa. Ou seja, *hearsay* refere-se a informações advindas de uma fonte secundária, um terceiro que não está presente para testemunhar. Normalmente, *hearsay* não configura prova admissível, mas existem exceções em que esse tipo de prova pode ser considerado, especialmente se não existe outro meio para obtenção da prova, por exemplo, em caso de relatos de uma pessoa já falecida.

***Helix Energy Solutions Group, Inc. v. Hewitt*, 598 U.S. ___ (2023)** – caso em que a Suprema Corte decidiu, por 6-3 (voto majoritário de Elena Kagan, voto dissidente de Brett Kavanaugh), que o empregador Helix Energy Solutions Group violou o *FLSA* ao enquadrar o supervisor de uma plataforma de petróleo Michael Hewitt como empregado não elegível ao recebimento de horas extras (*exempt employee*). O entendimento majoritário baseou-se no fato de que o trabalhador recebia salário por dia de trabalho (*on a day rate*) e não por semana, mês ou ano (*on a salary basis*). O caso envolvia a aplicação da Seção 541.602(a) da regulamentação administrativa contida no *Code of Federal Regulations*, que retira o direito ao pagamento de horas extras a *white-collar workers* caso recebam um valor garantido não variável de acordo com a quantidade ou qualidade do trabalho, em periodicidade semanal ou superior (mensal ou anual). No caso, embora recebesse por dia de trabalho, o supervisor Michael Hewitt percebia uma média total superior a 200 mil dólares por ano. V. *Exempt employees*, *Helix Energy Solutions Group, Inc. v. Hewitt*, 598 U.S. ___ (2023), *Nonexempt employee*, *Overtime-exempt employee*, *Paid on a salary basis*, *Salary* e *Wage*.

HERE - v. *Hotel Employees and Restaurant Employees Union (HERE).*

High-skill workers - trabalhadores com alto nível de qualificação.

High-wage workers - trabalhadores com alto padrão de salários.

Hire, to - contratar; oferecer vaga de emprego.

Hispanics - hispânicos; latinos com origem ou cultura relacionada à América hispânica ou à Espanha.

***H. J. Heinz Co. v. Labor Board*, 311 U.S. 514 (1941)** - caso no qual a Suprema Corte decidiu que a *NLRB* tem poder de determinar que um empregador assine contrato por escrito, em que expressos os termos já pactuados com o sindicato no que se refere a salários, jornada e demais condições de trabalho.

***H. K. Porter Co., Inc. v. NLRB*, 397 U.S. 99 (1970)** - caso no qual a Suprema Corte entendeu que o *NLRA* confere à *NLRB* poderes de exigir que empregadores e empregados sentem-se à mesa para negociar de boa-fé, porém não tem o poder de impor cláusulas contratuais, tampouco a possibilidade de obrigar qualquer das partes a concordar com determinada disposição contratual substantiva em um acordo coletivo. De tal decisão, pode-se inferir que, não obstante decida conflitos coletivos de trabalho, a *NLRB* não é dotada de qualquer espécie de poder normativo.

Holding (de uma decisão judicial) - *ratio decidendi* (latim); razão de decidir; fundamento central de uma decisão. Trata-se da parte central ou essencial do raciocínio jurídico que fundamenta uma decisão. É a declaração ou interpretação específica do Direito necessária para resolver um determinado caso. *Holding* é o raciocínio jurídico central que estabelece um precedente para casos semelhantes no futuro. É decisão judicial com força vinculativa; cerne daquilo que foi estabelecido em uma decisão judicial e que passa a ter efeitos vinculativos para cortes inferiores.

Holding company – companhia controladora; companhia que detém o controle acionário e político de subsidiárias; companhia que tem por objeto participar do capital acionário de outras sociedades empresárias.

Holiday – feriado.

Holiday break – feriado não trabalhado; descanso em decorrência de feriado.

Holiday premium pay – pagamento das horas trabalhadas em feriados com valores adicionais.

Holiday work – trabalho em feriado.

Home office; telework – a prática de trabalhar de casa, com uso da internet, telefone, e-mail etc; teletrabalho.

Hostile to unionization – hostil à sindicalização.

Hostile work environment (sexual harassment) – assédio sexual por intimidação, modalidade de assédio sexual em que é criado um ambiente de trabalho hostil, ofensivo ou de intimidação à empregada, porém sem a exigência de que favores sexuais sejam prestados como contrapartida para a obtenção de benefícios ou vantagens econômicas – modalidade cuja ilicitude foi reconhecida na decisão da Suprema Corte em *Meritor Savings Bank v. Vinson,* 477 U.S. 57 (1986).

Hotel Employees and Restaurant Employees Union (HERE) – Sindicato dos Empregados em Hotéis e Restaurantes. Esse sindicato realizou uma fusão com o Sindicato dos Trabalhadores na Indústria de Tecidos (UNITE) para criar o *UNITE-HERE* em 2004. No entanto, depois de uma ruptura em 2009, voltou a representar predominantemente trabalhadores dos setores de turismo e de outros serviços.

Hot goods – bens fabricados mediante o uso de condições precárias de trabalho (*e.g.* com pagamento de salários abaixo do mínimo legal ou com uso de trabalho infantil em violação à legislação).

Hourly employee – empregado horista, que recebe por hora de trabalho.

Hourly rate – valor recebido por hora de trabalho; salário-hora.

Hours of labor, hours of work – horas de trabalho.

House of Representatives – Casa dos Representantes (equivalente à Câmara dos Deputados).

Human Development Index (HDI) – Índice de Desenvolvimento Humano (IDH), índice estatístico composto de expectativa de vida, educação e indicadores de renda *per capita*, utilizado para classificar os países em relação a seus níveis de desenvolvimento humano.

Human Resources – recursos humanos.

Human Resources Department – departamento de recursos humanos.

Human Resources Management – gerência de recursos humanos; gestão de recursos humanos.

Human rights – direitos humanos.

Human trafficking – tráfico de pessoas; tráfico de seres humanos.

I

IAM – v. *International Association of Machinists and Aerospace Workers (IAM).*

IATSE – v. *International Alliance of Theatrical Stage Employees (IATSE).*

IBEW – v. *International Brotherhood of Electrical Workers (IBEW).*

***IBP, Inc. v. Alvarez*, 546 U.S. 21 (2005)** – caso envolvendo um frigorífico avícola, em que a Suprema Corte entendeu incluir-se no conceito de "atividade principal" (com remuneração pelo tempo trabalhado) os períodos de colocação de equipamentos de proteção individual e o posterior deslocamento já dentro da linha de produção, porém eximiu o empregador da obrigatoriedade de pagamento do período de espera para colocação dos itens de proteção. V. *Portal-to-Portal Act.*

IBT – v. *International Brotherhood of Teamsters (IBT).*

ICD – v. *International Classification of Diseases (ICD).*

Illegal strike – greve ilícita.

Impasse – impasse em uma negociação.

Imperialism – imperialismo.

Income distribution – distribuição de renda.

Income inequality – desigualdade de renda.

Income tax – imposto de renda.

Income tax return – declaração de imposto de renda.

Income-withholding order – ordem judicial de desconto na fonte.

Incorporation – constituição de uma sociedade empresária; processo de formalização e abertura de uma pessoa jurídica.

Incorporation doctrine (constitutional law) – "doutrina da incorporação" (tradução literal); no Direito Constitucional, a expressão designa o processo através do qual direitos previstos nas dez primeiras emendas à Constituição dos EUA (*Bill of Rights*) são tornados aplicáveis também aos estados (e passam a estender determinadas proteções aos indivíduos perante os entes federativos estaduais) por meio da cláusula do devido processo da Décima Quarta Emenda. A incorporação aplica-se tanto substantiva como processualmente. O método escolhido pela Suprema Corte para incorporar essas proteções da Constituição dos EUA também aos estados passou a ser referido como *selective incorporation* (literalmente, incorporação seletiva), ou seja, um direito por vez, um caso concreto por vez. Isso porque, em vez de incorporar todos os direitos da *Bill of Rights* simultaneamente, a Suprema Corte optou por adotar uma abordagem gradual, incorporando proteções específicas caso a caso, à medida que surgiam litígios. Ou seja, ao longo do tempo, ao analisar casos individuais, a Corte foi aplicando várias disposições da *Bill of Rights* aos estados. Isso resultou na extensão de direitos fundamentais, como liberdade de expressão, liberdade religiosa, proteção contra buscas e apreensões irrazoáveis, entre outros, aos níveis estaduais. Apesar de esse processo de incorporação ter se realizado de maneira gradativa, um direito por vez, hoje praticamente todos os direitos da *Bill of Rights* já foram incorporados também aos estados.

Independent contractor – trabalhador autônomo (não empregado).

Indict, to – indiciar; acusar.

Individual arbitration; one-on-one arbitration – arbitragem individual.

Industrial accident – acidente de trabalho no setor industrial.

Inequality – desigualdade; diferença; assimetria; desproporção.

Infant mortality rate – taxa de mortalidade infantil.

Inflation adjustments – correção monetária; atualização monetária.

Initial Public Offering (IPO) – oferta pública inicial de ações, abertura do capital de uma empresa em bolsa de valores.

Injunction – ordem judicial; liminar.

Injunctions against unions – liminares a impedirem ou determinarem a cessação de certas atividades ou atos promovidos por sindicatos. *Injunctions* foram expedidas, com muita frequência, para repelir greves e atividades sindicais durante a chamada *Lochner Era*. Embora a lei Norris-LaGuardia, de 1932, tenha restringido a emissão de *injunctions* em repressão a múltiplas atividades dos sindicatos, recentemente tem-se observado uma nova ampliação na expedição dessas ordens pelos tribunais.

In-person hearing – audiência presencial.

***In re Debs*, 158 U.S. 564 (1895)** – v. *Pullman strike(s) of 1894.*

Inspection – inspeção.

Inspector – inspetor; investigador; fiscal.

Insubordination – insubordinação.

***Integrity Staffing Solutions, Inc. v. Busk*, 574 U.S. 27 (2014)** – neste julgado, a Suprema Corte entendeu que o tempo despendido na passagem por detector de metais, ao final do turno de trabalho de uma empresa terceirizada que administra um depósito da rede de comércio *online* Amazon, não precisa ser computado na jornada, consoante a Seção 254 (a) do *FLSA*, com as emendas do *Portal-to-Portal Act*. V. *Portal-to-Portal Act.*

Interlocutory – interlocutório; provisório; interino.

Intermediate – intermediário.

Intermittent strike – greve intermitente, com paralisações reivindicatórias esporádicas.

Intern – estagiário.

Internal Revenue Service (IRS) – agência federal equivalente à Receita Federal dos EUA.

International Alliance of Theatrical Stage Employees (IATSE) – Aliança Internacional dos Empregados dos Palcos dos Teatros. Trata-se de um sindicato que representa trabalhadores de várias profissões nos setores de teatro, filmes e televisão.

International Association of Machinists and Aerospace Workers (IAM) – Associação Internacional de Maquinistas e Trabalhadores Aeroespaciais.

Trata-se de sindicato de trabalhadores qualificados na produção de ferramentas, partes e objetos de metal em oficinas que usam ferramentas especializadas como tornos, moedores e brocas, além de trabalhadores no setor aeroespacial.

International Brotherhood of Electrical Workers (IBEW) - Irmandade Internacional dos Trabalhadores no Setor Elétrico. É exemplo de um sindicato mais conservador politicamente, que optou por adotar um modelo de *business unionism*. Especialmente depois das emendas do *Taft-Hartley Act*, esse sindicato vedou a presença de comunistas entre seus líderes e sua atuação acabou por enfraquecer relativamente um outro sindicato desse segmento, o *United Electrical Workers* (União dos Trabalhadores no Setor Elétrico).

International Brotherhood of Teamsters (IBT); Teamsters - Irmandade Internacional dos Motoristas de Caminhão. Trata-se de um sindicato que tradicionalmente representa caminhoneiros e trabalhadores no setor de transporte de carga e logística, mas também representa trabalhadores de múltiplos outros setores (como costuma ocorrer com quase todos os sindicatos nos EUA). É um dos maiores e mais poderosos sindicatos do país.

International Classification of Diseases (ICD) - CID (Código Internacional de Doenças). Trata-se de um sistema global de classificação e codificação de doenças mantido pela Organização Mundial da Saúde (OMS). Ele fornece códigos únicos para uma ampla gama de doenças e condições de saúde, permitindo a padronização na coleta e análise de dados relacionados à morbidade e mortalidade em escala internacional. O CID é usado por profissionais de saúde, pesquisadores e autoridades de saúde para diagnóstico, estatísticas de saúde e acompanhamento de tendências globais de saúde.

International Labour Organization (ILO) - Organização Internacional do Trabalho (OIT).

International wage competition - competição internacional de salários (em uma lógica globalizada, em regra revela-se mais atrativo ao empresariado produzir onde os salários e encargos trabalhistas são mais baixos). Esse tipo de competição é frequentemente entendido como uma "corrida para o fundo" (*race to the bottom*), situação caracterizada pela progressiva redução ou deterioração dos padrões de trabalho, especialmente como resultado da pressão exercida pela concorrência.

Internship; internship placement – estágio.

Interrogatories – interrogatórios. Trata-se de ferramenta utilizada durante a fase de *discovery*, com a formulação de perguntas escritas que são enviadas de uma parte para a outra com o objetivo de obter informações relevantes para o caso. Essas perguntas (*interrogatories*) são respondidas sob juramento e permitem que as partes reúnam evidências e esclareçam questões relevantes antes do julgamento. Geralmente, as respostas são fornecidas por escrito e têm a finalidade de facilitar a compreensão dos fatos envolvidos no litígio.

Invalid – inválido (ato jurídico inválido); ineficaz; ineficiente.

Investigator – investigador; inspetor; fiscal.

Investigatory interview; disciplinary interview – entrevista investigatória realizada em face de um empregado, comumente realizada em procedimento disciplinar interno das empresas. Nos ambientes sindicalizados, os empregados têm o direito de estar acompanhados por um representante ou advogado do sindicato durante tais entrevistas. V. também *Weingarten right(s).*

IPO – v. *Initial Public Offering (IPO).*

Issue, to – emitir; expedir; promulgar; decretar; publicar; liberar; entregar; emitir ações; desembolsar.

J

Janitor - zelador ou porteiro; profissional de limpeza ou faxineiro; auxiliar de serviços gerais.

Janitorial services - serviços de zeladoria; serviços de asseio e conservação; serviços gerais.

***Janus v. AFSCME*, 585 U.S.___ (2018)** - Na decisão deste caso, a Suprema Corte superou o precedente *Abood v. Detroit Bd. of Educ.*, 431 U.S. 209 (1977), ao reputar inconstitucional e violador à Primeira Emenda o desconto compulsório de contribuições assistenciais (*agency fees*) previsto em instrumento coletivo pactuado entre o sindicato dos servidores públicos e a Administração estadual. A decisão majoritária foi redigida por Samuel Alito e o voto dissidente, por Elena Kagan.

JJ [Justices, judges] - juízes.

Job - emprego; tarefa; serviço.

Job applicant - candidato a emprego.

Jobber - corretor; empreiteiro; atacadista; intermediário; jornaleiro; revendedor; trabalhador por produção; trabalhador.

Jobbing - intermediação.

Job hunting - procura de emprego.

Job order - ordem de serviço; ordem de produção; encomenda.

Job restoration - garantia de retorno ao trabalho após período de afastamento (*e.g.* após fruição de uma licença).

Job security - garantia provisória de emprego; "estabilidade"; proteção contra dispensa arbitrária.

Job seeker - aquele que procura emprego; desempregado em busca de emprego.

Join, to – na esfera sindical, o termo significa ingressar, associar-se, tornar-se sócio ou membro. Na Suprema Corte, significa alinhar-se ao entendimento manifestado no voto de um outro *Justice*.

Joint – conjunto; em comum; unido; juntado; ligado.

Joint employers doctrine – teoria em que o empregador direto e o tomador de serviços são considerados co-empregadores e corresponsáveis (responsáveis solidários). Essa teoria vem sofrendo múltiplas reviravoltas nas regulamentações do *DOL* e da *NLRB*, conforme as mudanças de controle no Poder Executivo federal estadunidense, com previsões mais abrangentes de responsabilização editadas em períodos de governo democrata, e previsões mais restritivas durante governos republicanos.

***Joy Silk Mills, Inc.*, 85 NLRB 1263 (1949)** – caso decidido pela *NLRB*, no qual prevaleceu entendimento de que os empregadores incorreriam em conduta trabalhista injusta (*unfair labor practice*) capitulada na Seção 8 (a) (5) do *NLRA* e estariam obrigados a negociar coletivamente com um sindicato, caso lhes fosse apresentado um pedido de reconhecimento voluntário e não houvesse uma "dúvida de boa-fé" quanto ao apoio majoritário do sindicato na unidade. Sob *Joy Silk*, a *NLRB* deveria determinar a certificação do sindicato quando: (1) uma prova de apoio majoritário pudesse ser estabelecida por meio de cartões de suporte assinados e (2) o empregador não tivesse demonstrado uma "dúvida de boa fé" quanto ao status majoritário do sindicato. Tal entendimento sofreu um revés, contudo, com a decisão da Suprema Corte no caso *NLRB v. Gissel Packing Co.* 395 U.S. 575 (1969*)*. A doutrina de *Joy Silk* encontra-se novamente em análise na *NLRB* e nas cortes. V. também *Cemex Construction Materials Pacific, LLC,* 372 NLRB No. 130 (2023*)*.

Judge's chambers – gabinete do(a) juiz(a).

Judge's minutes – ata de audiência; termo de audiência.

Judge-made law – direito jurisprudencial; direito derivado de precedentes judiciais; direito eminentemente criado pela atuação dos juízes. V. também *Common Law.*

Judgment – decisão de uma corte; sentença; decisão judicial; julgamento.

Judge trial – julgamento pelo(a) juiz(a); julgamento *en banc.*

Judicial activism – ativismo judicial (em contraste à autocontenção judicial).

Judicial reorganization – recuperação judicial.

Judicial restraint; judicial self-restraint – contenção judicial; autocontenção judicial (em contraste ao ativismo judicial).

Judicial review – controle de constitucionalidade; controle judicial; revisão judicial de processo administrativo; poder judicial de reforma da sentença.

Judicial year – ano judiciário; termo judiciário (período administrativo utilizado nos tribunais ou em órgãos do sistema judiciário para organização e planejamento de atividades). Na Suprema Corte dos EUA, o ano judiciário geralmente vai de outubro de um ano civil a junho do ano civil seguinte, seguindo o calendário específico da instituição. Durante esse período, a Suprema Corte ouve casos, emite decisões e realiza suas atividades judiciais. As decisões finais sobre os casos costumam ser publicadas até o término de cada ano judiciário e, apenas em casos excepcionais, no início do ano judiciário seguinte, que começa em outubro.

Judiciary branch – Poder Judiciário.

Jurisdiction – competência judicial; autoridade de uma corte para decidir uma determinada matéria ou apreciar um processo.

Juror – jurado.

Jury – júri.

Jury challenge – recusa de um jurado.

Jury charge – instruções emitidas pelo juiz togado para o júri sobre os temas do processo e como o júri deve resolver as questões jurídicas e chegar a um veredicto. De forma simplificada, pode-se dizer que o júri resolve questões de fato enquanto o juiz os instrui sobre qual é o Direito aplicável a tais fatos.

Jury duty leave – licença (afastamento do trabalho) para servir como jurado.

Jury panel – grupo de jurados convocados para formação do conselho de sentença. De maneira mais informal, utiliza-se o termo *jury pool.*

Jury pool – termo relativamente mais informal para designar o grupo de jurados convocados para formação do conselho de sentença. O mesmo que *jury panel.*

Jury trial – julgamento com júri.

Just cause – justa causa.

Just cause dismissal – dispensa por justa causa.

Justice – Ministro(a). O termo se refere a um(a) juiz(a) da Suprema Corte dos EUA ou das Cortes mais altas de cada um dos estados.

Justiciable – "judicável" (tradução literal). O termo é utilizado em referência a um assunto apropriado para ser decidido pela Justiça; controvérsias reais e substanciais que são próprias para decisão judicial. O Artigo 3º da Constituição dos EUA confere competência às cortes nacionais para decidir determinados *cases and controversies*. Portanto, as cortes não podem julgar disputas ou argumentos hipotéticos, contingentes, ou puramente abstratos.

K

***Korematsu v. United States,* 323 U.S. 214 (1944)** - caso em que a Suprema Corte chancelou a constitucionalidade da internação forçada de descendentes de japoneses durante a Segunda Guerra Mundial. Em sua célebre dissidência, o juiz Frank Murphy referiu-se à decisão adotada pela maioria como a "legalização do racismo".

L

Labor and Employment Law – Direito do Trabalho (gênero que abrange o Direito Individual e o Direito Coletivo do Trabalho).

Labor arbitration – arbitragem em conflitos coletivos ou oriundos de previsão constante em acordos coletivos celebrados em unidades de trabalho sindicalizadas.

Laboratory conditions – "condições de laboratório" (tradução literal). Trata-se das condições que a *NLRB* busca assegurar para o meio-ambiente em que as eleições de representação sindical são realizadas, com o propósito de que essas eleições sejam realizadas de forma livre e justa, a fim de representar a escolha verdadeira dos empregados.

Labor Day – feriado nacional do dia do trabalhador, que nos EUA é celebrado sempre na primeira segunda-feira de setembro, em contraste com grande parte do mundo, que o celebra do 1º de maio em decorrência dos acontecimentos que culminaram no massacre da praça Haymarket, na cidade de Chicago, em 1886. V. também *Haymarket Square Incident*.

Labor dispute – disputa coletiva de trabalho.

Laborers International Union of North America (LIUNA) – União Internacional dos Operários da América do Norte. Trata-se de uma organização sindical que representa trabalhadores, principalmente nas áreas da construção, demolição e limpeza, nos EUA e no Canadá. Os representados geralmente incluem trabalhadores braçais, operadores de equipamentos pesados, trabalhadores de saneamento e muitos outros sem qualificações específicas (trabalhadores da área de construções que detêm qualificações específicas muitas vezes integram sindicatos de *crafts*, como *IBEW* para a área de eletricidade ou carpinteiros no *United Brotherhood of Carpenters*).

Labor economists – economistas do trabalho, especializados em questões relativas ao mercado de trabalho.

Labor force – força de trabalho.

Labor law – Direito Coletivo do Trabalho. Nos EUA, a matéria de *Labor Law* se concentra no estudo de precedentes judiciais e administrativos referentes à aplicação do *National Labor Relations Act (NLRA)*, lei federal que rege o processo de sindicalização, negociação coletiva e greve no setor privado dos EUA, com a capitulação de condutas antissindicais de empregadores e condutas abusivas dos sindicatos e seus agentes, todas consideradas práticas trabalhistas injustas (*unfair labor practices*), cuja ilicitude é capitulada na Seção 8 da referida lei. V. *National Labor Relations Act (NLRA).*

Labor leader – líder trabalhista.

Labor-management disputes – disputas entre empresários e trabalhadores.

Labor Management Relations Act (1947) (*também conhecido como* Taft-Hartley Act) – v. *Taft-Hartley Act.*

Labor-Management Reporting and Disclosure Act (LMRDA) (1959) (também conhecido como Landrum-Griffin Act) – lei federal administrada pelo *Office of Labor-Management Standards* (*OLMS*) do *DOL*, contendo normas sobre o processo de eleição de dirigentes sindicais no setor privado e exigências quanto à divulgação de dados e transparência financeira para sindicatos e empregadores, entre outras previsões. Os sindicatos estão obrigados a apresentar ao *OLMS* seus atos constitutivos, além de relatórios financeiros periódicos.

Labor market – mercado de trabalho.

Labor movement – movimento trabalhista.

Labor organization – organização trabalhista. A Seção 2 (5) do *NLRA* define uma organização trabalhista como qualquer tipo de organização, ou qualquer agência, comitê de representação de empregados ou plano, no qual os empregados participem e que exista com o propósito, total ou parcial, de lidar com empregadores em relação a queixas, disputas trabalhistas, salários, taxas de pagamento, horas de trabalho ou condições de trabalho. Essa definição inclui sindicatos, mas é mais ampla e pode incluir também alguns comitês ou comissões representativas de empregados na gestão da empresa. Ressalta-se também que a Seção 8 (a) (2) torna uma prática trabalhista injusta (*unfair labor practice*) para um empregador a conduta de dominar ou interferir na formação ou administração de qualquer organização trabalhista ou contribuir financeiramente ou de outra forma para ela, de modo que a proibição se estende tecnicamente a qualquer entidade que se enquadre na definição de uma organização trabalhista, conforme definição constante da já mencionada Seção 2 (5), e não apenas aos sindicatos.

Labor organizer – sindicalista.

Labor Relations Boards – v. *National Labor Relations Board.*

Labor union – sindicato.

Labor union law – Direito Sindical.

Lack of evidence – falta de provas; ausência de provas.

***Lamps Plus, Inc. v. Varela,* 587 U.S.__ (2019)** – ao apreciar o caso, a Suprema Corte entendeu, por maioria, que uma cláusula arbitral com redação ambígua não poderia ser interpretada como autorizadora do uso de arbitragem coletiva (*class arbitration*).

Landowner – proprietário de terras.

Law – Direito.

Law enforcement – execução e efetivação de uma determinada lei, promoção do cumprimento da lei.

Law enforcement agency – agência administrativa federal ou estadual responsável pela administração e efetivação de uma determinada lei (*e.g.* a *NLRB* é a *law enforcement agency* responsável pela execução do *NLRA,* que é uma lei federal).

Law firm – escritório de advocacia.

Lawful – lícito.

Lawmakers – legisladores.

Lawsuit – ação judicial.

Layoff – dispensa; despedida; "demissão".

Leaflets, pamphlets - folhetos; panfletos (normalmente distribuídos em campanhas de sindicalização).

Leave (substantivo); leave of absence - licença; período de afastamento do trabalho.

Leave due to the death of a son or daughter - licença por falecimento de filho ou filha.

Leave of absence granted because of illness - licença concedida por motivo de doença.

Leave of absence request - requerimento de licença ou de afastamento do trabalho.

***Lechmere, Inc. v. NLRB*, 502 U.S. 527 (1992)** - caso que envolvia uma loja de varejo em um mall localizado na região metropolitana de Newington, estado de Connecticut. Em decisão por maioria (6-3), a Suprema Corte entendeu não constituir conduta trabalhista injusta (*unfair labor practice*) a conduta do empregador que expulsou organizadores sindicais externos a seu quadro de pessoal do estacionamento do mall (que também constituía área de propriedade da empresa), o que restringiu a atuação dos sindicalistas a uma faixa de grama existente em frente ao estacionamento, local por onde os carros dos empregados passavam quando saíam da rodovia que dava acesso ao mall e onde os organizadores tinham a possibilidade de segurar placas e cartazes. Ao fazer uma distinção entre os direitos que a Seção 7 do *NLRA* assegurava aos empregados e os direitos dos sindicalistas (não empregados daquela empresa), a Corte entendeu que a exclusão realizada por Lechmere não se revelava ilícita, diante do direito de propriedade do empregador e em virtude do fato de, naquele caso concreto, existirem outros meios alternativos para que os sindicalistas (não integrantes dos quadros da empresa) se comunicassem com os empregados.

***Ledbetter v. Goodyear Tire & Rubber Co.*, 550 U.S. 618 (2007)** - caso que envolvia discussão sobre consecutivos pagamentos de salário de forma não isonômica, *actio nata* e renovação do prazo prescricional. Em 1979, Lilly Ledbetter havia iniciado seus trabalhos em uma fábrica de pneus da Goodyear localizada em Gadsden, estado do Alabama. Inicialmente, ela recebia o mesmo salário de seus pares do sexo masculino, porém quase 20 anos mais tarde descobriu que ganhava US$ 3.727 por mês, enquanto 15 homens em idêntica função recebiam valores médios de US$ 4.286 a US$ 5.236, diferenças decorrentes de múltiplas avaliações e promoções levadas a efeito pela empresa ao longo dos anos. Ledbetter só tomou conhecimento dessa diferença em virtude de um bilhete deixado em sua caixa de correio, pelo que ingressou com reclamação na *EEOC* somente em julho de 1998. Alguns meses depois, propôs também uma ação judicial, que chegou até a Suprema Corte. Em decisão tomada por uma apertada maioria (5-4), a mais alta Corte dos EUA não chegou a analisar se houve efetivamente discriminação por gênero nas avaliações e promoções realizadas pela Goodyear, tendo apenas pronunciado a prescrição, ante o decurso de prazo superior a 180 dias (previsto no Título VII do *Civil Rights Act* de 1964) entre os atos alegadamente discriminatórios dos quais decorreria a diferença salarial e a apresentação de reclamação perante a *EEOC*. Em voto divergente lido da bancada, a Juíza Ruth Bader Ginsburg abraçou a tese defendida pela autora, no sentido de que a *actio nata* e o prazo prescricional se renovariam a cada contracheque recebido pela trabalhadora com valores desiguais. Apesar de não haver prevalecido na Corte, o entendimento de Ginsburg inspirou a edição, no Congresso, de diploma que ficou conhecido como *Lilly Ledbetter Fair Pay Act*, primeira lei sancionada por Barack Obama, em 29 de janeiro de 2009. Essa lei federal efetuou modificações no Título VII do *Civil Rights Act* de 1964, passando a estabelecer que o prazo de 180 dias para a apresentação de reclamação perante a *EEOC* a respeito de desigualdade no pagamento de salários é renovado a cada contracheque afetado por ações discriminatórias.

Left-leaning – inclinado politicamente para a esquerda.

Legal limbo – situação de limbo jurídico; vácuo jurídico.

Legal realism – realismo jurídico, por vezes também referido como *legal pragmatism*. Trata-se de uma escola de pensamento jurídico surgida nos EUA nas décadas de 1920 e 1930, segundo a qual, além das regras e precedentes, outros fatores devem ser levados em consideração nas decisões dos(as) juízes(as). *Legal realists* asseveram, por exemplo, que os(as) juízes(as) devem considerar o contexto – histórico, econômico, político etc. – do caso, bem como as consequências reais de decisões alternativas e seu possível impacto sobre as pessoas e a sociedade. Por isso, seguidores do *legal realism* são abertos a usar dados e conhecimento de várias disciplinas externas à ciência jurídica (como sociologia, psicologia e economia) nas deliberações e fundamentação de suas decisões. Os juristas associados ao *legal realism* questionam a abordagem formalista e dedutiva tradicional do Direito, que se baseia estritamente em regras e precedentes. Em vez disso, buscam entender o direito a partir de uma perspectiva mais pragmática e empírica, considerando o impacto social e as consequências práticas das decisões judiciais.

Legislative branch – Poder Legislativo.

Length of service – tempo de serviço. V. também *Seniority*.

Liable – responsável; passível de (responsabilização). Essa palavra é frequentemente utilizada no contexto jurídico para indicar a responsabilidade ou a possibilidade de ser responsabilizado por alguma conduta, especialmente no sentido de estar sujeito a ações legais ou ter a obrigação de indenizar em decorrência de uma determinada conduta.

Libel – difamação exteriorizada de forma escrita, impressa, ou por outros meios visuais, como imagens, sinais e fotografias, com danos à reputação de uma pessoa. Quando a difamação é meramente oral, chama-se *slander*, termo frequentemente traduzido como calúnia.

License – permissão; autorização; alvará; licença; licenciamento. Algumas profissões requerem licenciamento específico para a prática das respectivas atividades profissionais, a depender do estado. Por exemplo, médico(a), cabeleireiro(a), encanador(a), entre outros ofícios.

Lie detector test – teste para detecção de mentiras; teste com polígrafo.

Life expectancy – expectativa de vida.

Lifeguard – salva-vidas.

Life tenure – vitaliciedade em algum cargo ou função.

Life term – mandato vitalício.

Lilly Ledbetter Fair Pay Act (2009) – lei federal (a primeira sancionada por Barack Obama) que efetuou modificações no Título VII do *Civil Rights Act* de 1964, passando a estabelecer que o prazo de 180 dias para a apresentação de reclamação perante a *EEOC* a respeito de desigualdade no pagamento de salários é renovado a cada contracheque afetado por ações discriminatórias, superando a decisão majoritária da Suprema Corte no caso *Ledbetter v. Goodyear Tire & Rubber Co.*, 550 U.S. 618 (2007).

Limitation period – prazo de prescrição.

***Linden Lumber Division, Summer & Co. v. NLRB,* 419 U.S. 301 (1974)** – nesta decisão, a Suprema Corte entendeu que um empregador que não cometeu conduta trabalhista injusta (*unfair labor practice*) não viola a Seção 8 (a) (5) do *NLRA* simplesmente porque se recusou a aceitar provas do apoio majoritário do sindicato diversas do resultado de uma eleição de representação. Na ausência de um acordo para permitir que o status de maioria seja determinado por outros meios diferentes de uma eleição da *NLRB* (como a exibição de cartões de suporte, por exemplo), um sindicato que tenha o reconhecimento recusado tem o ônus de dar o próximo passo e requerer à *NLRB* a realização de uma eleição de representação sindical. V. também *NLRB v. Gissel Packing Co. 395 U.S. 575 (1969)* e *Cemex Construction Materials Pacific, LLC, 372 NLRB No. 157 (2023).*

Liquidated damages – danos extrapatrimoniais presumivelmente sofridos pelo empregado credor de salários, horas extras ou gorjetas retidas, cujos patamares já estão pré-fixados no *FLSA* (Seção 16, item b, do *FLSA*, cujo parâmetro utilizado é a dobra do valor devido). Ou seja, se o empregador é devedor de salários ou horas extras, ou se ele retém indevidamente gorjetas, precisará pagá-las em dobro quando demandado, pois a dobra corresponde a esses danos extrapatrimoniais presumivelmente sofridos (*liquidated damages*).

Litigation – litigância; litígio; ação judicial; processo litigioso judicial.

LIUNA – v. *Laborers International Union of North America (LIUNA).*

Living wage – salário apto a garantir uma subsistência digna e padrões sociais mínimos de sobrevivência; benefício de renda mínima.

Load, to – carregar.

Loan – empréstimo.

Loan, to – emprestar.

Local (branch) No. .... ; union local – sindicato local; ramificação local nº ... de um sindicato de trabalhadores.

***Lochner v. New York,* 198 U.S. 45 (1905)** – decisão em que a Suprema Corte dos EUA declarou a inconstitucionalidade de uma lei do estado de Nova Iorque que limitava a jornada dos padeiros a 60 horas por semana ou 10 horas por dia, classificando-a como uma "interferência irracional, desnecessária e arbitrária no direito e na liberdade do indivíduo de contratar". Essa decisão acabou por marcar toda uma era na história da Suprema Corte, que ficou conhecida como a *Lochner Era* (1897–1937), marcada pela prevalência de ideário ortodoxo sobre a necessidade de preservação da liberdade contratual, *laissez-faire* e não interferência do Estado no domínio econômico. Nessa época, a Suprema Corte invalidou inúmeras leis que continham regulamentação de questões envolvendo negócios e relações contratuais privadas, nestas incluídas as pactuações entre empregado e empregador. A Era *Lochner* foi superada em *West Coast Hotel Co. v. Parrish,* U.S. 379 (1937).

Lockdown – proibição da circulação de pessoas (em virtude de uma pandemia, por exemplo).

Lockout – locaute.

Long term employment – emprego duradouro; emprego a longo prazo.

Low-skill workers – trabalhadores com baixo nível de qualificação.

Low wage jobs – trabalho com baixo nível salarial.

Low-wage workers – trabalhadores com baixos salários.

M

Majority opinion – voto majoritário. V. *Opinion*.

Majority rule – regra de maioria simples, utilizada na definição do resultado de uma eleição de representação sindical.

Major questions – questões de impacto. V. *Chevron doctrine* e *Major questions doctrine*.

Major questions doctrine – doutrina das questões de impacto. Trata-se de uma doutrina construída pela Suprema Corte recentemente, em uma relativização da doutrina da deferência manifestada no caso *Chevron*. Não está ainda claro se constitui apenas uma exceção a *Chevron* ou se é uma nova doutrina que substitui o entendimento de *Chevron*. Essa nova doutrina foi utilizada em *West Virginia v. Environmental Protection Agency*, 597 U. S. ___ (2022), decisão na qual, por seis votos a três, a Corte considerou que a legislação ambiental editada pelo Congresso não atribuiu à Agencia de Proteção Ambiental (*Environmental Protection Agency – EPA*) uma competência ampla para regulamentar, de forma geral, as emissões de gases de efeito estufa em praticamente qualquer setor. A abordagem da doutrina de *major questions* serviu também, de alguma forma, como parte do raciocínio em outros casos importantes, por exemplo *Biden v. Nebraska*, 600 U.S. 477 (2023), em que invalidada a política do Presidente Joe Biden para perdão de parte das dívidas de empréstimos estudantis, e em *National Federation of Independent Business v. Department of Labor, Occupational Safety and Health Administration*, 595 U. S. ___ (2022), decisão na qual havia sido invalidada uma regulamentação da *OSHA*, editada durante a administração de Joe Biden, cujo teor exigia que empregados de grandes empresas se vacinassem ou apresentassem testes frequentes de Covid-19. V. também *Chevron doctrine* e *National Federation of Independent Business v. Department of Labor, Occupational Safety and Health Administration, 595 U. S. ___ (2022)*.

Management – direção; administração; gerência da empresa ou de uma organização.

Management prerogative – prerrogativas gerenciais; prerrogativas da gerência em relação à gestão do trabalho, que geralmente englobam aspectos diretivos, regulamentares e/ou disciplinares; controle da gerência sobre as principais questões e decisões relativas ao local e à coordenação do trabalho. As origens e fontes do conceito não são claras e são controvertidas - alguns juristas associam essa autoridade ao contrato, aos direitos da propriedade ou à necessidade econômica. Quase todos os acordos coletivos têm cláusulas sobre prerrogativas gerenciais, reservando uma ampla gama de poderes à gerência no que se refere à gestão do trabalho.

Manager - gerente.

Managerial decisions - decisões gerenciais.

Managerial employees - empregados(as) em nível gerencial.

Mandatory subjects (of bargaining) - tópicos sobre os quais existe exigência de negociação coletiva com o sindicato eleito representante exclusivo de determinada unidade de trabalho, *e.g.*, salário e jornada de trabalho - Seção 8 (d) do *NLRA*.

Manufacture, to - fabricar; produzir.

Manufacturing workers - trabalhadores do setor industrial; trabalhadores de indústrias e fábricas; industriários.

Marital status - estado civil.

Market price - preço de mercado.

Massachusetts Commission Against Discrimination (MCAD) - Agência administrativa do estado de Massachusetts que lida com conflitos relativos à discriminação, em especial nas relações de trabalho. *MCAD* é uma representante das agências estaduais que administram as leis dos respectivos estados contra discriminação. Elas têm o apelido de "*EEOCs* pequenas" *(little EEOCs)*.

Mass dismissal - dispensa em massa; dispensa coletiva ou plúrima; dispensa de um vultuoso número de empregados.

Massive layoff - dispensa em massa; dispensa coletiva ou plúrima; dispensa de um vultuoso número de empregados.

Mass production - produção em massa; produção em série.

Maternity leave – licença-maternidade.

Meal break – pausa para refeição; intervalo intrajornada (para refeição).

Means of production – meios de produção.

Meat packing company; meat processing company – frigorífico; empresa de processamento de carnes.

Mediation – mediação, um tipo de resolução alternativa de disputas (*alternative dispute resolution – ADR*) em que o mediador não julga ou decide a controvérsia, mas somente cuida do processo de diálogo e de aproximação das partes na busca por uma solução (em contraste com a arbitragem).

Medical certificate – atestado médico.

Medical leave – licença por questões médicas; licença por doença.

Merchant – comerciante; mercador; negociante.

Mere rationality scrutiny – "escrutínio de mera racionalidade" (tradução literal); exame de mera racionalidade. Trata-se de padrão mais simples ou permissivo de revisão judicial aplicado pelos tribunais ao avaliar a constitucionalidade de certas leis ou políticas. Ao utilizá-lo, a corte simplesmente questiona se a finalidade da política adotada é legítima e se as medidas usadas para cumprir com esse fim são relacionadas razoavelmente aos interesses. Compare *Strict scrutinity.*

***Meritor Savings Bank v. Vinson*, 477 U.S. 57 (1986)** – neste caso, a Suprema Corte entendeu que a expressão *because of sex* do Título VII do *Civil Rights Act* de 1964 ("devido ao sexo" ou "com base no sexo" de uma pessoa) engloba a proteção contra o assédio sexual, que passou a ser considerado uma forma ilícita de discriminação no emprego. O referido caso envolvia Mechelle Vinson, uma trabalhadora negra com 19 anos de idade que, em seu primeiro emprego, desempenhava a função de caixa bancária. Ela reclamou que durante este período ela tinha passado a sofrer investidas sexuais reiteradas do gerente Sidney L. Taylor. Em julgamento unânime (nove votos a zero), a Suprema Corte entendeu que as práticas de assédio sexual podem ser verificadas também em situações nas quais, embora não estejam em jogo benefícios ou vantagens econômicas, é criado um ambiente de trabalho hostil, de intimidação ou ofensivo à empregada (modalidade de assédio sexual conhecida como *hostile work environment*, expressão traduzida como "ambiente de trabalho hostil"). Tal forma diferencia-se do assédio sexual *quid pro quo* (por chantagem ou "isto por aquilo"), em que a obtenção ou a manutenção de benefícios ou vantagens econômicas encontra-se condicionada à prestação de favores sexuais. V. também *Harris v. Forklift Systems, Inc.*, 510 U.S. 17 (1993).

Metal detector - detector de metais.

Me Too movement - movimento *me too; #MeToo* ("#Eu também"), em que mulheres são encorajadas a relatar assédios e agressões sexuais, especialmente no ambiente de trabalho.

Middle class - classe média.

Military leave - licença para o cumprimento de obrigações militares.

Mine - mina; jazida; depósito mineral objeto de exploração.

Miner - mineiro.

Minimum age - idade mínima.

Minimum cash wage - valor mínimo que o empregador está obrigado a pagar diretamente (e em moeda corrente) a empregados que recebem também gorjetas ou benefícios *in natura*.

Minimum labor standards - padrões mínimos de trabalho.

Minimum time between shifts - intervalo interjornada, tempo mínimo entre o término de uma jornada e o início de outra. V. *"Clopening"*.

Minimum wage - salário mínimo.

Minutes (of hearing); official minutes; judge's minutes - ata de audiência; resumo escrito dos atos relevantes ocorridos em uma audiência.

Misclassification - fraude à relação de emprego; classificação equivocada de um trabalhador, por exemplo, como "autônomo" (*independent contractor*) em possível fraude à relação de emprego que lhe asseguraria o status de "empregado" (*employee*).

Mistrial - julgamento nulo, com o encerramento da audiência antes que se consiga chegar a uma conclusão definitiva, um veredito ou uma decisão final. Isso pode ocorrer por várias razões, como erro processual grave, jurados incapazes de chegar a um consenso unânime, conduta inadequada durante o julgamento ou até mesmo em razão de um evento extraordinário (*e.g.* morte de um jurado).

***Mitchell v. King Packing Co.*, 350 US 260, 262 (1956)** – caso em que a Suprema Corte manteve a obrigatoriedade de remuneração e cômputo na jornada do tempo que os empregados em frigoríficos gastavam afiando suas facas, uma vez que as facas seriam capazes de retardar o trabalho na linha de produção, além de afetar a aparência da carne e a qualidade dos produtos, causando desperdício e sendo potencialmente capazes de gerar acidentes. Segundo o entendimento adotado, esse período constitui atividade principal e não preliminar (*preliminary*) ou posterior (*postliminary*). V. *Portal-to-Portal Act.*

Monopoly – monopólio.

Moot – sem objeto; sem relevância. No contexto jurídico, o termo refere-se a uma questão que não precisa mais ser decidida porque as circunstâncias mudaram ou porque não há mais uma controvérsia real ou atual associada a ela. Assim, uma questão que é considerada *moot* quando não requer mais a atenção do tribunal, pois não possui impacto prático ou não apresenta uma controvérsia real para ser resolvida.

Moot court – julgamento simulado; simulação de um tribunal; júri simulado. Trata-se de uma atividade acadêmica em que estudantes de direito participam de simulações de casos judiciais para desenvolverem habilidades práticas, como argumentação oral, pesquisa jurídica e análise de casos. Durante uma *moot court*, os estudantes representam as partes envolvidas em um caso fictício perante um painel de juízes, simulando um ambiente jurídico real. Essa prática é comum em faculdades de Direito como uma forma de treinamento para futuros profissionais.

Mortgage – hipoteca sobre bens imóveis..

Most vulnerable – mais vulnerável; mais vulneráveis.

Motherhood – maternidade.

Motion – requerimento; petição; movimento. No contexto jurídico, o termo refere-se a uma petição endereçada a uma corte ou juiz contendo requerimento para uma determinada decisão ou ordem pretendida pela parte requerente.

Moving expenses – despesas de mudança (geralmente, decorrente de uma transferência ou alteração do local de trabalho).

***Muller v. Oregon*, 208 U.S. 412 (1908)** – em que pese julgado durante a chamada *Lochner Era*, neste caso a Suprema Corte fez uma distinção, ao entender pela constitucionalidade de uma lei do estado de Oregon que estabelecia limitação de jornada (10 horas diárias) para empregadas do sexo feminino. O julgamento baseou-se na validade da limitação de jornada, no caso particular, em decorrência das particularidades que justificariam a necessidade de proteção da saúde da mulher e o atendimento ao interesse público. V. *Lochner v. New York*, 198 U.S. 45 (1905).

N

Nanny – babá (de uma criança).

Narrowly tailored – cuidadosamente ajustado; meticulosamente adaptado. Trata-se de uma exigência de *strict scrutiny* no sentido de que, para ser julgada constitucional, uma lei ou política pública deve ser a menos onerosa, infringir o menos possível os direitos das pessoas afetadas, além de ser necessária para atingir os interesses importantíssimos objetivados pela lei. *Narrowly tailored* no contexto de *strict scrutiny* refere-se, assim, a uma exigência de que uma determinada política, lei ou ação do governo seja cuidadosamente elaborada para atingir um objetivo legítimo de maneira específica e restrita, a fim de evitar efeitos desnecessários sobre os direitos fundamentais. V. *Strict scrutiny*.

National Education Association (NEA) – Associação Nacional de Educação. O maior sindicato nos EUA. Se transformou de uma organização profissional, para advogar para a educação e os professores, em sindicato que negocia coletivamente para professores de educação básica e média e pessoal de apoio, professores universitários, e vários outros profissionais.

***National Federation of Independent Business v. Department of Labor, Occupational Safety and Health Administration*, 595 U.S. ___ (2022)** – caso no qual a Suprema Corte deferiu os requerimentos de suspensão dos efeitos de uma Regulamentação Temporária Emergencial editada pela *OSHA* em novembro de 2021, cujo teor previa que todos os empregadores com mais de 100 empregados deveriam exigir comprovação de vacinação dos respectivos trabalhadores ou, alternativamente, a utilização obrigatória de máscara no local de trabalho somada à apresentação semanal de teste negativo de Covid, obtido pelo trabalhador. Segundo a norma, empregadores que cometessem violações estariam sujeitos a multas administrativas de até US$ 13.653 por infrações culposas, ou de até US$ 136.532, em caso de infrações intencionais. A Corte decidiu, contudo, que os comandos dessa norma extrapolavam os poderes de regulamentação conferidos à *OSHA*, o que acabava por gerar preocupações relacionadas à separação de poderes, ante a ausência de uma delegação clara por parte do Congresso. Ademais, estatuiu que a norma não teria levado em consideração, de maneira adequada, os riscos enfrentados por diferentes tipos de trabalhadores em seus respectivos locais de trabalho. De acordo com a decisão tomada por maioria de 6-3, prevaleceu entendimento de que o Congresso criou a *OSHA* para estabelecer padrões de segurança restritos apenas aos locais de trabalho. A norma questionada, entretanto, teria ido muito além disso e seria efetivamente uma ampla medida de saúde pública, sendo que as doenças causadas pelo coronavírus disseminaram-se para muito além das fronteiras dos ambientes de trabalho. A Corte interpretou a norma administrativa como uma regulamentação ampla que extrapolaria os limites dos locais do trabalho, ao entender que a *OSHA* não recebeu autorização ou delegação por lei para editar regras gerais de saúde para a população. De acordo com o entendimento majoritário adotado, até mesmo as circunstâncias graves e excepcionais da pandemia de Covid-19 não justificariam tamanha ampliação na autoridade da agência. O juiz Neil Gorsuch foi o autor de um voto convergente, acompanhado pelos juízes Clarence Thomas e Samuel Alito, em cujo teor apontava que a temática relativa às vacinas era uma "questão de impacto" (*major question*) de significado social, econômico, e político, reiterando que somente os estados e o Congresso – não a OSHA – teriam autoridade para decidir sobre como responder à pandemia. Em voto dissidente conjunto, os juízes Stephen Breyer, Sonia Sotomayor e Elena Kagan argumentaram que a pandemia afetava diretamente a segurança dos ambientes de trabalho e a OSHA teria poderes para expedir regulamentações destinadas a conter os efeitos da pandemia nesses locais. No particular, entenderam que a agência tem autoridade para proteger a segurança e a saúde dos trabalhadores contra quaisquer riscos no local do trabalho, incluindo ameaças como os incêndios, por exemplo, que atingem a segurança e a saúde para muito além dos ambientes laborais, sem ter sua atuação limitada a questões que ofereçam riscos exclusivamente no interior dos locais de trabalho. Aduziram também que, ao suspender os efeitos da norma administrativa, a Corte teria agido fora de sua competência e sem bases jurídicas, ingerindo-se em decisões administrativas tomadas por quem tem responsabilidade política e conhecimento técnico para responder às emergências sanitárias do trabalho. V. também *Chevron doctrine* e *Major questions doctrine.*

National Labor Relations Act (NLRA) (também conhecido como Wagner Act) – lei de 1935 que regulamenta, para a grande maioria dos empregadores do setor privado não abrangidos pelo *RLA*, o direito à sindicalização em determinada unidade de trabalho, o processo de negociação coletiva, o direito à greve e a proteção contra práticas trabalhistas injustas (*unfair labor practices*) perpetradas por empregadores e sindicatos em suas relações coletivas.

National Labor Relations Board (NLRB) – agência administrativa federal independente, cuja função principal consiste em dar execução aos termos do *NLRA*, com atuação que envolve: (i) a condução de eleições secretas a definirem se os empregados de uma determinada unidade de trabalho majoritariamente desejam ser representados por um sindicato nas negociações (sobre salários, jornada, benefícios e demais condições de emprego) mantidas com o empregador ou se preferem que essas negociações permaneçam apenas na esfera individual; e (ii) investigar e julgar administrativamente casos sobre práticas ilegais trabalhistas (*unfair labor practices*) perpetradas pelos empregadores, entidades sindicais ou seus respectivos agentes; entre outras atividades.

National Right to Work Legal Defense Foundation – Fundação Nacional de Defesa Jurídica para o Direito ao Trabalho – fundação privada destinada a oferecer suporte jurídico aos empregados dispostos a levar adiante ações que questionem a licitude das exigências de filiação sindical ou de pagamento compulsório de *agency fees* como condição para manutenção no emprego. Oferece também apoio à aprovação de legislação *right-to-work* ao redor do país, consoante autorização conferida pela Seção 14 (b) do *NLRA*.

Native Americans – povos indígenas da América do Norte; Norte-americanos nativos; membros de tribos indígenas nativas dos EUA.

Negotiation – negociação.

Newborn – recém-nascido.

Newsletter – boletim informativo.

NGO – v. *Non governmental organization.*

Night-shift work – trabalho noturno.

Night shift worker – empregado do turno da noite.

NLRA – v. *National Labor Relations Act.*

NLRB – v. *National Labor Relations Board.*

***NLRB v. Babcock & Wilcox Co.*, 351 U.S. 105 (1956)** – nesse caso, a Suprema Corte deixou de aplicar o precedente fixado em *Republic Aviation Corp.*

v. NLRB, 324 U.S. 793 (1945), por entender existir distinção, tendo realizado uma operação de *distinguishing*. Diferentemente de *Republic Aviation*, *Babcock* & *Wilcox* envolvia campanha realizada no estacionamento (pertencente às instalações do empregador) por ativistas sindicais externos ao quadro de pessoal da empresa. Em razão disso, por unanimidade, a Suprema Corte decidiu inexistir conduta trabalhista injusta da Seção 8(a)(1) por parte do empregador que não permitiu a distribuição de literatura sindical por esses organizadores no interior do estacionamento da empresa. Entendeu-se que o empregador exerceu validamente e sem discriminação o seu direito de propriedade, além de se ter ressaltado a existência de meios diversos pelos quais os organizadores poderiam ter efetuado contato com os empregados. Ante as particularidades verificadas, privilegiou-se o direito de propriedade do empregador frente à campanha de sindicalização deflagrada por não empregados (portanto, não titulares dos direitos da Seção 7).

***NLRB v. Bell Aerospace Div. of Textron*, 416 U.S. 267 (1974)** - caso no qual a Suprema Corte decidiu que empregados em nível gerencial (*managerial employees*) estão excluídos da rede de proteção do *NLRA*.

***NLRB v. Exchange Parts Co.* 375 U.S. 405 (1964)** - ao julgar o caso, em decisão unânime relatada pelo *Justice* John M. Harlan II, a Suprema Corte reformou julgado oriundo de Corte Federal de Apelações do 5º Circuito e entendeu constituir conduta trabalhista injusta (*unfair labor practice*) capitulada na Seção 8 (a) (1) do *NLRA* o anúncio ou promessa, pelo empregador, quanto à concessão unilateral de benefícios aos empregados, a fim de interferir no resultado de uma iminente eleição de representação sindical.

***NLRB v. Gissel Packing Co., Inc.*, 395 U.S. 575 (1969)** - caso no qual a Suprema Corte entendeu que discursos patronais contrários à sindicalização não podem se materializar em mera ameaça ou coerção, sob pena de configurarem práticas trabalhistas injustas (*unfair labor practices*). Confirmou também que, ao verificar o cometimento de práticas trabalhistas injustas pelo empregador, a macularem o resultado de uma eleição de representação sindical (em um caso no qual os cartões antes demonstravam suporte majoritário inequívoco ao sindicato), a *NLRB* tem poderes não apenas para declarar a nulidade das eleições em referência, mas também para determinar ao empregador o reconhecimento do sindicato como representante exclusivo da unidade, nos termos da Seção 9 (a) do *NLRA*. Nesse caso, ficou estabelecido também que a demonstração de suporte pela maioria dos empregados em uma unidade de trabalho e o consequente reconhecimento do sindicato como representante exclusivo – Seção 9 (a) do *NLRA* – não precisam ser atingidos necessária e exclusivamente por meio de uma eleição de representação sindical conduzida pela *NLRB*. A conferência de cartões de suporte (*card check*), por exemplo, pode servir para tal fim. No entanto, diferente do entendimento que já havia sido externado pela *NLRB* quando da apreciação do caso *Joy Silk*, a Suprema Corte estabeleceu que o empregador pode recusar-se ao reconhecimento voluntário por *card check* sem a necessidade de apresentar uma "dúvida de boa-fé" para tanto, insistindo, assim, na realização de uma eleição de representação sindical. Essa possibilidade de recusa injustificada, pelo empregador, ganhou ainda mais força com a decisão da Suprema Corte em *Linden Lumber Division, Summer & Co. v. NLRB*, 419 U.S. 301 (1974). V. *Joy Silk Mills, Inc.*, 85 NLRB 1263 (1949). V. também *Predictions*.

***NLRB v. Jones & Laughlin Steel Corp.*, 301 U.S. 1 (1937)** – caso no qual, por cinco votos contra quatro, a Suprema Corte entendeu que a edição do *National Labor Relations Act* – *NLRA* de 1935 (lei federal sobre direito à sindicalização e negociação coletiva no setor privado) encontrava-se dentro da competência legislativa atribuída ao Congresso Nacional. Em decisão redigida pelo *Chief Justice* Charles Evans Hughes, a maioria da Corte asseverou que qualquer efeito significativo (direto ou indireto) no comércio interestadual permitiria ao Congresso regulamentar uma atividade de acordo com os poderes que lhe são expressamente conferidos para regular o comércio entre os diversos estados (*commerce clause* do art. I, seção 8, da Constituição). Tal postura acabou por ampliar sensivelmente a competência legislativa da União, em cujo âmbito encontra-se incluída, segundo a Suprema Corte, a regulamentação de quaisquer atividades que possam ter algum impacto substancial no comércio entre os estados. A ampliação da competência legislativa da União com base na *commerce clause* – fruto da atividade interpretativa da Suprema Corte a partir de 1937 (superação da Era *Lochner* em *West Coast Hotel v. Parrish*) – abriu caminho para que leis federais em matéria trabalhista passassem a ser editadas em maior número.

***NLRB v. J. Weingarten, Inc.*, 420 U.S. 251 (1975)** – caso no qual a Suprema Corte entendeu que a Seção 7 do *NLRA* abrange também o direito de o empregado exigir a presença de um representante do respectivo sindicato sempre que submetido a uma entrevista em procedimento investigatório disciplinar interno na empresa. Por esse motivo, um empregado não pode ser punido ou dispensado por ter se recusado a falar ou cooperar durante uma audiência interna de investigação na qual, embora tenha requerido, não lhe haja sido franqueada a presença de um representante do sindicato. Ao negar esse direito, bem como ao fazer ameaças ou efetivamente punir um trabalhador que pretenda exercer tal prerrogativa, um empregador incidirá em conduta trabalhista injusta (*unfair labor practice*) prevista na Seção 8(a)(1) do *NLRA*, a qual poderá eventualmente ensejar decisões de reintegração, pagamento de salários retroativos, afixação de cartazes e avisos pela empresa a respeito dos direitos assegurados na Seção 7, entre outras medidas.

***NLRB v. Mackay Radio & Telegraph Co.*, 304 U.S. 333 (1938)** - neste caso, a Suprema Corte fixou entendimento que autoriza a "substituição permanente" de um empregado grevista (*permanent replacement*), embora este não tenha sido o cerne do precedente fixado (*holding*), portanto, na teoria, sem que isso impusesse efeito vinculativo para as cortes inferiores. A prática de contratar empregados substitutos permanentes aos grevistas somente se tornou mais intensa a partir da década de 1980 com o forte movimento de globalização. Antes disso, as empresas encontravam-se mais enraizadas nas comunidades locais e evitavam impor os severos danos coletivos decorrentes da substituição permanente de uma parcela considerável da força de trabalho local. V. também *Permanent replacement.*

***NLRB v. The Magnavox Co. of Tennessee*, 415 U.S. 322 (1974)** - neste caso, a Suprema Corte considerou irrenunciável o direito derivado da Seção 7 do *NLRA* de comunicação verbal e distribuição de literatura nas instalações do empregador, ao menos no que diz respeito à escolha ou ao cancelamento da certificação (*decertification*) de um sindicato como representante exclusivo de uma unidade apropriada de negociação. No caso analisado, embora um acordo coletivo tivesse autorizado a empresa a expedir regras com o objetivo de manutenção da ordem no interior da fábrica (com a única ressalva de que essas regras não poderiam ser injustas ou discriminatórias), considerou-se ilícita uma cláusula em regulamento empresarial cujo teor proibia comunicação verbal e a distribuição de literatura de suporte ao sindicato pelos empregados dentro da propriedade da empresa, inclusive durante períodos de intervalo (*non working time*), o que foi reconhecido como uma interferência indevida no exercício dos direitos da Seção 7 do *NLRA*. A decisão desse caso Magnavox confirmou o entendimento que já havia sido anteriormente adotado pela *NLRB* no sentido de que determinados direitos de *solicitation* e *distribution* não podem ser objeto de renúncia pelo sindicato em acordos coletivos. O entendimento baseou-se na chamada *Gale Products doctrine*, segundo a qual o ambiente de trabalho e os intervalos ao longo da jornada são apropriados e adequados para a comunicação de empregados sobre questões de interesse comum, especialmente no que se refere às atividades da Seção 7. Em *Magnavox*, a Suprema Corte citou expressamente o seguinte trecho da decisão proferida pela *NLRB* no caso *Gale Products*: "o ambiente de trabalho é a única localidade em que os empregados se reúnem todos os dias. Trata-se do único lugar em que eles compartilham claramente interesses comuns e tradicionalmente procuram persuadir colegas de trabalho em assuntos que afetam a vida organizacional de seus sindicatos e outros assuntos relacionados à sua condição de empregados" (*Gale Products*, 142 N.L.R.B. 1246).

***NLRB v. Washington Aluminium Co.*, 370 U.S. 9 (1962)** – caso em que a Suprema Corte entendeu constituir conduta trabalhista injusta (*unfair labor practice*) a dispensa de empregados em retaliação a atividade coletiva protegida pela Seção 7 do *NLRA*, tendo confirmado o direito à reintegração e pagamento de salários retroativos. Tratava-se de empresa cujas instalações não estavam adequadamente aquecidas em um dia frio e com vento de inverno, onde sete empregados decidiram dar as costas e ir embora (*walkout*) como forma de protesto.

***NLRB v. Yeshiva University*, 444 U.S. 672 (1980)** – caso no qual a Suprema Corte entendeu que professores *full time* integrantes do quadro permanente de universidades privadas estão excluídos da cobertura do *NLRA*, por se enquadrarem também como *managerial employees* (empregados em nível gerencial).

Nominal value – valor nominal.

Nominate, to – indicar; nomear; propor um candidato para algum cargo ou função.

Non-compensable postliminary activity – atividade não remunerada realizada ao final do turno de trabalho.

Non-compensable preliminary activity – atividade não remunerada preliminar, realizada ao início do turno de trabalho.

Non-compete agreements; non-compete clauses; non-compete; non-competes – cláusulas contratuais que proíbem ou restringem os trabalhadores de procurar e assumir empregos em empresas concorrentes.

Non-delegation doctrine – doutrina de não-delegação. Trata-se de um princípio constitucional segundo o qual o Congresso, que é o órgão legislativo, não pode delegar sua autoridade legislativa a um outro ramo do governo, como o Executivo ou uma agência administrativa, sem fornecer diretrizes claras sobre como essa autoridade deve ser exercida. Ou seja, essa doutrina visa a evitar que o Congresso transfira integralmente sua responsabilidade legislativa para outros órgãos do governo, em violação ao princípio de separação dos poderes. A doutrina é bastante controvertida, tendo sido utilizada em três casos para invalidar políticas de *New Deal* durante a década de 1930. Em decisões posteriores, a Suprema Corte adotou uma posição relativamente mais flexível, permitindo uma certa margem de delegação, desde que houvesse diretrizes claras e padrões definidos no ato legislativo que guiassem a implementação pelos órgãos executivos ou administrativos. Alguns setores conservadores hoje pedem que a Suprema Corte volte a aplicar a doutrina de *non-delegation* para limitar o poder regulamentar exercido por órgãos do Poder Executivo.

Non-exempt employee – empregado submetido a controle de jornada, com direito à percepção de eventuais horas extras prestadas. V. *Exempt employee*, *Helix Energy Solutions Group, Inc. v. Hewitt*, 598 U.S. ___ (2230), *Overtime-exempt employee*, *Paid on a salary basis*, *Salary* e *Wage*.

Non-governmental organization (NGO) – organização não governamental (ONG).

Non-payment – não pagamento.

Non-waivable right – direito não renunciável.

Non-waiver – irrenunciabilidade.

Non-working area – área que pode até fazer parte das instalações da empresa e constituir propriedade do empregador, mas onde não há efetiva prestação de trabalho (*e.g.* estacionamento da empresa, refeitório ou cafeteria, canto onde realizado o relógio de ponto etc.).

Non-working time – período de descanso; período excluído da jornada de trabalho.

Norris-LaGuardia Act (1932) – lei federal que considerou ilícitos os *yellow dog contracts* no setor privado e passou a impedir que as cortes federais expedissem ordens (*injunctions*) para repelir manifestações trabalhistas pacíficas. Essa lei estabeleceu, ainda, um dever de não interferência dos empregadores em relação aos trabalhadores que decidissem participar de organizações sindicais.

No strike clause – cláusula de renúncia à deflagração de movimento grevista durante o período de vigência do acordo coletivo.

Notice – aviso; notificação; notificação de dispensa; aviso-prévio (v. *prior notice*).

Notice of termination – aviso de dispensa; comunicação de dispensa; notificação de dispensa; aviso-prévio.

Nudge; nudge, to – toque; empurrão; cotovelada. Uso de benefícios ou punições leves ou indiretas para incentivar conduta desejada pelo controlador da hipótese. Manipulação de comportamento mediante o uso de "toques" (incentivos) disfarçados, discretos ou despercebidos, tal qual os utilizados pelas plataformas digitais que se valem de gerência algorítmica no exercício do poder de controle sobre trabalhadores.

Nurse – enfermeiro(a).

Nurseling – o mesmo que *Nursling*.

Nursing mother – lactante; mãe que amamenta.

Nursling – lactente; criança de peito.

O

Oath – juramento.

Obesity discrimination – discriminação por obesidade.

***Obiter dictum* (singular) ou *obiter dicta* (plural)** – v. *Dictum (singular) e Dicta (plural).*

Objectionable conduct – conduta passível de questionamento, pois apta a interferir na higidez do processo de livre escolha e no resultado de uma eleição de representação sindical.

Occupation – profissão; ocupação.

Occupational accident insurance – seguro contra acidentes de trabalho.

Occupational accidents and injuries – acidentes e ferimentos de trabalho.

Occupational disease – doença ocupacional.

Occupational hazard – risco ocupacional.

Occupational safety and health – segurança e saúde ocupacionais.

Occupational Safety and Health Act (1970) – lei federal sobre segurança do trabalho, cujo teor confere poderes à *Occupational Safety and Health Administration* (órgão conhecido pela sigla *OSHA*) para publicar regulamentos destinados à sua fiel execução, bem como para garantir e fiscalizar a manutenção de condições seguras e salubres de trabalho.

Occupational Safety and Health Administration (OSHA) – Administração de Saúde e Segurança Ocupacional, órgão vinculado ao Departamento do Trabalho, ao qual incumbe a execução da lei (*OSH Act*), a edição de normas regulamentadoras e a garantia e fiscalização quanto à segurança das condições de trabalho.

Occupational Safety and Health Review Commission (OSHRC) – agência administrativa federal independente responsável pela apreciação de recursos contra autuações e decisões tomadas no âmbito da *OSHA* federal.

Office clerical worker – trabalhador de escritório; auxiliar administrativo.

Office of Labor-Management Standards (OLMS) – órgão do Departamento do Trabalho responsável pela administração e execução do *Labor-Management Reporting and Disclosure Act* (*LMRDA*), uma lei federal de 1959, cujo teor contém normas sobre o processo de eleição de dirigentes sindicais no setor privado e exigências quanto à divulgação de dados e transparência financeira para sindicatos e empregadores, entre outras provisões.

Off-shift worker – trabalhador que está presente às instalações fora do seu turno específico de trabalho.

Off-the-clock – período excluído e não computado na jornada de trabalho.

Old time clocking – registro de jornada à moda antiga, com papeleta registrada no relógio de ponto.

Oligopoly – oligopólio; dominação de um setor da economia por poucas grandes empresas.

***Oncale v. Sundowner Offshore Services, Inc.*, 523 U.S. 75 (1998)** – decisão da Suprema Corte cujo teor estabeleceu que assédio praticado por uma pessoa do mesmo sexo da vítima é assédio sexual, ou seja, prática vedada pelo Título VII do *Civil Rights Act* de 1964 em virtude de configurar uma forma de discriminação "por causa de sexo". Nesse caso, em um voto escrito pelo *Justice* de perfil conservador Antonin Scalia, o padrão utilizado para aferir se o assédio era suficientemente "severo ou difundido" foi a perspetiva de uma "pessoa na postura da vítima", ou seja, um padrão de uma *reasonable victim*.

On call – prontidão; permanência no aguardo de chamados.

On-call jobs – empregos em que o trabalhador permanece no aguardo de chamados.

On-call scheduling – escala dos dias em que empregados devem permanecer de prontidão, no aguardo de chamados e convocações ao trabalho.

On-call work – trabalhado que envolve o aguardo de chamados e convocações, com períodos de permanência de prontidão; trabalho intermitente.

On-call worker – trabalhador em prontidão (aguardando convocações ou chamados); trabalhador intermitente.

On demand – sob demanda.

On-demand platform – plataforma digital que intermedeia a prestação de serviços mediante demanda pelos usuários.

One-half times – pagamento com adicional de 50%, na proporção do valor original multiplicado por 1,5 (v. Seção 207 (a) do *FLSA*).

On-shift worker – trabalhador que está dentro de seu turno de trabalho.

On-the-clock – período incluído e computado na jornada de trabalho.

On-time bonus – bônus por pontualidade no trabalho.

Opinion – decisão; voto; parecer; opinião. No caso de provimentos jurisdicionais, trata-se da declaração ou explicação de raciocínio de uma decisão (ou julgamento), isto é, daquilo que foi decidido em um processo. Em julgamentos por órgãos colegiados, a *opinion* pode ser da corte (escrita por um juiz para a maioria, às vezes conhecida como opinião de maioria ou majoritária) (*opinion of the court* ou *majority opinion*); *opinion* concorrente ou convergente (*concurrent opinion* ou *concurrence*), concordando com o julgamento, mas por alguma causa separada do raciocínio da opinião majoritária; *opinion* minoritária, dissidente, ou vencida (*dissenting opinion* ou *dissent*), discordando do julgamento e da opinião da corte; *opinion* de uma pluralidade (*plurality opinion*), adotada pelo maior número de juízes, apesar de não suficiente para configurar uma maioria; e opinião *per curiam*, declarando a decisão da corte sem identificar o autor da opinião.

Opt in – sistema em que apenas aqueles indivíduos que se manifestam por escrito estarão abrangidos pelos efeitos de determinada *class action* – *e.g.*, Seção 16 (b) do *FLSA*.

Opt out – sistema em que todos os integrantes de determinado grupo ou classe já estão abrangidos pelos efeitos de determinada *class action*, exceto se manifestarem seu desejo de exclusão – *e.g.*, *Federal Rules of Civil Procedure* §23.

Oral arguments – sustentações orais.

Order – ordem; comando; instrução ou diretriz emitida por uma autoridade.

Originalism – originalismo, teoria jurídica de perfil conservador que vem ganhando grande força no meio jurídico estadunidense durante as últimas décadas (inclusive na Suprema Corte, onde foi defendida, entre outros, pelos juízes Antonin Scalia, Clarence Thomas e Neil Gorsuch em diferentes oportunidades) – prega a interpretação da Constituição de 1787 e suas emendas de acordo com o sentido original das palavras no momento em que foram escritas.

Out-of-court settlement – acordo extrajudicial.

Outside sales employee – vendedor externo.

Outsourcing; subcontracting – terceirização.

Overpayment – pagamento realizado a maior.

Overrule, to; (ou informalmente overturn, to) – superação de uma decisão anterior; revogação de um precedente.

Overseas workers – trabalhadores no exterior; trabalhadores no estrangeiro.

Overtime – trabalho extraordinário.

Overtime compensation – pagamento pelo trabalho extraordinário.

Overtime-exempt employee – empregado não elegível ao recebimento de horas extras, geralmente ocupante de funções gerenciais e remunerado com base salarial (*on a salary basis*), isto é, com periodicidade semanal ou superior (mensal ou anual), independentemente do número de horas ou dias efetivamente trabalhados. V. *Exempt employee*, *Helix Energy Solutions Group, Inc. v. Hewitt*, 598 U.S. ___ (2023), *Nonexempt employee*, *Paid on a salary basis*, *Salary* e *Wage*.

Overtime pay – pagamento pelo trabalho extraordinário.

Overtime premium pay; overtime premium compensation – pagamento em valores especiais (com adicional) para as horas extraordinárias.

Overtime work – trabalho extraordinário; prestação de horas extras.

P

PA – v. *Physician's assistant (PA).*

Packing the Court – aumento do número de *Justices* da Suprema Corte, de maneira a obter uma maioria favorável a determinadas medidas; denominação (informal, às vezes derrogatória) da reforma proposta pelo Presidente Franklin Delano Roosevelt para aumentar o número de *Justices* da Suprema Corte. V. *Court packing plan.*

Paid – pago; remunerado.

Paid holidays – feriados remunerados.

Paid internship – estágio remunerado.

Paid leave – licença remunerada; afastamento do trabalho remunerado.

Paid on a daily rate, to be; paid on a day rate, to be – ser pago com base diária, ser pago tendo como referência o dia de trabalho. V. *Exempt employee, Helix Energy Solutions Group, Inc. v. Hewitt,* 598 U.S. ___ (2023), *Nonexempt employee, Salary* e *Wage.*

Paid on a hourly rate, to be – ser pago com base na hora de trabalho, ser pago tendo como referência a hora de trabalho. V. *Exempt employee, Helix Energy Solutions Group, Inc. v. Hewitt, 598 U.S. ___ (2023), Nonexempt employee, Salary* e *Wage.*

Paid on a piecework basis, to be – ser remunerado por peça, por unidade produzida.

Paid on a salary basis, to be – ser pago mediante a fixação de um valor semanal, mensal ou anual, independentemente do número de horas ou dias efetivamente trabalhados. V. *Exempt employee, Helix Energy Solutions Group, Inc. v. Hewitt,* 598 U.S. ___ (2023), *Nonexempt employee, Salary* e *Wage.*

Paid sick days – licença remunerada em virtude de doença ou condição de saúde.

Paid time-off ("PTO") – período de descanso remunerado.

Paid vacations – férias remuneradas.

Pandemic – pandemia.

Panel – painel; órgão colegiado de julgadores (juízes ou jurados); câmara, turma ou seção de um tribunal; corpo de jurados que compõem o conselho de sentença (júri). V. também *Jury panel.*

Paralegal – assessor(a) jurídico(a) que tem mais treinamento e especialização do que secretários(as) e assessores(as) leigos.

Parental leave – licença parental; licença aos genitores em virtude do nascimento ou adoção de filho(a).

Parent company – matriz; empresa-mãe; tomadora principal dos serviços.

Participatory management – gestão participativa.

Part-time employment – emprego a tempo parcial.

Part-time work – trabalho a tempo parcial.

Part-time worker – trabalhador(a) a tempo parcial.

Party – parte; pessoa ou pessoas, naturais ou jurídicas, por quem ou contra quem uma ação judicial é proposta.

Paternalistic – paternalista.

Paternity leave – licença-paternidade.

Paycheck – contracheque.

Payday – dia do pagamento. Nos EUA, muitas vezes com periodicidade semanal ou quinzenal (frequentemente às sextas-feiras).

Pay equity – isonomia salarial; igualdade de pagamento.

Pay gap – diferença de remuneração; diferença salarial.

Pay on a piecework basis, to – pagar por unidade produzida; pagar por peça.

Pay raise – aumento de salário.

Payroll – folha de pagamento.

Payroll loan – empréstimo consignado.

Payroll taxation - tributação incidente sobre a folha de pagamento.

Pay to quit program - programa de demissão voluntária (PDV).

Pension fund - fundo de pensão.

Per curiam - voto que representa o pronunciamento institucional da corte em um julgamento colegiado, sem identificação específica do(a) juiz(a) que o redigiu. V. *Opinion.*

Perfect attendance bonus; 100% perfect attendance bonus - bônus por assiduidade total; bônus por ausência de faltas ao trabalho.

Perjury - falso testemunho; perjúrio. Trata-se do ato de prestar declarações falsas ou mentir sob juramento de forma deliberada (sobre um fato material, com conhecimento de sua falsidade), geralmente durante um depoimento em tribunal ou em outros contextos jurídicos onde se exige a afirmação da verdade.

Permanent replacement - contratação de empregado por tempo indeterminado e em caráter permanente para substituição de trabalhadores grevistas; reposição permanente de vaga antes ocupada por grevista. Os grevistas substituídos permanentemente são considerados como se estivessem em uma espécie de suspensão por tempo indeterminado, porém não despedidos ou exonerados. Isso significa que eles têm o direito de ser chamados de volta quando um posto de trabalho congênere estiver vago, sem que, para isso, precisem candidatar-se novamente à vaga. Na prática, contudo, a distinção entre ser substituído em caráter permanente e ser despedido pode parecer, aos olhos de um trabalhador, uma distinção meramente para fins legais, porém sem maior diferença real. Deve-se ressaltar que a "substituição permanente" é considerada válida apenas em greves econômicas (*economic strikes*), movimentos que reivindicam melhores salários e condições de trabalho, tradicionalmente deflagrados durante o curso de um processo de negociação coletiva. Por outro lado, essa substituição constitui prática vedada em casos de greves deflagradas como reação ao cometimento de práticas trabalhistas injustas pelo empregador (*unfair labor practice strikes* ou simplesmente *ULP strikes*), casos em que os grevistas devem ser reconduzidos a seus postos de trabalho. Em resumo, um empregador do setor privado estadunidense pode substituir permanentemente todo grevista econômico, mas não um grevista que reaja ao cometimento de conduta trabalhista injusta (*unfair labor practice*) pelo empregador. A doutrina da substituição permanente é oriunda do caso *Mackay Radio* e tem sido apontada, com frequência, não apenas como extremamente prejudicial aos esforços de organização coletiva nos EUA, mas como uma violação às normas internacionais do trabalho. Por fim, destaca-se que a Seção 2 (3) do *NLRA* assevera também que "o termo empregado (...) deve incluir qualquer pessoa cujo trabalho tenha cessado como consequência ou em conexão com qualquer disputa trabalhista atual ou devido a uma conduta trabalhista injusta, e que não tenha obtido qualquer outro emprego regular e substancialmente equivalente". Ou seja, de acordo com essa definição, os grevistas continuam sendo considerados empregados para os fins do *NLRA*, contando com sua respectiva proteção contra práticas trabalhistas injustas (*unfair labor practices*) eventualmente perpetradas pelo empregador. V. também *NLRB v. Mackay Radio & Telegraph Co.*, 304 U.S. 333 (1938).

Permissive subject (of bargaining); non-mandatory subject – tópico sobre o qual não há exigência de negociação coletiva com o sindicato representante exclusivo de determinada unidade de trabalho. As partes não podem insistir em negociar sobre esses assuntos, razão pela qual nenhuma delas pode valer-se também de ações econômicas – como, por exemplo, piquetes., boicotes, greves ou locautes – para insistir na sua exigência.

***Per se* physical taking** – desapropriação física em si (*per se*), apropriação física de propriedade imobiliária, matéria frequentemente discutida em casos que envolvem a aplicação da Quinta Emenda (que proíbe desapropriações para fins públicos sem justa indenização) e o direito de acesso a propriedades privadas por organizadores sindicais, como no caso *Cedar Point Nursery v. Hassid*, 594 U.S. ___ (2021).

***Per se* violation** – violação *per se*, expressão que se refere a uma violação inerente e automática de uma lei ou norma, independentemente das circunstâncias específicas ou de haver intenção de violar a lei. Em outras palavras, certas condutas são consideradas, por si só, violações diretas da lei, sem a necessidade de provar-se a existência de dolo ou má-fé.

Personnel files – arquivos pessoais.

Person with disability – pessoa com uma deficiência ou incapacidade.

Petition for certiorari – petição de *certiorari*; petição dirigida à Suprema Corte, requerendo a admissibilidade de recurso de natureza extraordinária, para – em caso de juízo positivo de admissibilidade (*granting certiorari*) – haver posterior apreciação de seu mérito. Trata-se de requerimento apresentado por uma parte insatisfeita com decisão de um tribunal inferior, solicitando que a Suprema Corte reveja o caso. A Suprema Corte tem discricionariedade sobre quais casos admitirá para julgamento. A aceitação de um requerimento de *certiorari* é uma decisão da Suprema Corte, e nem todos os recursos são admitidos para julgamento. O termo *certiorari* deriva do latim e significa "ser informado" ou "ser informado do assunto". Assim, ao solicitar *certiorari*, a parte está essencialmente requerendo à Suprema Corte que seja informada sobre o caso e considere a sua revisão (ou seja, que admita o recurso para julgamento, ouça o caso e revise a decisão *a quo*). Apesar do número substancial de petições de *certiorari* (mais ou menos 8.000 até 10.000 por ano), a Suprema Corte geralmente concede *certiorari* (ou seja, profere juízo positivo de admissibilidade para julgamento) em apenas de 75 a 80 casos, em média, por ano-judiciário. V. *Consider a petition for certiorari, Deny certiorari, Grant certiorari, Rule of four* e *Writ of certiorari.*

Petitioner – recorrente; supplicante; requerente; peticionário; subscritor de um abaixo-assinado. No âmbito da Suprema Corte dos EUA, o termo designa a parte que submete uma *petition of certiorari* à Corte. V. *Consider a petition for certiorari, Deny certiorari, Grant certiorari, Petition for certiorari, Rule of four* e *Writ of certiorari.*

Petit jury – pequeno júri (conselho de sentença); júri de julgamento. Trata-se do júri normalmente utilizado em audiências cíveis e penais para determinar os fatos do caso e deliberar sobre a sentença apropriada (em processos cíveis, sobre responsabilidade e indenizações; em processos penais, sobre culpa ou inocência). Diferente do *grand jury* (v. *grand jury*), um *petit* jury (ou simplesmente, *jury*) normalmente consiste em um grupo de 12 pessoas, selecionadas entre pares da comunidade (v. *Jury panel*), cidadãos imparciais que deliberam em segredo e que precisam alcançar decisões unanimemente.

Philadelphia lawyer – "advogado(a) da Filadélfia" (tradução literal); advogado(a) excepcionalmente habilidoso(a); advogado(a) altamente competente no contexto jurídico; advogado(a) de notável saber jurídico. A expressão é utilizada para designar um(a) advogado(a) especialmente hábil, astuto(a) e capaz, muitas vezes reconhecido(a) por sua inteligência e habilidades legais aguçadas. O termo descreve um(a) advogado(a) extremamente competente e experiente em sua prática jurídica. Embora sua origem não esteja completamente clara, a expressão ganhou popularidade nos EUA durante o século XIX. Há algumas teorias sobre por que os advogados de Filadélfia foram associados a essa reputação. Uma das explicações possíveis é que, na época, a Filadélfia era uma cidade importante e proeminente nos EUA, e os advogados que lá atuavam eram considerados entre os melhores do país. A expressão pode ter se originado para destacar a sofisticação e a habilidade desses profissionais jurídicos.

Physical therapist; physiotherapist – fisioterapeuta.

Physician; doctor – médico(a).

Physician's assistant (PA) – assistente de médico(a); assistente-médico(a). Nos EUA, trata-se de um(a) profissional da área de saúde, com formação específica, que pratica medicina sob supervisão de um(a) médico(a). Atua em um papel intermediário entre um médico e um enfermeiro(a). Em alguns contextos, também é comum utilizar a sigla "PA" para se referir a essa função.

Picketing – piquete.

Piece-rate compensation – remuneração por peça; remuneração por unidade produzida.

Piecework – trabalho por peça; trabalho por unidade produzida.

Pilot – piloto(a).

Pink slip – comunicação de dispensa; aviso de dispensa de empregado.

Plagiarism – plágio; ação de plagiar.

Plagiarist; plagiarizer – plagiador(a).

Plagiarize, to – plagiar.

Plaintiff – autor; reclamante; demandante.

Plant – fábrica; usina; instalação.

Plant by plant bargaining – negociação coletiva que se dá entre o empregador e o sindicato em cada fábrica ou instalação.

Plant closing – fechamento de fábrica.

Platform work – trabalho em plataformas (digitais).

Plea bargain – negociação de pena; acordo judicial. Trata-se de acordo entre o réu e o promotor em casos penais, que passam a ser resolvidos através de uma disposição por consenso, sujeita à aceitação do juiz, evitando a necessidade de um julgamento. *Plea bargains* são bastante comuns nos EUA, onde cerca de 95% dos casos penais são resolvidos através desses meios.

Plead, to – pedir; postular; peticionar; contestar; defender-se; alegar; apresentar suas razões.

Pleader – postulante; peticionário; requerente.

Pleading – petição; pedido; ato postulatório; contestação; defesa; alegações; razões.

Plea of release – contestação que alega quitação.

Plumber – encanador(a).

Plurality opinion – decisão de uma pluralidade, adotada pelo maior número de juízes em um órgão colegiado, apesar de não suficiente para configurar uma maioria. As *plurality opinions* tecnicamente não constituem precedentes vinculativos, mas ainda assim indicam um sentido do que a Corte entende ser a correta aplicação do Direito, ou seja, servindo como precedentes persuasivos. V. *Opinion*.

Police officer (*ou simplesmente* police; *ou simplesmente* officer) – policial; agente de polícia; profissional das forças policiais.

Polygraph – polígrafo.

Poor – pobre; miserável.

Portal-to-Portal Act (1947) – editado em momento político no qual os republicanos passaram contar com maioria em ambas as casas do Congresso Nacional (algo que não acontecia já há muitos anos), consistiu em lei federal com alterações legislativas conservadoras que passaram a permitir, por exemplo, que juízes excluíssem ou reduzissem os valores de *liquidated damages* caso as violações às normas do *FLSA* decorressem de condutas praticadas de boa-fé pelos empregadores. Para superar, em parte, as decisões da Suprema Corte em *Tennessee Coal Co. v. Muscoda Local No. 123*, 321 U.S. 590 (1944) e *Anderson v. Mt. Clemens Pottery Co.*, 328 U.S. 680 (1946), foi alterada também a Seção 254 (a) do *FLSA*, excluindo-se da jornada (para questões relativas a pagamento de salário mínimo e horas extras) algumas atividades preliminares ou posteriores à atividade principal. Entre outras previsões, essa lei alterou a Seção 254 (a) do *FLSA* e excluiu da jornada – para questões relativas a pagamento de salário mínimo e horas extras – as seguintes atividades: (1) caminhar, dirigir-se ou viajar de e para o efetivo local de realização da atividade principal ou das atividades para as quais o empregado é contratado (*walking, riding, or traveling to and from the actual place of performance of the principal activity or activities which such employee is employed to perform*), e (2) atividades preliminares ou posteriores à referida atividade ou atividades principais (*activities which are preliminary to or postliminary to said principal activity or activities*). A Seção 254 (b), contudo, passou a ressalvar que tais períodos devem ser remunerados se tal previsão for decorrente de costumes ou de cláusulas contratuais. Apesar das inovações legislativas, múltiplos casos continuaram chegando aos Tribunais em razão das dúvidas sobre quais ações deveriam estar abrangidas pelo conceito de "atividade principal".

Postliminary activity – atividade posterior, realizada ao final do turno de trabalho, sem necessidade de cômputo na jornada ou remuneração – Seção 254 (a) (2) *Portal-to-Portal Act*.

Pottery – cerâmica.

Poultry – aves.

Poultry processing company – frigorífico avícola.

Poverty – pobreza.

Power of attorney – procuração; instrumento de mandato em que se outorgam poderes de representação a um advogado.

Precarious jobs – trabalhos precários; ocupações precárias.

Precarious work – trabalho precário.

Predecessor – sucedido (em uma sucessão trabalhista); antecessor.

Predictions – previsões sobre o futuro. Sob o *NLRA*, é ilegal para um empregador ameaçar seus empregados sobre consequências ruins se eles votarem pela sindicalização na eleição de representação sindical. Contudo, a previsão de que consequências negativas decorrerão da sindicalização não constitui uma prática trabalhista injusta (*unfair labor practice*). Em decisão unânime, relatada pelo *Chief Justice* Earl Warren, no caso *NLRB v. Gissel Packing*, a Suprema Corte fez uma distinção entre discursos consistentes em meras previsões (*predictions*) baseadas em fatos concretos e demonstráveis, os quais constituiriam práticas lícitas e legítimas, e discursos consistentes em ameaças e coerção, estes sim ilegais e sem proteção. Ou seja, discursos patronais contrários à sindicalização não podem se materializar em mera ameaça ou coerção, sem possível demonstração, sob pena de se configurar uma prática trabalhista injusta (*ULP*). Segundo a decisão proferida em *Gissel Packing*, uma previsão deve ser fundada em "fato objetivo... sobre as sequelas comprovadamente prováveis além do controle (do empregador) ou uma decisão já tomada de fechar a fábrica em caso de sindicalização". V. *NLRB v. Gissel Packing Co.*, Inc., 395 U.S. 575 (1969).

Preemption doctrine – teoria segundo a qual os estados estão impedidos de aprovar leis que confrontam com leis federais editadas dentro da competência legislativa atribuída ao Congresso Nacional pela Constituição. No geral, considera-se que a legislação federal sobre Direito Coletivo do Trabalho (notadamente o *NLRA*) impede que os estados editem normas sobre tal matéria, enquanto a legislação federal sobre discriminação no emprego não traz o esse mesmo impedimento, sendo que múltiplos estados possuem, inclusive, suas próprias leis antidiscriminação.

Pregnancy – gravidez.

Pregnancy discrimination – discriminação em virtude de gravidez.

Pregnancy Discrimination Act (PDA) (1978) – lei federal que coíbe a discriminação com base na gravidez, nascimento de filho ou condições médicas correlatas.

Pregnancy leave – licença ao trabalho em virtude de gestação.

Preliminary activity – atividade preliminar, realizada no início do turno de trabalho, sem necessidade de cômputo na jornada ou remuneração – Seção 254 (a) (2) *Portal-to-Portal Act*.

Premises; employer's premises – instalações da empresa; instalações do empregador.

Premium pay – pagamento acrescido de adicional.

Preparatory work – trabalho preparatório, realizado ao início da jornada de trabalho.

Preponderance of evidence – preponderância das evidências; preponderância de provas. Trata-se de um padrão processual de análise de provas comumente utilizado em casos de natureza cível. Ele se refere ao grau de prova que deve ser estabelecido por uma das partes em uma disputa, para prevalecer. Em termos simples, significa que as provas apresentadas por uma parte devem ser mais convincentes e pesar mais do que as provas trazidas pela outra parte. Ao contrário do padrão mais rigoroso *beyond a reasonable doubt* ("além de uma dúvida razoável") utilizado em casos criminais, nos quais cabe à acusação provar a culpa do réu com elementos robustos capazes de configurar uma quase certeza (sem que haja dúvida razoável), o padrão de preponderância das evidências é menos exigente, pois requer basicamente que a prova apresentada por uma das partes seja mais provável de ser verdadeira do que o contrário. Quando um tribunal aplica o padrão de preponderância das evidências, isso significa que o juiz ou júri acredita, com base nas provas produzidas, ser "mais provável do que não" que os fatos alegados por uma das partes sejam verdadeiros. Tal padrão é comumente utilizado em questões cíveis, como casos de lesões pessoais, disputas contratuais e direito de família. V. *Standard of proof.* Compare *Reasonable doubt.*

Pretext; sham – pretexto; razão falsa; inverídica (*e.g.*, empregador aponta uma razão econômica para justificar a dispensa discriminatória ou retaliatória de um empregado envolvido em atividade sindical ou uma dispensa discriminatória com base na raça, cor, religião, sexo ou origem nacional do empregado).

Pre-trial – antes da audiência principal (*trial*); antes do julgamento. O termo se refere à fase que antecede a audiência principal e o julgamento de um caso.

Pre-trial conference – encontro das partes com o(a) juiz(a) antes de uma audiência principal (*trial*), geralmente com o intuito de estabelecer os pontos que deverão ser focados durante a audiência futura (fixar quais são os fatos incontroversos, os fatos controvertidos, os temas a serem arguidos, as provas para serem produzidas etc., a fim de que a audiência possa se desenrolar de maneira mais eficiente possível).

Prima facie – à primeira vista (latim); em um primeiro exame.

***Prima facie* case (PFC)** - causa com provas suficientes para ser conhecida pelo juízo, ultrapassar um juízo inicial de admissibilidade.

Prior notice - notificação com antecedência; aviso-prévio. V. *Advance notice.*

Privately owned company; private company - empresa privada; empresa de capital privado.

Privileges - privilégios; prerrogativas; isenções ou licenças de deveres ou obrigações. Na seara das provas, determinados relacionamentos são considerados privilegiados e, portanto, algumas pessoas em tais relacionamentos não podem ser obrigadas a testemunhar sobre determinados assuntos. Por exemplo, marido e mulher (cônjuges); médico e paciente; advogado(a) e cliente; clero e congregado. Os *privileges* existem para proteger certos interesses sociais, como a confidencialidade em certas relações.

Probable cause - causa provável; motivo razoável; fundamentos razoáveis. No processo penal estadunidense, a existência de *probable cause* é considerada um requisito constitucional advindo da Quarta Emenda à Constituição, que proíbe buscas e apreensões não razoáveis. Para que um mandado de busca ou de prisão seja emitido, a autoridade responsável precisa apresentar informações ao(à) juiz(a) que indiquem uma probabilidade razoável de que atividade criminosa esteja ocorrendo ou que determinada pessoa está envolvida em atividade criminosa. A determinação de *probable cause* não exige prova conclusiva, mas sim uma base razoável para a crença de que a ação é justificada. Esse padrão é um equilíbrio entre a necessidade de aplicação da lei e a proteção dos direitos individuais contra buscas e apreensões arbitrárias ou medidas restritivas infundadas.

Probation period - período probatório; período de estágio probatório.

Pro business - pró-empresa; pró-empregador; com tendência favorável aos empregadores/empresariado.

Production bonus - bônus por produção ou meta atingida.

Production line - linha de produção. V. *Assembly line.*

Pro-employee - pró-empregado; com tendência favorável aos empregados.

Professor - professor(a). Termo utilizado, em inglês, quase que exclusivamente para referir-se a professores(as) universitários(as).

Profit margin – margem de lucro.

Profitable – lucrativo; rentável.

Profit sharing – participação nos lucros.

Profit sharing plan – programa de participação nos lucros.

Progressive – progressista.

Promotion – promoção.

Prompt payment – pagamento à vista; pagamento imediato.

Property rights – direitos de propriedade.

Proposition 22 – "Proposição 22" ou "Proposta 22", lei de iniciativa popular, do estado da Califórnia, que enquadra motoristas e entregadores de aplicativos como trabalhadores autônomos (*independent contractors*), porém os assegura um feixe inicial de direitos, como remuneração 20% superior ao salário mínimo-hora estadual, reembolso de 30 centavos de dólar por milha percorrida durante tempo engajado (entre a aceitação de uma solicitação e a conclusão da tarefa), concessão de auxílio para custeio de planos de assistência à saúde (em valores proporcionais à média semanal de horas trabalhada por cada trabalhador), seguro contra acidentes de trabalho, entre outros. Empresas como Uber, Lyft, Doordash e InstaCart investiram mais de 205 milhões de dólares na campanha para aprovação dessa lei californiana. Na eleição concluída em novembro de 2020, a Proposição 22 foi aprovada com 58,63% (9.958.425 de votos), contra 41,37% (7.027.820 de votos) contrários. A aprovação dessa lei foi uma reação à decisão proferida pela Suprema Corte da Califórnia no caso Dynamex e à Lei estadual AB-5. V. também *ABC-Test*, *AB-5* e *Dynamex Operations West v. Superior Court and Charles Lee, Real Party in Interest,* 4 Cal. 5th 903 (Cal. 2018).

Prorated – pró-rata; proporcional; obedecida a proporcionalidade.

***Pro se; pro se* representation** – por si próprio; por si mesmo; em causa própria; em prol de si mesmo; em representação a si próprio; em representação a si mesmo. O termo designa a hipótese de uma pessoa litigar em causa própria em uma ação, sem estar representada por advogado(a). Ou seja, a pessoa está atuando como seu(sua) próprio(a) advogado(a), apresentando seus próprios argumentos jurídicos e lidando com o caso sem a representação formal por um(a) advogado(a).

Prosecute, to - investigar; acusar; processar; adotar uma postura ativa na busca de provas e dados sobre determinado caso.

Prospective waiver - renúncia prévia; renúncia prospectiva.

Protected activity - atividade de engajamento coletivo protegida pela Seção 7 do *NLRA*.

Protective gear; protective equipment; safety gear; safety equipment - equipamento de proteção.

***Pruneyard Shopping Center v. Robins*, 447 U.S. 74 (1980)** - caso em que a Suprema Corte confirmou uma decisão da Suprema Corte californiana que permitia a militantes estudantis o ingresso em um shopping center privado para a solicitação de assinaturas. Embora não tratasse de matéria trabalhista, esse precedente é frequentemente debatido em casos que envolvem comunicação e atividades de organização coletiva e sindical dentro da propriedade do empregador - como, por exemplo, em *Cedar Point Nursery v. Hassid*, 594 U.S. ___ (2021).

Public employee; civil servant - empregado no serviço público.

Public health emergency - situação emergencial de saúde pública.

Public services - serviços públicos.

Pullman strike(s) of 1894 - greves Pullman de 1894, movimento que rapidamente se tornou um dos maiores conflitos trabalhistas na história dos EUA, envolvendo dezenas de milhares de trabalhadores ferroviários em diferentes estados. Inicialmente, os membros do *American Railway Union - ARU* (sindicato fundado em 1893 por Eugene V. Debs) lideraram uma greve, na primavera de 1894, contra a fábrica de vagões de trens de luxo da *Pullman Palace Car Company*. A cidade de Pullman, nos arredores de Chicago-IL, fundada em 1880 pelo empresário George Pullman, havia sido projetada com casas, escolas, igrejas e instalações recreativas, mas era única em seu modelo de empresa. A grande maioria dos trabalhadores vivia em habitações fornecidas pela própria empresa (mediante o pagamento de alugueis) e o empregador tinha controle significativo sobre a vida na cidade, incluindo os setores de comércio e serviços.

A greve iniciou-se como resposta à redução de salários dos trabalhadores da *Pullman Palace Car Company* (consequência da drástica crise econômica que assolava o país desde 1893), enquanto os aluguéis e os preços dos produtos e serviços nos estabelecimentos da cidade permaneceram inalterados. Diante do relativo fracasso inicial dessa greve, o *ARU* resolveu lançar um boicote nacional (greve solidária) contra todos os trens que tivessem vagões fabricados pela *Pullman Palace Car Company*. O movimento acabou por se estender, de forma bastante veloz, e paralisou trabalhadores em múltiplas outras localidades, o que foi capaz de interromper os negócios e os serviços postais em grande parte do país. Como reação a tal boicote (que perdurou de 11 de maio a 20 de julho de 1894), o governo federal propôs uma ação judicial em que obteve ordem para determinar o fim do movimento e o retorno dos trabalhadores às suas atividades. Sem que houvesse cumprimento voluntário da decisão, sucederam-se episódios de violência, até que o então presidente Grover Cleveland tomou uma medida sem precedentes, ao determinar que as tropas federais acabassem com a greve, o que culminou com a prisão de Eugene V. Debs e a morte de dezenas de pessoas em violentos confrontos nas ruas de Chicago. Ao julgar o caso *In re Debs, 158 U.S.* 564 (1895), embora não tenha analisado a legalidade desse movimento paredista, a Suprema Corte dos EUA entendeu que o governo federal tinha legitimidade para intervir na greve (e consequentemente também para requerer na Justiça o retorno dos trabalhadores às suas atividades), uma vez que o transporte ferroviário extrapolava os limites internos dos estados. A Suprema Corte estabeleceu, ademais, que o governo tinha competência para regular o comércio interestadual e assegurar as operações dos serviços postais, que dependiam do transporte ferroviário (v. *Commerce clause*). Ainda segundo a decisão, o governo federal também tinha a responsabilidade de "assegurar o bem-estar geral do público".

Punitive damages – danos punitivos.

Purchasing power – poder de compra; poder de consumo.

Pure and simple unionism – "sindicalismo puro e simples" (tradução literal). Trata-se de um estilo de sindicalismo historicamente adotado pela *AFL*, com foco na melhoria das condições de trabalho baseada sobretudo em negociações coletivas, evitando-se o uso de métodos com engajamento social ou político mais amplo. V. também *Bread and butter unionism* e *Business unionism*.

Q

Quarantine; quarantine, to – quarentena; obrigar a permanecer em quarentena.

Quash, to – anular; revogar; cancelar; invalidar; esvaziar; suprimir.

***Quid pro quo* (sexual harassment)** – assédio sexual por chantagem; modalidade de assédio sexual em que a obtenção ou a manutenção de benefícios ou vantagens econômicas encontra-se condicionada à prestação de favores sexuais.

Quota – cota; uma proporção ou distribuição específica e fixada. O termo também é utilizado para as cotas em políticas de ação afirmativa, sendo que a decisão da Suprema Corte em *Students for Fair Admissions v. Harvard*, 600 U.S. 181 (2023) suscitou dúvidas sobre as hipóteses em que critérios étnicos ou raciais ainda poderão ser levados em consideração em processos seletivos.

R

Race discrimination – discriminação racial.

Race to the bottom – "corrida para o fundo", situação caracterizada pela progressiva redução ou deterioração dos padrões de trabalho, especialmente como resultado da pressão exercida pela concorrência. V. também *International wage competition*.

Racism – racismo.

Railway Labor Act (RLA) (1926) – lei federal que garante aos empregados do setor ferroviário e de companhias aéreas o direito de se organizar e negociar coletivamente com seus empregadores a respeito das condições de trabalho, além de oferecer proteções contra práticas ilegais perpetradas por empregadores ou sindicatos. O *RLA* prevê um sistema de resolução de disputas que busca resolver com eficiência conflitos trabalhistas, com ênfase na mediação e arbitragem, e fornece múltiplos meios de resolução de disputas, de acordo com a natureza do conflito (diferenciando, por exemplo, controvérsias baseadas em uma questão de negociação coletiva de questões relativas à aplicação de um acordo coletivo já existente).

Rally – comício; reunião; protesto; manifestação.

Random – aleatório; ao acaso.

Rank-and-file employees – empregados(as) comuns, ordinários, não ocupantes de posições executivas, de liderança ou gerenciais (termo de origem militar, relativo ao alinhamento de soldados).

Rank-and-file members – sócios comuns ou ordinários de uma organização, que não ocupam posições de liderança. Em especial, é comum falar sobre os sócios ordinários do sindicatos como "*the rank and file*".

Ratify – aprovar; ratificar; confirmar; autorizar; aceitar.

Ratio decidendi – razão de decidir; razão decisória. Trata-se da fundamentação necessária para resolver uma ação; o fundamento decisivo para o julgamento de um processo; parte da decisão que atua como precedente vinculante. É o princípio ou a razão fundamental que justifica a conclusão de um tribunal em um caso específico. A *ratio decidendi* é a parte da decisão que estabelece um precedente vinculativo, orientando decisões futuras em casos semelhantes.

R-case – v. *Representation case.*

Real value – valor real.

Reasonable accommodation – adaptação razoável; acomodação razoável; dever do empregador de oferecer uma adaptação ou acomodação razoável para situação de incapacidade ou deficiência (física ou mental) do empregado, ou para as práticas religiosas ou crenças do empregado, exceto se essa acomodação impuser dificuldades excessivas (*undue hardship*) para a condução dos negócios do empregador.

Reasonable doubt – dúvida razoável. Nos processos penais, trata-se do padrão de prova exigido para uma condenação, em que cabe à acusação provar a culpa do réu *beyond a reasonable doubt* ("além de uma dúvida razoável"), através da apresentação de elementos robustos capazes de configurar uma quase certeza. Isso significa que, para declarar alguém culpado, o tribunal deve ter certeza, além de qualquer dúvida razoável, de que o réu cometeu o crime do qual está sendo acusado. Se existir dúvida razoável quanto à culpa do acusado, a princípio, o tribunal deve absolvê-lo. Este é um princípio fundamental no sistema jurídico estadunidense, destinado a proteger os acusados de condenações injustas. V. *Standard of proof.* Compare *Preponderance of evidence.*

Reasonable person – homem comum. Trata-se de padrão para aferição de razão, razoabilidade ou objetividade. No passado, foi chamado *reasonable man*, mas este termo hoje é considerado machista e ultrapassado. Alguns críticos, em determinados tipos de casos, como aqueles que envolvem assédio sexual, afirmam que o padrão de *reasonable person* ainda reflete julgamentos machistas e sustentam que mulheres têm noções diferentes sobre o que constitui assédio sexual. Reivindicam, assim, a necessidade de adoção de um padrão de *reasonable woman.* No entanto, a Suprema Corte nunca aceitou esse novo padrão, fazendo uso de *reasonable person* ou, implicitamente, vítima razoável. V. *Oncale v. Sundowner Offshore Services, Inc.*, 523 U.S. 75 (1998).

Rebut, to – refutar; contestar; desmentir; superar; ultrapassar; desconstituir. Uma presunção relativa – ou seja, refutável, que admite provas em contrário – é referida como uma *rebuttable presumption.*

Rebuttable presumption – presunção relativa; presunção *juris tantum*; presunção ou suposição aceita como verdadeira a menos que seja desconstituída por provas em contrário.

Recognitional picketing – piquete de reconhecimento, utilizado como instrumento de pressão para que o empregador reconheça um sindicato como representante de uma unidade.

Record keeping obligations – obrigatoriedade de manutenção de registros (de empregados, salários, jornada de trabalho e outras condições e práticas de emprego) – Seção 211 (c) do *FLSA*.

Recruit, to – recrutar.

Redistribution of wealth – redistribuição de riqueza.

Regular rate – valor pago pela hora de trabalho regular.

Reinstatement – reintegração.

Relief – assistência, solução, compensação, ou reparação que alguém busca de uma corte em um processo. O termo refere-se frequentemente a uma compensação ou medida judicial concedida para aliviar ou corrigir uma situação prejudicial, englobando diferentes possíveis tipos de provimentos jurisdicionais. Trata-se de expressão usada mais frequentemente para os remédios em equidade (do que para remédios no Direito, como indenizações), bem como para *injunctions* ou medidas que visem ao cumprimento, revisão ou rescisão de contratos.

Remand; remand, to – remessa; reenvio; devolução; remeter; reenviar; devolver. Os termos referem-se à determinação de uma corte recursal no sentido de devolver um processo à corte inferior para a adoção de novos procedimentos.

Remedies – remédios judiciais. Trata-se dos meios para forçar ou proteger um direito ou buscar compensação por um dano ou pelo infringimento de um direito. Em equidade, podem assumir a forma de ordens para fazer ou deixar de fazer algo, como *injunctions* ou medidas destinadas ao cumprimento, revisão ou término de contratos. Em matéria de Direito Civil, normalmente os remédios são indenizações sob a forma monetária. V. *Damages*.

Remote work – trabalho remoto; teletrabalho.

Remote worker – trabalhador remoto.

Replacement worker – trabalhador contratado em substituição a um grevista. V. também *Permanent replacement* e *NLRB v. Mackay Radio & Telegraph Co.*, 304 U.S. 333 (1938).

Reporting-time pay laws, scheduling laws; fair work laws – leis que contêm regras sobre escalas e convocação de trabalhadores que permanecem aguardando chamados (*on-call workers*), como a necessidade de observância de divulgação prévia de horários e escalas, antecedência mínima nas convocações, pagamento de indenizações em caso de cancelamento de chamados ou em caso de inobservância de intervalos mínimos entre duas jornadas de trabalho.

Representation case: R-case – casos submetidos à *NLRB* relativos ao processo de escolha de um sindicato como representante de uma unidade de trabalho.

Representational election – eleição de representação sindical. Caso haja apoio majoritário por parte dos empregados (50% mais um) – o *local union* (célula local independente do sindicato) passa a contar com autonomia para negociar coletivamente com o respectivo empregador, como representante exclusivo da unidade.

***Republic Aviation Corp. v. NLRB*, 324 U.S. 793 (1945)** – caso em que a Suprema Corte reconheceu o direito dos empregados de conversarem sobre atividades coletivas da Seção 7 no interior das instalações (propriedade) do empregador durante os intervalos de alimentação e períodos de pausa no trabalho, além de haver estabelecido o direito ao uso de bótons de apoio a um sindicato inclusive dentro da fábrica, no horário e local de trabalho, como outra manifestação de atividade coletiva protegida pela Seção 7 do *NLRA*.

Research – pesquisa; investigação científica ou acadêmica.

Researcher – pesquisador(a); aquele(a) que conduz uma investigação científica ou acadêmica; investigador.

Res judicata – coisa julgada.

Respirator – máscara respiratória (para evitar a inalação de substâncias tóxicas).

Respondeat superior – "o superior é responsável" (latim), expressão utilizada para indicar que o superior deve responder pelo ato de seu subordinado. No contexto jurídico-trabalhista, significa que o empregador, seu preposto ou mandante é responsável pelos danos causados por seu empregado, agente, ou mandatário, a menos que a responsabilidade não seja aplicável ou se o trabalhador estivesse atuando fora do âmbito da autoridade de seu superior.

Respondent - parte passiva de um recurso ou ação; recorrido; apelado; requerido; réu. Na Suprema Corte, o(a) *respondent* é geralmente a parte que prevaleceu na decisão do tribunal inferior e que, por isso, resiste ao pedido de revisão apresentado sob a forma de um *writ of certiorari.*

Rest, to - repousar; descansar; encerrar; cessar. Nas audiências, a expressão *rest its case* é comumente utilizada por uma parte para sinalizar que completou a apresentação de suas provas, ou seja, quando não tem mais testemunhas ou evidências a apresentar e, por isso, submete o caso à apreciação corte (pelo menos provisoriamente). Isso não encerra necessariamente a fase de instrução, pois a outra parte pode ter a oportunidade de apresentar suas próprias provas em seguida.

Restoration to position - garantia de retorno ao trabalho na mesma função ou equivalente (*e.g.* após fruição de licença baseada no *FMLA*, consoante assegura sua Seção 104).

Rest time between shifts; right to rest between work shifts - intervalo interjornada.

Resume; *curriculum vitae* (CV); *vita* - currículo profissional.

Retail - varejo.

Retail store - loja no comércio a varejo.

Retained expert witness - assistente técnico.

Retained expert witness fees - honorários de assistente técnico.

Retaliation - retaliação.

Retaliation case - caso envolvendo retaliação a alguma conduta do empregado (por exemplo, engajar-se em atividade sindical ou apresentar reclamação por discriminação no emprego, não pagamento de salário, gorjetas, horas extras etc).

Retaliatory dismissal; retaliatory firing - dispensa retaliatória de um(a) empregado(a) (por exemplo, pelo fato de ter manifestado apoio ao sindicato).

Retiree – aposentado.

Retirement – aposentadoria.

Retrospective waiver – renúncia relativa a direitos já supostamente violados e em discussão, renúncia retrospectiva.

Reverse, to – reverter; reformar; revogar; anular. Termo utilizado, por exemplo, quando um corte recursal reforma o julgamento de uma corte inferior.

Ride-share – serviços de transporte compartilhado; caronas compartilhadas.

Ride-share app – aplicativo de transporte compartilhado (*e.g.*, Uber).

Right-leaning – inclinado politicamente para a direita.

Right of association – direito de associação. Embora exista um direito de liberdade de associação protegido pela Primeira Emenda à Constituição dos EUA, para fins de organização coletiva no âmbito trabalhista, a proteção ao direito de associação/sindicalização encontra amparo no *National Labor Relations Act – NLRA*, em vez do texto constitucional. V. também *National Labor Relations Act* e *State action doctrine*.

Right to a safe workplace – direito a um meio ambiente de trabalho seguro.

Right to breastfeed – direito de amamentação.

Right to organize and bargain collectively – direito de organização (sindicalização) e negociação coletiva. Direito protegido na Seção 7 do *NLRA*.

Right to paid time-off – direito a descanso remunerado.

Right to strike – direito de greve.

Right-to-sue letter – carta que autoriza a propositura de uma ação judicial pela vítima de determinada conduta (frequentemente expedida pela *EEOC* ou por agências estaduais de combate à discriminação). De acordo com o Título VII do *Civil Rights Act* de 1964 (principal lei federal antidiscriminação), é necessário apresentar reclamação administrativa na *EEOC* antes da judicialização de um determinado conflito. Ou seja, a *EEOC* funciona como uma primeira instância administrativa obrigatória para as questões que envolvam a aplicação das leis federais antidiscriminação no emprego. No entanto, caso esses conflitos não sejam resolvidos administrativamente no âmbito da *EEOC* dentro do prazo 180 dias ou se a própria *EEOC* não judicializar a demanda em tal prazo, as partes podem requerer a expedição dessa carta que autoriza a judicialização. V. também *Equal Employment Opportunity Commission (EEOC)* e *Fort Bend County v. Davis,* 587 U.S. __ (2019).

Right-to-work states – estados com leis cujo teor veda que a filiação a sindicato ou o pagamento de contribuições assistenciais seja estabelecido como condição de acesso ou permanência no emprego, até mesmo no que se refere às *agency fees* (contribuições assistenciais destinadas exclusivamente ao custeio das negociações que resultam em acordos coletivos cujo teor costuma ser benéfico a todos os integrantes de uma unidade).

RM Petition – "Petição RM"; requerimento apresentado à *NLRB* por um empregador, com duas possíveis alegações: (1) uma organização ou sindicato trabalhista exigiu ser reconhecido como o representante da unidade de negociação para a negociação coletiva; ou (2) o empregador tem dúvidas quanto ao fato de um sindicato ainda ter apoio majoritário dentro da unidade de negociação. Em ambos os casos, o empregador busca uma eleição para resolver a questão da representação coletiva. Deve-se destacar que um empregador não pode apresentar uma *RM Petition* buscando uma eleição inicial, a não ser que o sindicato tenha primeiro exigido reconhecimento. Este requisito impede que um empregador derrote um esforço organizacional incipiente apresentando uma petição antes que o sindicato tenha contado com a oportunidade de obter apoio suficiente.

Robes – toga, capa.

Rounding – arredondamento (de cifras, de horários etc).

Rule of four – regra no sentido de que a Suprema Corte não vai conceder certiorari para ouvir um caso, a não ser que, no mínimo, quatro *Justices* entendam favoravelmente pela sua admissibilidade. V. também *Consider a petition for certiorari, Deny certiorari, Grant certiorari, Petition for certiorari* e *Writ of certiorari.*

Ruling – decisão (judicial ou administrativa).

Run for office, to – concorrer a um cargo público; candidatar-se a um cargo público.

S

Sabbatical leave – licença sabática; licença remunerada oferecida periodicamente a determinados profissionais, tais como professores universitários.

Safety – segurança.

Safety apron – avental de segurança.

Safety device – equipamento de segurança; equipamento de proteção.

Safety equipment – equipamento de proteção.

Safety footwear – calçado de segurança.

Safety gear – equipamento de proteção individual; equipamento de segurança.

Safety glasses – óculos de proteção.

Safety gloves – luvas de segurança.

Safety helmet – capacete de segurança.

Safety vest – colete de segurança.

Safe workplace – meio ambiente de trabalho seguro.

Salary – salário. Enquanto o termo *wage* geralmente faz referência ao salário pago por hora ou, algumas vezes, por dia de trabalho, a expressão *salary* diz respeito ao salário pago por uma unidade de tempo mais longa, normalmente por semana, mês ou por ano de trabalho, independentemente do número de horas ou dias trabalhados. V. *Exempt employee*, *Helix Energy Solutions Group, Inc. v. Hewitt*, 598 U.S. ___ (2023*)*, *Nonexempt employee*, *Paid on a salary basis* e *Wage*.

Sales assistant – assistente de vendas.

Sales target – meta de vendas.

***San Diego Bldg. Trades v. Garmon Council*, 359 U.S. 236 (1959)** – v. *Garmon doctrine*.

***Sandifer v. United States Steel Corp.*, 571 U.S. 220 (2014)** – a Seção 203, item (o), do *FLSA*, exclui do conceito de horas trabalhadas (*hours worked*) o tempo gasto na troca de roupas ou lavagem (*any time spent in changing clothes or washing*) no início ou ao final do dia de trabalho, desde que tal período esteja excluído da jornada pelos termos expressos dos costumes e práticas, ou através de acordo coletivo celebrado com o sindicato. Ao analisar o caso *Sandifer*, a Suprema Corte decidiu unanimemente que o tempo gasto pelos empregados na colocação e retirada de equipamentos de proteção não deveria ser computado como horas trabalhadas, pois existia um acordo coletivo celebrado com o sindicato cujo teor expressamente excluía tal período da jornada. No caso, a Corte interpretou o termo "troca de roupas" (*changing clothes*) da Seção 203 (o), do *FLSA*, de modo a abranger também os períodos despendidos na colocação e retirada de EPIs (tampões de ouvido, óculos de proteção e máscara respiratória). V. também *Portal-to-Portal Act*.

Scab – "fura-greve"; termo pejorativo utilizado para designar trabalhador que cruza uma linha de piquete e decide ir ao trabalho durante o curso de movimento grevista.

Scapegoat – bode expiatório. A expressão refere-se a uma pessoa ou grupo que é injustamente culpado ou alvo de responsabilização pelos erros ou más ações de outros.

Schedule change premium compensation – indenização a ser paga em virtude de alterações de última hora na escala de trabalho (realizadas após períodos pré-estabelecidos).

Scientist – cientista.

Seasonal worker – trabalhador sazonal.

Secondary boycott – boicote secundário ou solidário. Trata-se de prática sindical na qual um sindicato ou grupo de trabalhadores toma medidas de boicote contra uma empresa ou empregador que não está diretamente envolvido na disputa original, mas tem relações comerciais ou contratuais com a empresa ou empregador em questão. Esse tipo de boicote ocorre quando trabalhadores ou sindicatos, em solidariedade a colegas envolvidos em um conflito trabalhista específico, buscam afetar as operações ou relações comerciais de terceiros, geralmente empresas ou empregadores relacionados à empresa original em disputa. Por exemplo, se os trabalhadores de uma fábrica estão em greve devido a questões trabalhistas e outros sindicatos decidem boicotar ou tomar medidas contra as empresas que fornecem matéria-prima para essa fábrica, mesmo que essas empresas não estejam diretamente envolvidas na disputa, isso seria considerado um *secondary boycott*. Os boicotes secundários são considerados ilegais nos EUA.

Secondary strike – greve secundária ou solidária, proibida pela Seção 8 (b) (4) do *NLRA*, que a capitula como prática trabalhista injusta (*unfair labor practice*). Ressalta-se que as *secondary strikes* eram lícitas até a edição do *Taft-Hartley Act* (lei federal de 1947 com reações e reformas conservadoras ao texto original do *NLRA*). Torná-las novamente lícitas é, por vezes, uma previsão incluída em propostas de reformas ao texto do *NLRA*, na tentativa de resgatar maior poder de pressão econômica e de barganha ao movimento sindical estadunidense.

Secretary of Labor – Secretário do Trabalho, cargo integrante do gabinete presidencial, com status equivalente ao de Ministro do Trabalho. É ele quem comanda o *Department of Labor – DOL*.

Secret ballot – sistema de voto secreto.

Section (§) – seção; part; subdivisão interna de uma lei, equivalente a um artigo de uma lei.

Section 7 activity; Section 7 rights – atividades de engajamento coletivo protegidas pela Seção 7 do *NLRA;* os direitos protegidos pela Seção 7.

Sectoral bargaining; industry-wide bargaining – negociação coletiva travada entre o sindicato e um grupo de empregadores de um mesmo setor econômico (sistema distinto do atualmente existente nos EUA, onde prevalece o modelo de *employer by employer bargaining* ou *firm by firm bargaining*).

Security guard – vigilante.

Security screening (of employees) – procedimento de revista (de empregados), passagem (dos empregados) por postos de segurança, geralmente com detectores de metais.

SEIU – v. *Service Employees International Union (SEIU).*

Selective incorporation – v. *Incorporation doctrine (constitutional law).*

Self-employed – autônomo; indivíduo que trabalha por conta própria; empregador de si próprio.

Semi-skilled worker – trabalhador semi-qualificado.

Seniority – antiguidade (na empresa ou na função).

Sentence; sentence, to – sentença; sentenciar. No processo penal, os termos (substantivo e verbo) referem-se ao ato do(a) juiz(a) que estabelece as consequências (punições aplicáveis) a um(a) réu(ré) julgado(a) culpado(a).

Separation of powers – separação de poderes; separação das funções de governo em diferentes ramos ou poderes independentes; princípio constitucional de que os poderes do governo – Executivo, Legislativo e Judiciário – são separados, iguais, e independentes, embora o sistema de *checks and balances* atribua algumas funções atípicas a cada um deles, bem como os confira prerrogativas para fiscalização e controle entre si. V. *Checks and balances.*

Serious health condition – problema grave de saúde (terminologia utilizada no *FMLA*).

Server – garçom ou garçonete; atendente de bar ou restaurante. No passado, a expressão *waiter* era tradicionalmente usada para garçom (homem) e *waitress* para garçonete (mulher), porém mais recentemente a expressão *server* tem sido bastante utilizada, pois constitui uma forma unissex.

Service Employees International Union (SEIU) – Sindicato Internacional de Empregados de Serviços. Trata-se de uma organização sindical que representa trabalhadores em uma grande variedade de setores, incluindo serviços, saúde, limpeza, segurança e serviços públicos. Constitui um dos maiores sindicatos dos EUA, conhecido por sua busca enérgica pela sindicalização de novos ambientes de trabalho.

Set aside, to – anular, tornar nulo.

Settlement; settle, to – acordo; conciliação; avença; conciliar; chegar a um acordo; celebrar um acordo. Trata-se da resolução de uma disputa através da celebração de um acordo entre as partes.

Severance – ruptura; rompimento; fim do contrato.

Severance package – pacote rescisório; pacote de benefícios e valores pagos em eventual em caso de extinção do contrato de trabalho.

Severance pay – indenização paga em caso de extinção do contrato de trabalho; indenização rescisória.

Severe or pervasive – "grave ou generalizada" (tradução literal). Trata-se do padrão que uma conduta deve atingir para que possa ser considerada como assédio sexual ilegal. Ou seja, o comportamento em questão precisa ser significativamente prejudicial ou ocorrer de forma frequente o suficiente para criar um ambiente de trabalho hostil ou intimidador.

Sex discrimination in employment – discriminação no emprego baseada no sexo (gênero) de uma pessoa.

Sexism – sexismo.

Sexual harassment – assédio sexual.

Sexual orientation – orientação sexual.

Sexual orientation discrimination – discriminação por orientação sexual.

Shareholders – acionistas (de uma sociedade empresária).

Sharing economy – economia do compartilhamento.

Sherman Antitrust Act (1890) – lei federal com proibição de monopólios e carteis.

Shift; work shift – turno (de trabalho); jornada de trabalho.

Shift the burden of proof, to – inverter o ônus da prova.

Shifting the burden of proof – inversão do ônus da prova.

Shopkeeper – comerciante.

Showing of interest – demonstração de interesse consistente na apresentação à *NLRB* de cartões de suporte ao sindicato subscritos por pelo menos 30% dos empregados de uma determinada unidade de trabalho, a justificar reconhecimento e negociação com o sindicato pelo empregador ou a convocação de uma eleição de representação sindical (atualmente, na prática, os empregadores costumam recusar-se ao reconhecimento voluntário, mediante demanda de uma eleição de representação sindical administrada pela *NLRB*).

Sick days – afastamento do trabalho em virtude de doença ou condição de saúde.

Sick leave – licença por questões médicas; licença por doença.

Simple majority – maioria simples.

Sitdown strike – greve na qual um grupo de trabalhadores ocupa as instalações da empresa, com posse ilegal temporária dos meios de produção, impedindo que o empregador contrate substitutos ou transfira maquinário ou sua produção para outro local. Em que pese raras na atualidade, esse tipo de greve revelou-se importante na história do sindicalismo dos EUA, uma vez que, logo após a edição do *NLRA*, grandes corporações industriais resistiam a movimentos de sindicalização, até que greves em fábricas de automóveis contribuíram para o rompimento e superação de múltiplas barreiras.

Sitting *en banc* – Pleno de um tribunal; sessão de julgamento do tribunal (Câmaras ou Turmas).

Skilled labor; skilled work – trabalho qualificado; mão de obra qualificada.

Skilled worker – trabalhador(a) qualificado(a).

Slander – calúnia. Trata-se de uma forma de difamação através de comunicação oral (não escrita ou não visual) de conteúdo falso. Diferentemente da *libel*, que envolve declarações ou representações difamatórias sob formas escritas ou visuais, *slander* abrange comunicações verbais (como palavras faladas, rumores ou outros meios orais) capazes de gerar prejuízo à reputação de uma pessoa.

Slave – pessoa escravizada; escravo(a).

Slavery; slave labor – escravidão; trabalho escravo.

Slicers – máquinas fatiadoras; cortadoras.

Slowdown – movimento de desaceleração do trabalho ("operação tartaruga"). Ao decidir o caso *Elk Lumber Company*, 91 NLRB 333 (1950), a *NLRB* entendeu que esse tipo de prática não constitui uma espécie de greve protegida pelas Seções 7 e 13 do *NLRA*.

SOC – v. *Change to Win Federation (CtW) (agora Strategic Organizing Center - SOC).*

Social distancing measures – medidas de distanciamento social.

Social dumping – dumping social; obtenção de vantagens concorrenciais decorrentes da utilização de trabalho em piores condições do que aquelas oferecidas pelos competidores.

Social Security – Sistema de Previdência Social; Seguro Social.

Social Security Act (1935) – lei federal sobre seguro-desemprego e benefícios de aposentadoria.

Social Security Card – Cartão do Sistema de Previdência Social, com número de identificação. Trata-se de um dos meios principais (ou mais comum) de identificação nos EUA.

Social Security contribution – contribuição previdenciária.

Social Security number (SSN) – número de identificação do contribuinte para a previdência social.

Social worker – assistente social (profissão).

Socratic method – método socrático, em que os estudantes são indagados sobre diversos aspectos fáticos e jurídicos de determinado caso, a fim de que participem ativa e dialeticamente do processo de aprendizado. Trata-se de método ativo de aprendizagem por meio do qual, atuando o professor como mediador, são debatidos a compreensão do caso e seus respectivos contextos, assim como *hypotheticals* (ou *hypos*, no jargão acadêmico) – em que examinadas situações limítrofes ou *distinguishings* a partir do princípio jurídico subjacente ao caso. Ainda, frequentemente coloca-se um aluno contra o outro, incumbidos de argumentar teses opostas para a mesma questão. A depender do docente, os questionamentos formulados podem ser respondidos por voluntários ou por alunos aleatoriamente selecionados (esta última possibilidade caracteriza o temido sistema de *cold calls*). V. também *Case method* e *Cold calls*.

Solicitation – comunicações orais, boca a boca, corpo a corpo (que podem incluir, por exemplo, pedido a que um colega de trabalho apoie uma organização sindical, distribuição de cartões de suporte sindical, solicitações de filiação ou solicitação de assinatura de uma petição).

Solicitor General – Advogado-Geral dos EUA (na esfera federal) ou de algum dos estados (esfera estadual). No âmbito federal, trata-se de uma autoridade de alto escalão, cujas responsabilidades incluem: representar a União perante a Suprema Corte dos EUA; oferecer aconselhamento jurídico ao governo federal em questões importantes e complexas, ajudando na tomada de decisões relacionadas a litígios e interpretação da lei; defender os interesses da União em questões legais, influenciando o desenvolvimento da jurisprudência; e intervir estrategicamente em casos significativos com implicações importantes para a interpretação e aplicação da lei nos EUA.

Speech – fala; discurso; palestra; palavra, livre expressão. No que se refere à jurisprudência sobre as liberdades asseguradas pela Primeira Emenda à Constituição dos EUA, há sempre debates sobre as formas de livre expressão que podem ser consideradas *speech*, para fins de especial proteção.

Split, to – partir; fracionar; desdobrar.

SSN – v. *Social Security number (SSN).*

Standard of proof – nível ou padrão de provas exigido para uma parte desincumbir-se de seu ônus probatório. Para casos penais, o nível é "além de dúvida razoável" (*beyond a reasonable doubt*). Nos casos cíveis, normalmente é a "preponderância das evidências" (*preponderance of evidence*), mas em alguns casos especiais pode ser um padrão mais rigoroso, como o da prova "clara e convincente" (*clear and convincing*). V. *Preponderance of evidence* e *Reasonable doubt.*

Stand-by time – período de permanência em prontidão, no aguardo de chamados ao trabalho. V. *On call.*

Stare decisis – sistema de observância obrigatória de precedentes adotado tradicionalmente nos países da família da *common law*; doutrina dos precedentes judiciais vinculantes; princípio de que as decisões judiciais anteriores servem como precedentes vinculativos para decisões futuras em casos semelhantes.

Start up – início; começo; empresa recém-criada; empresa recentemente fundada, geralmente caracterizada por ser inovadora, voltada para o crescimento rápido e muitas vezes operando em setores de tecnologia ou em mercados de nicho.

State action doctrine - doutrina segundo a qual os dispositivos da Constituição destinam-se à tutela apenas das relações entre os entes governamentais e os indivíduos, sem eficácia direta e imediata nas relações travadas entre particulares, com algumas exceções (*e.g.*, Décima Terceira Emenda, que veda escravidão e trabalho forçado).

State agency adjudication - judicialização de um caso por uma agência administrativa.

State Attorney General - diferentemente do *attorney general* do sistema federal, o *state attorney general* (em tradução literal, "procurador-geral do estado") geralmente é eleito e lidera uma equipe de *state attorneys* ("procuradores do estado") que lidam sobretudo com causas cíveis. No entanto, esses procuradores (*state attorneys*) também exercem funções de promotoria, representando os entes federativos estaduais em ações penais. Costumam, além disso, trabalhar em conjunto com os promotores (*district attorneys*) em investigações criminais. Em uma análise comparativa, o cargo de *state attorney general* tem similitudes com o de Procurador-Geral do Estado e o de *state attorney*, com o de Procurador do Estado, porém, nos EUA, o exercício de ambas as funções costuma envolver também poderes de investigação e de persecução criminal.

State-owned company - empresa estatal, com capital público.

State preemption - teoria segundo a qual um estado impede que seus condados e municípios aprovem leis em determinadas matérias cujo teor seja dissonante das leis estaduais já editadas sobre tema (*e.g.*, estados que impedem o estabelecimento de salário mínimo diverso e mais elevado por suas cidades e condados).

Statute; act - lei; ato normativo escrito, com generalidade e abstração, emanado do Poder Legislativo; estatuto.

Statute of limitation - prescrição prevista em lei; prazo de prescrição.

Statutory construction - o ato de, função de, ou área do direito que estuda a interpretação das leis escritas (estatutos) emanados do Poder Legislativo.

Statutory rights - direitos previstos em lei.

Stay; stay, to – Parada ou suspensão de um processo ou de um procedimento; ordem de um juiz para suspender um procedimento.

Steel – aço.

Steelworker – trabalhador(a) do aço; trabalhador(a) do ramo siderúrgico.

***Steiner v. Mitchell*, 350 U.S. 247 (1956)** – decisão na qual a Suprema Corte entendeu que deveria ser remunerado e computado na jornada o tempo que os empregados de uma fábrica de baterias passavam tomando banho e trocando de roupas, porque os produtos químicos existentes na fábrica eram tóxicos para os seres humanos e o próprio empregador havia admitido que as atividades de troca de roupas e banho seriam indispensáveis ao desempenho do trabalho produtivo e a ele integralmente relacionados. Não constituiriam, portanto, atividades preliminares ou posteriores, na acepção do *Portal-to-Portal Act* [Seção 254 (a) (2)], pelo que o tempo gasto nessas atividades deveria ser computado na jornada e remunerado conforme as exigências do *FLSA*. V. *Portal-to-Portal Act.*

Steward – comissário de bordo (homem). Termo gradativamente substituído por *flight attendant* (forma unissex), a fim de evitar distinções desnecessárias e discriminatórias por gênero.

Stewardess – comissária de bordo (mulher). Termo gradativamente substituído por *flight attendant* (forma unissex), a fim de evitar distinções desnecessárias e discriminatórias por gênero.

Stimulus check; economic impact payment – auxílio econômico emergencial, com valores pagos por adulto e por criança com menos de 17 anos, a trabalhadores elegíveis durante o limitado período da pandemia da Covid-19, consoante disciplina do *CARES Act* e de outras leis emergenciais posteriores.

Stipulation; stipulate, to – acordo voluntário entre os advogados de partes contrárias sobre um determinado assunto, com a finalidade de evitar a produção de determinadas provas ou para estreitar a gama dos temas que dependerão de provas e argumentos.

Stoppage; work stoppage – paralisação (do trabalho).

Strategic Organizing Center (SOC) – v. *Change to Win Federation (CtW) (agora Strategic Organizing Center – SOC).*

Strict scrutiny – "escrutínio estrito" (tradução literal); análise rigorosa. Trata-se de padrão rigoroso de revisão judicial aplicado pelos tribunais ao avaliar a constitucionalidade de certas leis ou políticas, frequentemente utilizado em casos nos quais a legislação ou a ação do governo afeta direitos fundamentais protegidos pela Constituição. Constitui, assim, o nível de escrutínio mais estrito e cético que as cortes usam para o controle de constitucionalidade. Se uma lei ou política pública infringe um direito fundamental ou afeta um grupo definido por uma característica sensível, como raça, as cortes avaliam se a medida atende a um interesse imperativo e de grande relevância (*compelling interest*) e também se é a menos restritiva possível para atingir esse objetivo (*narrowly tailored*). Em outras palavras, a restrição imposta pela medida deve ser estritamente necessária para alcançar um objetivo extremamente importante. Como esse padrão de revisão é difícil ser satisfeito, a aplicação do teste pelos tribunais muitas vezes resulta na invalidação de alguma lei ou medida governamental. Compare *Mere rationality scrutiny.*

Strike; strike, to - greve; fazer greve; deflagrar uma greve.

Strike authorization vote - votação convocada para decidir sobre possível início de greve.

Strikebreaker – trabalhador que exerce suas atividades durante o decorrer de um movimento grevista (de forma pejorativa, comumente chamado de *scab*).

Striker – grevista. V. também *NLRB v. Mackay Radio & Telegraph Co.*, 304 U.S. 333 (1938) e *Permanent replacement.*

Student loan - empréstimo estudantil; crédito estudantil; financiamento geralmente utilizado para custeio de ensino superior.

Student loan debt – dívida de empréstimo estudantil.

Student loan forgiveness – perdão de dívida de empréstimo estudantil.

Subcontract, to – terceirizar; subcontratar.

Subcontractor – empresa terceirizada; subcontratada; prestadora de serviços.

Subminimum wage – salário abaixo do mínimo.

Subpoena - intimação de testemunha; intimação para exibição de livros e documentos.

Subsidize, to – subsidiar.

Substandard – precário; abaixo do padrão.

Substandard labor conditions; substandard work conditions – condições precárias de trabalho.

Substandard work – trabalho precário.

Successor – sucessor (em uma sucessão trabalhista).

Successorship – sucessão trabalhista.

Sue, to – "processar"; ajuizar uma ação em face de outra pessoa.

Suicide – suicídio.

Suit – ação judicial; processo judicial.

Summary judgment – julgamento antecipado da lide. *Summary judgment* é uma ferramenta processual para a rápida e eficiente resolução de uma ação (ou de porção de uma ação) sem a necessidade de uma audiência (*trial*). Uma parte pode arguir que não existe qualquer disputa genuína e real sobre os fatos essenciais do caso e sustentar que ela tem direito a julgamento antecipado com base na interpretação e na aplicação do direito (*matter of law*). Se uma *motion for summary judgment* é deferida, o juiz emite uma ordem de julgamento antecipado, encerrando efetivamente o caso a favor da parte que obteve a decisão favorável. *Motions for summary judgment* constituem barreiras muitas vezes difíceis para reclamantes em processos com matéria trabalhista, porque muitos(as) juízes podem eventualmente apresentar uma relativa falta de familiaridade e simpatia quanto a este tipo de ação.

Summary judgment motion – requerimento de julgamento antecipado da lide.

Summon, to – citar (judicialmente); notificar uma parte, para que responda a uma ação judicial.

Summons – mandado de citação; citação inicial; notificação citatória.

Supplier – fornecedor.

Supply and demand - oferta e procura.

Supply chain; supply network - cadeia de fornecedores; rede de fornecedores; cadeia produtiva.

Surface bargaining - negociação apenas de fachada; negociação de aparência.

Surveillance - fiscalização; vigilância.

Sustain, to - afirmar; aprovar; aceitar.

Swear, to - jurar; afirmar sob juramento.

Swing vote - voto proferido por juiz(a) cujo posicionamento pode variar e que, por isso, será decisivo na formação de uma maioria e no consequente resultado de um julgamento em órgão colegiado; voto de Minerva; voto de desempate; voto-pêndulo.

Syllabus - ementa de uma decisão. Diferentemente do que se verifica na realidade brasileira, nos EUA as ementas de decisões não são redigidas pelos Tribunais, mas por empresas e instituições extrajudiciais, razão pela qual não integram o corpo das próprias decisões, tampouco revestem-se de caráter oficial; no âmbito acadêmico, o termo é utilizado para designar a ementa que contém o conteúdo programático (de estudos e atividades) de um determinado curso ou disciplina.

Sympathy strike - greve de solidariedade.

T

Taft-Hartley Act (*também conhecido como* Labor Management Relations Act) – lei federal de 1947 com reações e reformas conservadoras ao texto original do *NLRA*, especialmente para reduzir poderes anteriormente conferidos aos sindicatos pela redação original da lei. O veto do presidente Harry S. Truman foi derrubado pela Câmara de Representantes e pelo Senado, que após as eleições de 1946 haviam passado a contar com maioria republicana em ambas as casas legislativas, algo que não acontecia há muitos anos.

Take-home pay – salário líquido; remuneração líquida; valor líquido a ser recebido após a dedução de tributos, contribuições e outros descontos em um contracheque.

Take the fifth, to – expressão informal para se referir ao direito previsto na Quinta Emenda à Constituição dos EUA, no sentido de que ninguém pode ser obrigado em qualquer processo criminal a servir de testemunha contra si próprio, ou seja, de que todos têm direito de não se autoincriminar.

Taxable wage bases – salários máximos de contribuição (variáveis entre os diferentes estados) para fins de tributação incidente para custeio do sistema de seguro-desemprego (mantido de forma cooperativa entre o governo federal e os governos estaduais).

Tax exempt – isento de tributos.

Teacher – professor, em especial no ensino fundamental ou médio.

Teamster – motorista de caminhão; caminhoneiro(a). Trata-se de uma expressão já relativamente ultrapassada para designar os(as) motoristas de caminhão ou caminhoneiros(as), que era mais utilizada antes de o transporte tornar-se motorizado. O termo ainda persiste, contudo, no principal sindicato representativo desses(as) trabalhadores(as). V. *International Brotherhood of Teamsters (IBT).*

Tech industry – indústria da tecnologia; setor de tecnologia; ramo tecnológico.

Telework home office – teletrabalho (a prática de trabalhar de casa, com uso da internet, telefone, e-mail etc.).

Temp agency - agência de trabalho temporário.

Temporary disability - incapacidade provisória (para o trabalho).

Temporary worker - trabalhador temporário.

***Tennessee Coal Co. v. Muscoda Local No. 123*, 321 U.S. 590 (1944)** - caso no qual a Suprema Corte entendeu, por maioria, que o deslocamento subterrâneo de mineiros (desde a superfície e em retorno a tal localidade) constituiria período de trabalho. Esse tempo de viagem no subterrâneo, portanto, seria computado nas horas de trabalho da semana, na acepção do *FLSA*, devendo ser remunerado como tal. A decisão da Corte foi redigida pelo juiz Frank Murphy, em um voto majoritário com teor visivelmente humanista. Ao refutar o argumento de que, na praxe da mineração, essas viagens costumavam ser excluídas da jornada de trabalho, a decisão pontuou que "o *Fair Labor Standards Act* tem natureza humanitária e reparadora e não deve ser interpretado ou aplicado de maneira restritiva e rancorosa". Estabeleceu, ainda, que o *FLSA* "não foi projetado para codificar ou perpetuar os costumes e contratos que permitem ao empregador utilizar todo o tempo de um empregado, mas remunerá-lo apenas por uma parte desse tempo". O voto também deixou claro que a atividade do empregado não precisa ser produtiva ou gerar diretamente valor ao empregador para ser considerada "trabalho". Esse julgado, juntamente com a decisão do caso *Anderson v. Mt. Clemens Pottery Co.*, 328 U.S. 680 (1946), ensejou uma reação conservadora do Congresso Nacional, que após as eleições de 1946 havia passado a contar com maioria republicana em ambas as casas legislativas, algo que não acontecia já há muitos anos. Para superar, em parte, tais decisões, foi editado o *Portal-to-Portal Act*, lei federal de 1947. V. *Portal-to-Portal Act*.

Tenured - permanente; estável; titular (*e.g.*, tenured professor).

Termination notice - aviso-prévio; aviso de dispensa.

Termination (of employment contract) - cessação do vínculo de emprego; extinção contratual; resilição do contrato de trabalho.

Termination protections - proteções contra dispensa imotivada.

Tie-breaking vote; tie breaker - voto de desempate; voto de minerva.

Time-and-a-half – pagamento com adicional de 50%, na proporção do valor original do salário-hora regular multiplicado por 1,5 (Seção 207 (a) do *FLSA*).

Time card – cartão de ponto.

Time clock – relógio de ponto.

Timekeeping system – sistema de controle de ponto.

Time off – período de descanso.

Time records – registro de jornada.

Tip – gorjeta.

Tip credits – possibilidade de cômputo das gorjetas para atingimento do valor do salário mínimo obrigatório.

Tip-credit system – sistema que permite o cômputo de gorjetas para o atingimento dos valores de salário mínimo a serem obrigatoriamente recebidos pelos empregados.

Tipped employee – empregado que recebe gorjetas (com previsão de salário mínimo diferenciado em alguns estados).

Tip pooling – sistema de rateio de gorjetas.

Title VII of the Civil Rights Act (1964) – diploma pioneiro, em âmbito federal, no que se refere à igualdade de oportunidades e não discriminação no emprego, cuja disciplina prevê como ilícita a prática de um empregador recusar-se a contratar ou dispensar qualquer indivíduo, assim como discriminá-lo no que se refere à remuneração, termos, condições ou benefícios de emprego, em virtude de sua raça, cor, religião, sexo ou origem nacional. Esse ato normativo histórico abriu caminho para que, mais adiante, outros fatores de identidade passassem a ser também considerados como bases ilícitas para discriminação no emprego, através da aprovação de novas leis (*e.g.*, idade, gravidez, deficiência).

Tort; torts – ilícito civil; ato ilícito. Trata-se de ação civil que resulta em danos ou prejuízos a outra parte, e a pessoa que comete o ato ilícito pode ser responsabilizada perante a lei civil. Exemplos comuns de *torts* incluem negligência, difamação, agressão civil, e responsabilidade por produtos defeituosos. A palavra *tort* é derivada do francês antigo, em que significava um "ato errado" ou "injustiça". O sistema jurídico que trata de *torts* é conhecido como responsabilidade civil e é uma parte significativa do direito civil em muitos sistemas jurídicos, incluindo os da família da *common law*, que tiveram sua origem no direito inglês. No passado, *torts* tinham as reparações estabelecidas por normas da *common law*, mas nos séculos recentes os legisladores aprovaram leis para definir e proibir a maioria dessas ofensas.

Total disability - invalidez permanente; incapacidade permanente (para o trabalho).

Trade - comércio; negócio.

Trade barriers - barreiras comerciais.

Trade secret - segredo de empresa.

Trade tariffs - tarifas comerciais impostas a determinado produto.

Trainee - trabalhador em treinamento; trainee; estagiário.

Transcripts - transcrições; registros; notas taquigráficas. O termo refere-se aos registros escritos que reproduzem de forma exata e completa o que foi dito durante uma audiência, julgamento, depoimento ou qualquer outro evento legal.

Transgender - transgênero.

Transsexual - transexual.

Travel expenses - despesas de viagem.

Treble - triplo; triplicado.

Treble damages - danos triplicados; perdas e danos triplicados (quando o valor da indenização é aumentado três vezes).

Trial - julgamento (conhecimento e decisão de pedido ou controvérsia pelo Poder Judiciário); juízo (discussão da causa; formação da opinião; interrogatório); exame; verificação; prova (ensaio; teste; tentativa).

Trial at *nisi prius* - julgamento de primeira instância; julgamento pelo juiz singular.

Trial brief - memoriais.

Trial by court; bench trial – julgamento pelo juiz togado.

Trial by jury – julgamento pelo tribunal do júri.

Trial calendar – pauta de julgamento.

Trial court – órgão judiciário de primeiro grau (Vara); juízo de primeira instância.

Trial *de novo* – novo julgamento ou novo júri; julgamento *de novo*. Isso pode acontecer quando um tribunal superior anula a decisão da instância inferior e determina um novo julgamento. Durante o novo julgamento, o caso é reconsiderado como se o julgamento original nunca tivesse ocorrido, e novas provas podem ser apresentadas, sendo a causa inteiramente julgada mais uma vez.

Trial jury – corpo de jurados; conselho de sentença.

Trial lawyer – advogado que milita no contencioso forense.

Trial list – pauta de julgamentos; relação de processos na pauta de julgamentos.

Trial on merits – julgamento do mérito.

Trial *per pais* – julgamento pelos seus pares.

Tribal sovereignty – soberania tribal (soberania, autogoverno e o poder conferido a determinadas tribos indígenas de estabelecer suas próprias leis e tribunais).

Truck driver – caminhoneiro(a); motorista de caminhão.

U

UAW – v. *United Auto Workers (UAW).*

UBC – v. *United Brotherhood of Carpenters (UBC).*

UFCW – v. *United Food and Commercial Workers International Union (UFCW).*

Underpayment – pagamento em valor inferior ao devido; pagamento insuficiente.

Undocumented worker – trabalhador ilegal, sem os documentos necessários para trabalhar licitamente no país; trabalhador indocumentado.

Unemployed person; jobless – pessoa desempregada.

Unemployment; joblessness – desemprego.

Unemployment insurance – seguro-desemprego.

Unemployment insurance claim – pedido de seguro-desemprego.

Unfair labor practice (ULP) – prática trabalhista injusta; conduta trabalhista injusta; conduta trabalhista desleal; prática ilegal trabalhista capitulada pelo *NLRA* (perpetrada pelo empregador, organização trabalhista ou seus agentes); prática trabalhista desleal cuja ilicitude encontra-se prevista no *NLRA*; conduta antissindical praticada pelo empregador ou conduta abusiva praticada pela organização trabalhista. Enquanto a Seção 8 (a) do *NLRA* prevê as *ULPs* praticadas pelos empregadores, a Seção 8 (b) dispõe sobre aquelas levadas a efeito pelas organizações trabalhistas dos empregados ou seus agentes.

Unfair labor practice strike (ULP strike) – greve deflagrada como reação ao cometimento de práticas ilegais trabalhistas (condutas antissindicais) pelo empregador.

Unilateral change – mudança unilateral; alteração unilateral; mudança unilateral sem consulta ao sindicato. Trata-se de mudança nas condições de trabalho feita pelo empregador sem prévia negociação com o sindicato representativo da unidade. Em um ambiente sindicalizado, via de regra, o empregador não pode fazer alterações nos termos e condições do trabalho, ainda que mais favoráveis a seus empregados, sem negociar previamente com o sindicato a respeito dessas mudanças. Se assim o empregador proceder, a *NLRB* vai declará-lo em violação ao dever de negociar de boa-fé previsto na Seção 8 (a) (5) do *NLRA*, sem a necessidade de que, para isso, haja um intuito antisindical (trata-se de uma violação *per se*).

Unilaterally – unilateralmente.

Union; trade union; labor union – sindicato.

Union activist – ativista sindical; sindicalista.

Union authorization card – cartão de suporte sindical.

Union-avoidance consultants; union-avoidance firms; persuaders; union busters – empresas ou consultores especializados em promover campanhas de rechaço à sindicalização.

Union density – níveis de sindicalização; percentuais de trabalhadores sindicalizados.

Union drive; organization drive; organizing campaign – campanha de sindicalização.

Union dues – contribuição assistencial (ao sindicato).

Union-free workplace – local, ambiente ou unidade de trabalho não sindicalizado(a), sem a presença de sindicato.

Unionization – sindicalização.

Unionized workplace – local, ambiente ou unidade de trabalho sindicalizado(a), isto é, onde os empregados são representados por sindicato na negociação coletiva mantida com o empregador.

Union membership rate – taxa de sindicalização; índice de sindicalização, consoante dados oficiais divulgados anualmente pelo *Bureau of Labor Statistics* (BLS) do *Department of Labor*.

Union of Needletrades, Industrial, and Textile Employees (UNITE) – Sindicato dos Empregados da Costura, Indústria e Tecidos. Trata-se de organização criada em 1995 mediante a fusão de alguns sindicatos famosos e tradicionais da indústria têxtil (mais recentemente o *International Ladies Garment Workers Union* e o *Amalgamated Clothing and Textile Workers Union*, este mesmo produto de junção do *Textile Workers Union of America* e do *Amalgamated Clothing Workers of America* em 1976). Em 2004, o *UNITE* juntou-se com o *Hotel Employees and Restaurant Employees Union (HERE)* para criar *UNITE-HERE*, mas, em 2009, a maioria dos membros previamente associados ao *UNITE* decidiram separar-se novamente do HERE, para fundar o *Workers United*, um grupo afiliado ao *SEIU*.

Union organizer – sindicalista; ativista do sindicato; organizador sindical.

Union organizing – campanha de sindicalização.

Union rep – representante do sindicato (informal).

Union security – "segurança sindical", termo comumente utilizado para se referir a mecanismos pelos quais os empregados são compelidos a se filiarem ou apoiarem financeiramente um sindicato, a fim de obter ou manter um determinado vínculo de emprego; financiamento sindical. Em ambientes sindicalizados do setor privado estadunidense, permite-se que acordos coletivos contenham cláusulas com a estipulação de contribuições assistenciais compulsórias destinadas ao financiamento da negociação coletiva, a não ser que o respectivo estado tenha aprovado lei vedando esse tipo de compulsoriedade (lei *right-to-work*).

Union shop – acordo coletivo em que é permitido ao empregador a contratação de trabalhadores filiados ou não ao sindicato. No entanto, há previsão expressa de que, depois de iniciado o vínculo de emprego (em período razoável a contar da contratação do trabalhador ou da entrada em vigor da norma coletiva), passa-se a poder exigir que a filiação ao sindicato seja requisito para manutenção do posto de trabalho – Seção 8 (a) (3) do *NLRA*; Seção 8 (f) (2) do *NLRA*; e Seção 11 (a) do *RLA*. *Union shops* são vedados nos estados com leis *right-to-work*, isto é, em estados que tenham aprovado leis proibindo a estipulação em acordos coletivos quanto à cobrança compulsória de contribuições assistenciais destinadas ao financiamento da negociação coletiva.

UNITE – v. *Union of Needletrades, Industrial, and Textile Employees.*

United Auto Workers (UAW) – Trabalhadores Unidos da Indústria Automotiva. Seu nome completo, na verdade, é *International Union, United Automobile,*

Aerospace, and Agricultural Implement Workers of America (União Internacional dos Trabalhadores da Indústria Automobilística, Aeroespacial e de Implementos Agrícolas da América). Trata-se de um sindicato criado na indústria de automóveis na década de 1930 diante de uma forte e muitas vezes violenta oposição aos movimentos de sindicalização por parte das grandes indústrias do setor automotivo. Com o deslocamento de muitas fábricas de montagem de automóveis para fora dos EUA ou para os estados do Sul (com índices de sindicalização sensivelmente mais baixos), o sindicato reduziu-se em números consideráveis, mas ainda consiste em uma das maiores, mais poderosas e mais tradicionais organizações sindicais dos EUA, com ramificações locais que deflagram movimentos de sindicalização em múltiplos outros setores, não apenas no setor industrial.

United Brotherhood of Carpenters (UBC) – Irmandade Unida dos Carpinteiros.

United Food and Commercial Workers International Union (UFCW) – Sindicato Internacional Unificado dos Comerciários e Trabalhadores da Alimentação na América do Norte.

United States Attorneys; U.S. Attorneys – são os "advogados da nação" (the *nation's litigators*) que representam os EUA em ações cíveis e criminais. Há 94 *United States Attorneys*, cada qual com mandato de quatro anos. Os *U.S. Attorneys* são indicados pelo Presidente da República e confirmados pelo Senado. No que se refere às atribuições, o cargo tem similitudes com o de Procurador da República no Brasil.

***United States v. Darby,* 312 U.S. 100 (1941)** – caso em que, de forma unânime, foi atestada a constitucionalidade do *Fair Labor Standards Act - FLSA*, lei federal de 1938, cujo teor estabelece salário mínimo/hora, jornada máxima semanal, remuneração especial das horas extras e proibição de trabalho infantil. Segundo decidido pela Suprema Corte, o *FLSA* procura evitar que os estados se valham, em seu próprio benefício econômico, de práticas trabalhistas abaixo de um determinado padrão nacional mínimo, o que acaba por impedir o oferecimento de condições de trabalho precárias aptas a gerar um impacto significativo no comércio interestadual. Entendeu-se, ainda, que o Congresso Nacional teria agido dentro dos limites de sua competência legislativa, uma vez que a Constituição lhe autoriza a regulamentar o comércio interestadual (Cláusula de Comércio).

United Steelworkers (USW) – Sindicato dos Trabalhadores do Aço; Trabalhadores Unidos do Setor Siderúrgico. O USW é um sindicato ativo nos EUA e Canadá, representando trabalhadores da indústria siderúrgica, metalúrgica, de mineração e de outros setores relacionados. Embora ainda seja um dos maiores e mais poderosos sindicatos industriais, também sofreu relativo declínio em sua representatividade em razão do declínio da indústria de aço nos EUA.

Universal basic income (UBI) – renda mínima universal oferecida aos cidadãos por meio de um sistema público.

Universal health care – sistema público de atendimento à saúde.

Unjust discharge – dispensa injusta, ilícita ou discriminatória.

Unjust enrichment – enriquecimento ilícito.

Unlawful – ilícito; ilegal.

Unload – descarregar.

Unpaid – não pago; não remunerado.

Unpaid internship – estágio não remunerado.

Unpaid leave – licença não remunerada; afastamento do trabalho não remunerado.

Unpaid vacations – férias não remuneradas.

Unpredictable scheduling – escala imprevisível; horários imprevisíveis; necessidade de atender a chamados para o trabalho realizados com pouca antecedência, o que cria uma relativa imprevisibilidade dos horários de trabalho e dificulta o planejamento pessoal e familiar (v. *Fair Workweek Movement*, *Fair workweek scheduling*, e *On-call workers*).

Unskilled labor – trabalho sem qualificação.

Unskilled worker – trabalhador sem qualificação.

Untimely – intempestivo.

Uprising – levante; revolta; insurreição; rebelião.

U.S. Attorneys – v. *United States Attorneys*.

USW – v. *United Steelworkers (USW)*.

V

Vacate, to – anular; declarar nulo; revogar; cancelar. Essa expressão é frequentemente utilizada para descrever a ação de anular uma decisão judicial, uma sentença ou um processo judicial. Quando um tribunal decide *to vacate* uma decisão, significa que está anulando ou revogando essa decisão, geralmente com efeitos retroativos, como se a decisão nunca tivesse sido tomada. Isso pode ocorrer por vários motivos, como a descoberta de irregularidades processuais, novas provas relevantes ou outros fundamentos legais que justifiquem a anulação da decisão anterior.

Verdict – veredito.

Vicarious liability – responsabilidade civil indireta, decorrente de ato de terceiro (como no caso do empregador que responde pelos atos praticados por seus empregados).

Victim – vítima.

***Vita; curriculum vitae (CV);* resume** – currículo.

Vital service – serviço essencial.

Void – inválido; ato jurídico inválido.

Voir dire – literalmente, a expressão francesa significa "falar a verdade" ou "verificar (a) fala". Na formação do júri, trata-se do momento prévio em que as partes – e, em alguns casos, o juiz – fazem perguntas aos potenciais jurados para avaliar sua elegibilidade e imparcialidade. Esse exame preliminar tem o propósito de garantir a formação de um júri imparcial e adequado para o julgamento.

Vote-no campaign; anti-union campaign – campanha promovida pelo empregador para promover o voto contrário à presença do sindicato.

Vulnerability – vulnerabilidade.

Vulnerable – vulnerável.

W

Wage – salário. Geralmente, o termo *wage* faz referência ao salário pago por hora ou, algumas vezes, por dia de trabalho, enquanto a expressão *salary* diz respeito ao salário pago por uma unidade de tempo mais longa, normalmente por semana, mês ou ano de trabalho, independentemente do número de horas ou dias efetivamente trabalhados. V. *Exempt employee*, *Helix Energy Solutions Group, Inc. v. Hewitt*, 598 U.S. ___ (2023), *Nonexempt employee*, *Paid on a salary basis* e *Salary*.

Wage and Hour Division (WHD) – Divisão de Salário e Horas do *Department of Labor – DOL* (Ministério do Trabalho), responsável pela administração do *Fair Labor Standards Act – FLSA* (lei federal com disposições sobre salário mínimo nacional, adicional de horas extras, manutenção de registro de salário e horas trabalhadas, proibição do trabalho infantil e intervalos de amamentação).

Wage and hour litigation – litigância envolvendo salário, jornada de trabalho, intervalos e horas extras.

Wage floor – piso salarial.

Wage gap – diferença salarial.

Wage theft – "roubo de salário" (tradução literal); sonegação de salário; retenção ilegal de salário ou remuneração em violação ao *FLSA* ou outra lei estadual ou federal sobre salário, jornada e horas extras.

Wagner Act – v. *National Labor Relations Act (NLRA).*

Waiter – garçom. No passado, a expressão *waitress* era utilizada para designar garçonetes do sexo feminino, porém mais recentemente a expressão *server* tem sido bastante utilizada, pois constitui uma forma unissex.

Waitress – garçonete. A tendência moderna no inglês é usar o termo *server* como uma forma unissex para se referir a garçons e garçonetes, em vez de expressões separadas como *waiter* para homem e *waitress* para mulher. A intenção é promover a igualdade de gênero e evitar distinções desnecessárias.

Waivable right – direito renunciável.

Waive, to – renunciar.

***Wal-Mart Stores, Inc. v. Dukes, et al.*, 564 U.S. 338 (2011)** – caso sobre discriminação no emprego, em cujo polo ativo encontrava-se representada uma coletividade de cerca de 1,5 milhão de trabalhadoras. Ao apreciar o caso, no entanto, a Suprema Corte decidiu (por cinco votos a quatro) que o grupo de mulheres representadas no polo ativo (empregadas da gigante do varejo Wa-l-Mart) não poderia ser certificado validamente como uma "classe", para fins de ajuizamento de uma *class action*, ante a ausência do requisito relativo à existência de "questões de fato ou de direito comuns à classe" (*questions of law or fact common to the class*) exigido pela Regra nº 23 das *Federal Rules of Civil Procedure.*

Warehouse – armazém; depósito.

Watcher; Watchperson; Watchman; Watchwoman – vigia; vigilante. Enquanto *watchsperson* ou *watcher* são termos mais modernos e neutros, *watchwoman* refere-se à vigia/vigilante (sexo feminino) e *watchman*, ao vigia/vigilante (sexo masculino). A utilização reiterada de termos como *watchman* reproduz historicamente uma preferência por formas linguísticas a exteriorizar presunção de que os ocupantes de certas funções são do sexo masculino, reflexo de uma sociedade patriarcal em que determinadas profissões são associadas aos homens e outras, às mulheres, o que reforça estereótipos de gênero.

Wealth – riqueza.

Wealthy – rico; abastado.

Weekend premium pay – pagamento das horas trabalhadas em dias de final de semana com valores adicionais.

***Weingarten* right(s)** – direito de o empregado exigir a presença de um representante do sindicato sempre que submetido a uma entrevista em procedimento investigatório interno na empresa (decorrente da decisão adotada pela Suprema Corte em *NLRB v. J. Weingarten, Inc.* – 1975). V. também *Investigatory interview; Disciplinary interview.*

Welfare – bem-estar.

Welfare state - Estado de Bem-estar Social. Tipo de regime, comum depois da Segunda Guerra Mundial, que proporciona seguro social e uma gama de benefícios públicos para a população.

***West Coast Hotel Co. v. Parrish,* 300 U.S. 379 (1937) -** julgado que marcou, na história da Suprema Corte dos EUA, a alteração de entendimento que ficou conhecida como *the switch in time that saved nine* (a mudança no tempo que salvou a corte de nove), abandonando-se o "plano de empacotamento da corte" pretendido pelo Presidente Franklin Delano Roosevelt, cujas políticas intervencionistas do *New Deal* vinham sofrendo sucessivas derrotas na Corte, e mantendo-se a composição do tribunal com o total de nove juízes. Nesse julgamento, que marca também o fim da *Lochner Era*, reputou-se válida uma lei do estado de Washington que atribuía poderes a uma agência estadual para a fixação do salário-mínimo de mulheres. Por cinco votos a quatro (com uma mudança de posicionamento pelo *Justice* Owen Roberts), o Tribunal passou a entender que a Constituição dos EUA permite restrições à liberdade de contrato pela legislação estadual, desde que essas restrições se destinem a proteger a comunidade, a saúde, a segurança ou grupos vulneráveis. Essa virada na Suprema Corte e no entendimento constitucional adotado por sua composição majoritária foi tão marcante, que o resultado é conhecido como a "Revolução Constitucional de 1937". A nova postura passou a abrir caminho, de certa forma, para a afirmação de determinados direitos destinados à melhoria das condições sociais dos trabalhadores.

***West Virginia v. Environmental Protection Agency,* 597 U. S. ___ (2022) -** decisão na qual, por seis votos a três, a Corte considerou que a legislação ambiental editada pelo Congresso não atribuiu à Agência de Proteção Ambiental (*Environmental Protection Agency - EPA*) uma competência ampla para regulamentar, de forma geral, as emissões de gases de efeito estufa em praticamente qualquer setor. Essa decisão baseou-se na doutrina das questões de impacto (*major questions doctrine*), que supera - ou, ao menos, relativiza - a chamada "doutrina *Chevron*" ou "deferência *Chevron*". V. também *Chevron doctrine, Major questions doctrine* e *National Federation of Independent Business v. Department of Labor, Occupational Safety and Health Administration, 595 U. S. ___ (2022).*

Whistle-blower - denunciante; informante; dedo-duro (pejorative); X-9 (pejorative).

White-collar exemption – determinados trabalhadores tidos como *white-collar workers* que se encontram isentos do controle de jornada e pagamento de horas extras – Seção 213 (a) (1) e (17) do *FLSA*. V. *exempt employees*, *Helix Energy Solutions Group, Inc. v. Hewitt*, 598 U.S. ___ (2023), *Nonexempt employee*, *Overtime-exempt employee*, *Paid on a salary basis*, *Salary* e *Wage*.

White-collar workers – executivos, trabalhadores em nível gerencial, trabalhadores que exercem atividades intelectuais com alto nível de qualificação e especialização, trabalhadores que exercem atividades criativas (que exijam invenção, imaginação, originalidade ou talento em um campo reconhecido de empreendimento artístico ou criativo), vendedores externos e alguns tipos de analistas de sistemas, programadores de computador e engenheiros de software – Seção 213 (a) (1) e (17) do *FLSA*. V. *Exempt employees*, *Helix Energy Solutions Group, Inc. v. Hewitt*, 598 U.S. ___ (2023) e *Overtime-exempt employees*.

Willful misconduct – má conduta intencional ou dolosa.

Willful violation – violação dolosa ou intencional.

Withhold (from the payment), to – reter uma verba (no pagamento); descontar.

Withholding – retenção.

Witness – testemunha.

Work accident; work injury – acidente de trabalho.

Workaholic – pessoa compulsivamente dedicada ao trabalho; viciada em trabalho.

Work break – pausa; intervalo intrajornada.

Work conditions – condições de trabalho.

Worker Adjustment and Retraining Notification Act (Warn Act) – lei federal de 1988, cujo teor obriga a maioria dos empregadores com 100 ou mais empregados a conceder uma notificação (aviso-prévio) com 60 dias de antecedência em relação ao fechamento de fábricas ou dispensa em massa de empregados, ressaltando-se que alguns estados possuem *WARN Acts* mais protetivos ou abrangentes.

Worker protection – proteção do trabalhador.

Workers' compensation – infortunística; indenizações por acidente de trabalho ou doença ocupacional; ramo jurídico relacionado aos acidentes de trabalho e doenças ocupacionais.

Workers' rights – direitos dos trabalhadores.

Workers United – "Trabalhadores Unidos", uma organização trabalhista criada em 2009 após a separação da maioria dos membros previamente associados ao *UNITE*, que até então integravam a fusão *UNITE-HERE*. e que decidiram fundar esse novo sindicato, afiliado ao *SEIU*.

Workforce – força de trabalho.

Working class – classe trabalhadora.

Working hours – horas de trabalho; jornada de trabalho.

Working time – período de trabalho; jornada de trabalho.

Worklife – vida de trabalho; vida profissional.

Work-on-demand via app – trabalho sob demanda via aplicativos.

Workplace bullying – assédio moral no trabalho; perseguição reiterada no trabalho.

Workplace conditions – condições do local de trabalho.

Workplace injury – acidente de trabalho.

Workplace injury report – comunicação de acidente de trabalho.

Workplace safety – segurança do trabalho.

Workplace sexual harassment – assédio sexual no ambiente de trabalho.

Work schedules – escalas de trabalho; horários de trabalho.

Work search – busca de trabalho (requisito necessário para a continuação de recebimento de seguro-desemprego).

Work site – local de trabalho.

Work station – estação de trabalho.

Work stoppage – paralisação do trabalho.

Work uniform – uniforme de trabalho.

Workweek – semana de trabalho.

World trade – comércio mundial.

Worst forms of child labor – piores formas de trabalho infantil. O Brasil e os EUA ratificaram a Convenção nº 182 da OIT, sobre as piores formas de trabalho infantil.

Writ of *certiorari* – recurso de natureza extraordinária dirigido à Suprema Corte dos EUA, cujo conhecimento depende de juízo positivo de admissibilidade por pelo menos quatro dos nove *Justices* da Corte. Esse recurso pode ser interposto tanto em face de decisão que contraria a Constituição quanto em face de decisão que contraria o direito federal estadunidense, quando da decisão recorrida não couber mais qualquer outro recurso, acompanhado da arguição de relevância da questão federal discutida. V. também *Consider a petition for certiorari*, *Deny certiorari*, *Grant certiorari*, *Petition for certiorari* e *Rule of four*.

Wrongful discharge – dispensa ilícita.

Wrongful Discharge from Employment Act (WDEA) – lei estadual de Montana que restringe o sistema de *employment at will* e estabelece a necessidade de *good cause* para a dispensa de empregados.

Y

Yellow dog contract; yellow dog clause - compromisso firmado de não filiação sindical; compromisso no qual o empregado, como condição de admissão ou manutenção de emprego, concorda em não se filiar ou em se desligar de um determinado sindicato. Esse tipo de cláusula era amplamente utilizado nos EUA até o início da década de 1930, o que dificultava a organização dos sindicatos. Houve uma tentativa de vedar tal pactuação através da Seção 10 do *Erdman Act* de 1898, o que foi, contudo, reputado inconstitucional pela Suprema Corte no julgamento do caso *Adair v. United States,* 208 U.S. 161 (1908). Os *yellow dog contracts* foram finalmente vedados somente com a edição do *Norris-LaGuardia Act*, em 1932. V. *Adair v. United States,* 208 U.S. 161 (1908).

0 – 9

1099 contractors – referência aos trabalhadores autônomos (*independent contractors*), em alusão ao número do formulário fiscal correspondente.

***303 Creative LLC v. Elenis*, 600 U.S. ___ (2023)** – caso envolvendo Lorie Smith, uma web designer que administrava a empresa *303 Creative*, registrada no estado do Colorado. Smith vendia serviços de desenvolvimento de sites e queria passar a fazer sites de anúncios de casamento. No entanto, entendia que a criação de sites para casamentos entre pessoas do mesmo sexo violaria sua fé cristã. Por tal motivo, desejava publicar um aviso para notificar os usuários sobre sua objeção em criar sites que promovessem casamentos entre pessoas do mesmo sexo e, em vez disso, encaminharia os clientes homossexuais para outros webdesigners. Antes de implementar tal aviso, Smith descobriu que a prática violaria as leis antidiscriminação do estado do Colorado. Em decisão tomada por seis votos a três, a Suprema Corte entendeu que, de acordo com a Primeira Emenda à Constituição, o estado do Colorado não poderia obrigar uma web designer a criar um trabalho que violasse seus valores pessoais. A decisão da maioria foi redigida por Neil Gorsuch. Os dissidentes foram Sotomayor, Kagan e Jackson.

401(k) plans – planos de aposentadoria complementar patrocinados pelos empregadores e empregados, conhecidos desta forma em virtude da subseção do *Internal Revenue Code* (regulamentação da legislação tributária federal) em que estão previstos. Nesses planos, as contribuições dos empregados costumam reverter-se em benefícios fiscais.

Hashtags

#equalpay – movimento que reivindica igualdade salarial independentemente de gênero, raça, religião, origem nacional, idade, orientação sexual, entre outros aspectos de identidade.

#equalpayforequalwork – salário igual para trabalho igual.

#fairworkweek – movimento que defende regras mais justas e humanitárias quanto às escalas de trabalho e convocação de trabalhadores intermitentes (*on-call workers*), como a necessidade de observância de uma antecedência mínima nas convocações, pagamento de indenizações em caso de cancelamento de chamados de última hora etc.

#MeToo – "eu também"; movimento contra o assédio sexual e agressões sexuais contra mulheres, especialmente no ambiente de trabalho. O movimento procura encorajar outras mulheres a relatar assédios e agressões sexuais.

#REDforED – "Vermelho para a educação"; movimento que reivindica melhores salários, condições de trabalho e a consequente melhoria de serviços no setor da educação. A nomenclatura do movimento está diretamente relacionada às camisas vermelhas usadas por professores durante greves deflagradas em vários estados no ano de 2018.

BIBLIOGRAFIA E REFERÊNCIAS

ANGLIM, Christopher Thomas. *Labor, Employment and the Law*: a dictionary. Santa Barbara, California: ABC-CLIO, 1997.

BLACK, Henry Campbell et al. *Black's Law Dictionary*, 6th ed. St. Paul, Minn.: West Publishing Co., 1990.

BRASIL. SUPREMO TRIBUNAL FEDERAL – Secretaria de Altos Estudos, Pesquisas e Gestão da Informação. *Constitution of the Federative Republic of Brazil*. Brasília: STF, 2022. Disponível em: https://www.stf.jus.br/arquivo/cms/legislacaoConstituicao/anexo/brazil_federal_constitution.pdf. Acesso em: 17 set. 2023.

BRASIL. THE FEDERAL SENATE. *Constitution of the Federative Republic of Brazil 1988*. 6th rev. ed. Brasilia: The Federal Senate, Undersecretariat of Technical Publications, 2013. Disponível em: https://www2.senado.leg.br/bdsf/bitstream/handle/id/243334/Constitution_2013.pdf. Acesso em: 17 set. 2023.

BRASIL. TRIBUNAL REGIONAL DO TRABALHO DA 1ª REGIÃO. Mapa dos TRTs. Disponível em: https://www.trt1.jus.br/pt/mapa-dos-trts. Acesso em: 30 set. 2023.

BRASIL. TRIBUNAL REGIONAL DO TRABALHO DA 2ª REGIÃO. *Glossário jurídico*. Disponível em: https://ww2.trt2.jus.br/servicos/informacoes/glossario-de-termos-juridicos. Acesso em: 19 set. 2023.

BRASIL. TRIBUNAL REGIONAL DO TRABALHO DA 18ª REGIÃO. *Glossário jurídico*. Disponível em: https://www.trt18.jus.br/portal/noticias/imprensa/glossario-juridico/. Acesso em: 30 set. 2023.

BRASIL. TRIBUNAL SUPERIOR DO TRABALHO. *Glossário*. Disponível em: https://www.tst.jus.br/sala-de-imprensa/glossario. Acesso em: 19 set. 2023.

CALVO, Adriana. *Manual de Direito do Trabalho*, 6. ed. São Paulo: SaraivaJur, 2022.

CASAGRANDE, Cássio. Ementário das 200 decisões mais importantes da Suprema Corte, em português, utilizado na disciplina Direito Constitucional Comparado: a Suprema Corte dos EUA. Niterói: Programa de Pós-Graduação em Direito Constitucional da Universidade Federal Fluminense – PPGDC/UFF. Mimeo, 2018.

CHAT GPT 3.5. Disponível em: https://chat.openai.com/. Último acesso em: 22 jan. 2024.

COCHRAN III, Augustus Bonner. *Lochner x Nova Iorque*: o caso dos padeiros que trabalhavam demais. Tradução: Marelise Winters. Curitiba: Juruá, 2021.

________. NAFTA e o direito do trabalho nos Estados Unidos da América. *Revista LTr: Legislação do Trabalho.* São Paulo. v. 72. n. 5. p.593-6, maio 2008.

________. *Sexual harassment and the law*: the Mechelle Vinson case. Lawrence, Kansas: University Press of Kansas, 2004.

________. The United States Supreme Court's new conservative supermajority: a constitutional counter-revolution?. *Revista Trabalho, Direito e Justiça (Tribunal Regional do Trabalho da 9ª Região)*, v. 1 n. 1, p. 98-131, set.-dez. 2023.

________; FERNANDES, João Renda Leal. De volta a *Lochner*: a ortodoxia liberal que marca novamente tendência nas relações de trabalho dos EUA e do Brasil. *Revista LTr: Legislação do Trabalho*, v. 86, p. 1196-1217, 2022.

CORNELL LAW SCHOOL – LEGAL INFORMATION INSTITUTE. Get the law. Disponível em: https://www.law.cornell.edu/lii/get_the_law. Último acesso em: 23 jan. 2024.

________. Legal encyclopedia - Employment Law. Disponível em: https://www.law.cornell.edu/wex/category/employment_law. Último acesso em: 19 jan. 2024.

DAVID, René. *O direito inglês*. Tradução: Eduardo Brandão. São Paulo: Martins Fontes, 1997.

________. *Os grandes sistemas do direito contemporâneo*. Tradução: Hermínio A. Carvalho. 5. ed. São Paulo: Martins Fontes, 2014.

DEEP L TRANSLATE - The world's most accurate translator. Disponível em: https://www.deepl.com/. Último acesso em: 16 jan. 2024.

ESTADOS UNIDOS DA AMÉRICA. SUPREME COURT OF THE UNITED STATES. Opinions. Disponível em: https://www.supremecourt.gov/opinions. Último acesso em: 20 jan. 2024.

________. U.S. COURTS. Circuit Map in agency palette. Disponível em: https://www.uscourts.gov/sites/default/files/u.s._federal_courts_circuit_map_1.pdf. Acesso em: 30 set. 2023.

FERNANDES, João Renda Leal. Arbitration in individual labor and employment conflicts: a constitutional and logical-systematic interpretation of CLT article 507-A. *Panorama of Brazilian Law*, v. 6, p. 101-123, 2019.

________. Labor Law, CLT and the 2017 Brazilian Labor Reform. *Panorama of Brazilian Law*, v. 5, p. 210-242, 2017.

________. *O "mito EUA": um país sem direitos trabalhistas?*, 3. ed. São Paulo: Juspodivm, 2024.

________. The 2017 Brazilian Labor Reform: a brief overview. Shinshu Economics and Law Review, v. 5, p. 55-78, 2018.

________; PRITSCH, Cesar Zucatti; BARBOSA, Fernanda Pereira; FERNANDES, João Renda Leal. O ensino jurídico na Common Law da Inglaterra e dos EUA. *Revista LTr. Legislação do Trabalho*, Ano 87, v. 8, p. 992-1007, 2023.

FONSECA, Luciana Carvalho. *Inglês jurídico*: tradução e terminologia. São Paulo: Lexema, 2014.

________. Migalaw English - Os cargos de attorney general, U.S attorney e state attorney. *Migalhas*, 25 jul. 2021. Disponível em: https://www.migalhas.com.br/coluna/migalaw-english/137973/os-cargos-de-attorney-general--u-s-attorney-e-state-attorney. Acesso em: 27 dez. 2023.

GACEK, Stanley. São realistas as esperanças de uma recuperação dos direitos e poderes sindicais nos Estados Unidos? – Uma visão crítica. *Democracia e Mundo do Trabalho em Debate*, 11 abr. 2022. Disponível em: https://www.dmtemdebate.com.br/sao-realistas-as-esperancas-de-uma-recuperacao-dos-direitos-e-poderes-sindicais-nos-estados-unidos-uma-visao-critica/. Acesso em: 30 set. 2023.

GACEK, Stanley Arthur; GOMES, Ana Virginia Moreira. *Sistemas de relações de trabalho*: exame dos modelos Brasil – Estados Unidos, 2. ed. São Paulo: LTr, 2015.

GACEK, Stanley Arthur; GOMES, Ana Virginia Moreira. Trade union financing law in Brazil and the United States – a dangerous convergence. *On labor*, 5 abr. 2020. Disponível em: https://onlabor.org/trade-union-financing-law-in-brazil-and-the-united-states-a-dangerous-convergence/. Acesso em: 30 set. 2023.

GRAMMARLY - Free AI Writing Assistance. Disponível em: https://app.grammarly.com/. Último acesso em: 24 jan. 2024.

JORGE NETO, Francisco Ferreira; CAVALCANTE, Jouberto de Quadros Pessoa. *Direito do Trabalho*, 7. ed. São Paulo: Atlas, 2013.

JUSTIA US SUPREME COURT CENTER. Disponível em: https://supreme.justia.com. Último acesso em: 20 jan. 2024.

GORMAN, Robert A; FINKIN, Matthew; GLYNN, Timothy. *Cox and Bok's labor law: cases and materials* (University casebook series), 16. ed. St. Paul, MN: Foundation Press/West Academic, 2016.

GOYOS JÚNIOR, Durval de Noronha. *Dicionário jurídico Noronha*: inglês-português, português-inglês, 6. ed. São Paulo: Observador Legal, 2006.

KLARE, Karl. *Employee organization & concerted action*, 22th ed. Boston: Northeastern University School of Law. Mimeo, fall 2019.

________. *Employment Law: compensation, benefits & retirement (casebook).* Boston: Northeastern University School of Law. Mimeo, winter 2019-2020.

________. *Labor Law II*: collective bargaining & employee rights, 32th ed. Boston: Northeastern University School of Law. Mimeo, 2019.

LOSANO, Mario G. *Os grandes sistemas jurídicos*: introdução aos sistemas jurídicos europeus e extra-europeus. Tradução: Marcela Varejão. São Paulo: Martins Fontes, 2007.

MELLO, Maria Chaves de. Dicionário jurídico: português-inglês – inglês-português / Portuguese-English – English-Portuguese – Law dictionary, 10. ed. Rio de Janeiro: Forense; São Paulo: Método, 2012.

MESSITTE, Peter J. A experiência estadunidense na resolução dos conflitos trabalhistas, *LTr: Revista Legislação do Trabalho*. São Paulo, v. 66, n. 4, p. 406-411, abr. 2002.

MURRAY, R. Emmett. The lexicon of labor, rev. and updated ed. New York: The New Press, 2010.

OYEZ - A multimedia judicial archive of the Supreme Court of the United States. Disponível em: https://www.oyez.org. Último acesso em: 21 jan. 2024.

PRITSCH, Cesar Zucatti. *Manual de prática dos precedentes no Processo Civil e do Trabalho*. 2. ed. Leme/SP: Mizuno, 2023.

________. *O TST enquanto corte de precedentes*. Leme/SP: Mizuno, 2023.

REVERSO CONTEXT - Translation in context. Disponível em: https://context.reverso.net. Último acesso em: 10 jan. 2024.

SOARES, Guido Fernando Silva. Estudos de Direito Comparado (I): o que é a "Common Law", em particular, a dos EUA. *Revista da Faculdade de Direito da Universidade de São Paulo*, v. 92, p. 163-198, jan. 1997.

SULLIVAN, Charles A.; ZIMMER, Michael J. *Cases and materials on Employment Discrimination*. 8 ed. New York: Wolters Kluwer, 2013.

TEACHER AI. Disponível em: https://teacher.ai-pro.org/. Último acesso em: 29 dez. 2023.

VALLE, Gerson. *Vocabulário trabalhista*. Rio de Janeiro: Editora Rio, 1975.

WIKIPEDIA - THE FREE ENCYCLOPEDIA. Disponível em: https://en.wikipedia.org. Último acesso em: 15 jan. 2024.

WILLBORN, Steven L. et al. *Employment Law*: cases and materials. 6 ed. Durham, North Carolina: Carolina Academic Press, 2017.

EDITORA *Jus*PODIVM
www.editorajuspodivm.com.br

Impresso por:

Docuprint
CNPJ 01.036.332/0001-99

JUS3416